中国人民大学劳动人事学院**第四代系列教材**

绩效管理

林新奇 蒋 瑞 著

PERFORMANCE MANAGEMENT

中国人民大学出版社
· 北京 ·

FOREWORD

总序

正值我国改革开放40周年之际，我们迎来了中国人民大学劳动人事学院成立35周年。这套遵循传承、创新理念的中国人民大学“十三五”规划教材暨劳动人事学院第四代系列教材正式出版。

35年来，中国人民大学劳动人事学院创设了国内第一个人力资源管理专业、第一个劳动关系专业、第一个劳动经济学博士点；第一次建成国内劳动经济、人力资源管理、社会保障、劳动关系专业最完整的本硕博培养体系等。

35年来，中国人民大学劳动人事学院持续组织编写在劳动学科领域拥有最大影响力的系列教材；持续开展中国就业问题短期研究，发布《中国就业市场景气报告》；持续开展中国人力资源审计研究，发布《中国人力资源法律审计报告》；持续开展中国人力资源职业发展状况追踪调查，发布《中国人力资源职业发展状况调查报告》；持续开展中国企业雇主-雇员匹配数据调查，建设基础性科研数据库；连续举办14届中国人力资源管理新年报告会暨中国人才发展高峰论坛等。

35年来，中国人民大学劳动人事学院首倡发起全球劳动科学院长论坛，举办中国劳动科学年会、全球人力资源论坛、中国人力资源服务业博士后学术交流会、中国职业发展论坛、中国助业研讨会、中国新就业论坛等。

“但开风气不为师。”我们高兴地看到，经过几代学人的耕耘，中国人民大学劳动人事学院所倡导的以问题导向、创新导向、实践导向、合作导向为指引的学风，已经成为本学科领域的共识。中国特色社会主义进入新时代，开启了全面建设社会主义现代化国家的新征程，人才培养和学科发展的使命更加重大。党的十九大报告中提出的实施人才强国战略，建设实体经济、科技创新、现代金融、人力资源协同发展的产业体系，在人力资本服务领域培育新增长点，提高就业质量，构建和谐劳动关系，加强社会保障体系建设，建设高素质专业化干部队伍等重大命题，都与我们的学科领域密切相关。与此同时，一场影响深远的变革正在拉开大幕：数字经济时代产生的新就业方式、新组织管理形式、新劳动关系模式等都对传统的研究范式提出了挑战；国家层面实施的供给侧改革、生育政策调整等对劳动力供给、要素市场化配置、社会保障提出了新的调整要求。我们真切地感到：创新已经是新时代所要求的基本方法论，我们必须跟上时代的步伐。学科建设是知识创新的载体。随着开发人力资源、解决民生问题的重要性被提到前所未有的新高度，我们的学科迎来了新的机遇。中国人民大学劳动人事学院下定决心再出发，为发展我国高等教育进行新尝试新探索，践行“劳人之事，成人之美”的新使命，打造“精英型学院、研究型学院、智库型学院、全球型学院、创业型学院、责任型学院、创新型学院”。

“合抱之木，生于毫末；九层之台，起于累土”。我们认识到，课程和教材体系建设尤其是本科教材建设是学科建设的重中之重，直接关系到“为谁培养人、培养什么样的人、怎样培养人”这一根本问题。中国人民大学劳动人事学院具有重视教材建设的优良传统，建院以来的三代教材都影响深远，奠定了本学科的基本框架和教学传授方式。教材建设应当与时俱进，把新的前沿理论、新的研究方法、新的拓展领域等及时囊括进来，体现不断更新的教学理念，适应人才培养的规律。

中国人民大学劳动人事学院从2015年初开始筹划劳动人事学院第四代系列教材的编写工作。在中国人民大学教务处、中国人民大学出版社的指导和帮助下，编委会成员不懈劳作，终于如期奉献出这套全新的系列教材。这套新的系列教材有以下特点：

一是教材编写者虽然仍然全部为中国人民大学劳动人事学院的教师，但是其中有旧雨也有新知。系列教材由资深的名家与中青年学者共同创作完成。他们都对自己的领域有深刻的体认，都有鲜明的学术个性和研究风格。他们在教材中展现出的缜密的逻辑能力和广博的学识素养，能够代表劳动人事学院乃至中国人民大学的学者水平。

二是充分体现我国改革开放40年来的成就和近年来中外学术大交融的成果。这套教材关注中国本土的实践探索，以之为素材，以中国情境为前提，丰富和深化学生对学科专业的认识，尤其体现了学科交叉融合的研究视野，探索将各专业知识融会贯通的教学方式。新增的部分教材使丛书体系更加完备，在科学性、先进性、适用性方面都有新的拓展。

三是更加注意适应本科教学的特殊性。这套教材以本科课堂教学为出发点，在整体编排上注重系统性，在每本教材中注意理论基础性与实践应用性相结合，既奠基铺路、培养兴趣，又为引导学生未来的进阶性学习做好必要准备。教材的编写者都长期活跃在本科教学第一线，在教材的内容和形式上充分考虑教师讲授和学生学习的便利。

我们希望，这套系列教材的出版和使用能够为学科通往成熟之路做好铺垫，培养出更多更优秀的建设者和后备人才。对于教育界同行，希望你们不吝赐教，与我们携手为建设具有时代风格、中国品格的劳动科学学科而奋斗；对于新一代学子，期待你们能借助这套教材实现梦想，驶入“自由王国”的光明之域，激荡出人生的壮丽图景。

最后，感谢中国人民大学领导、中国人民大学各部处（特别是教务处）、中国人民大学出版社的关心、指导和帮助，感谢每本教材编辑的辛勤劳动。还要感谢各位作者和为教材付出心血的院内同仁。不管留下的脚印是深是浅，所做的工作能否载入汗青，学科的历史终究要由大家继续创造。衷心希望学科的未来能由今天的读者们以更多更好的成果一起创造！

谨以这套系列教材作为中国人民大学劳动人事学院成立35周年的纪念。

杨伟国

中国人民大学劳动人事学院院长

PREFACE

序言

绩效管理的八个新思维*

2002年秋天，我在中国人民大学首次开设了“绩效管理”课程，这也是全国高校第一次开设“绩效管理”课程，至今不觉已经18个年头。其间，中国经济发生了翻天覆地的变化，企业管理和人力资源管理也在市场化、规范化、信息化、国际化，特别是在全球化的时代浪潮中急剧地发展、进化和更生。尤其是绩效管理，从陌生到熟悉，从不受重视到越来越受大家的普遍关注，现在俨然已成为一个热门的“显学”。在长期的教学科研或咨询培训实践中，常常有人问我一些相关的问题，特别是有关绩效管理的成功秘诀或发展走向的问题，我也一直在思考，在探索。总结这些年思考探索的一些心得体会，我想可以归纳为“绩效管理的八个新思维”。

第一个新思维：绩效管理是一场革命

众所周知，中国改革开放的起点是农村，主战场是城市、是企业。40多年前，当安徽省凤阳县小岗村的十几户农民冒着可能坐牢的风险战战兢兢地在一份包产到户协议上按下手印的时候，他们没想到自己居然开创了中国农村家庭联产承包责任制的先河，成就了中国改革开放的一个里程碑。从农村到城市，到企业，特别是以深圳为代表的沿海城市和企业，开始打破计划经济下的平均主义传统，包括铁饭碗、铁工资、铁交椅，纷纷实行承包经营责任制，对员工则实行计件工资制，由此引入了市场经济的竞争机制和激励机制。现在，在深化改革开放的今天，传统的以国内生产总值（GDP）为导向的经济发展模式正在向“绿水青山就是金山银山”、追求绿色和谐可持续的新发展模式转型升级。这是一个什么样的变革？这就是“绩效管理革命”。2008年，我从中国改革开放的进程和竞争激励机制的形成角度，提出“绩效管理是一场革命”这一观点，其实是把绩效管理的重要性和艰巨性结合在一起突出出来了。的确，无论是从客观事实看还是从主观愿望讲，绩效管理都带有某种“革命”的色彩，具有强烈的战略导向和组织变革功能，同时需要积极的组织文化和政治生态的支持与配合。

第二个新思维：更新只对下不对上的传统绩效考核观

绩效管理既然是“实现战略管理的工具”，同时又是“一场革命”，那么提出“绩效

---

* 本序言根据林新奇教授2019年11月11日在中共中央党校（国家行政学院）所作视频课《新时代国企经营者绩效管理新思维》的内容整理修改而成。

考核的主角其实是领导”这个论断或命题就顺理成章了。这与传统上大家所认为的“绩效考核考的是员工，考的是下级”的观念是不一样的。这是一个客观事实，但主要作用其实也是为了引起领导特别是一把手对绩效考核和绩效管理的重视。不过就目前中国绩效管理的实际情形而言，我们的确必须更新绩效考核只对下不对上的传统绩效考核观，这既有利于增强领导的绩效管理意识，也有利于改变下级或员工对绩效考核的消极被动状态，促进绩效管理沟通和反馈，改进绩效考核结果的运用，提高绩效考核的实际效果和满意度，实现传统绩效考核到现代绩效管理的积极过渡。

第三个新思维：绩效概念亟须更新

绩效考核、绩效管理要做好，领导一定要站得高，看得远，摆得正，摆得平，而且要有魄力，这应该是绩效考核能否成功最关键的因素！但是如此就足够了吗？大家都知道，这些还远远不够。为什么？因为无论是领导还是员工，都有自己的短板，“站得高，看得远，摆得正，摆得平，有魄力”并不那么容易，首先必须更新一些观念。

绩效概念就亟须更新。传统的绩效概念是一种绝对结果导向的成败观。理论上讲，这种绩效概念叫作绩效产出说，认为绩效是员工最终行为的结果，是员工行为过程的产出。但是随着分工协作的发展与社会的进化，行为或过程开始受到越来越大的重视，由此形成了绩效行为说。这种观点认为，绩效是员工在完成工作过程中表现的一系列行为特征，诸如工作能力、责任心、工作态度、协作意识等。显然，这种偏重心理、行为、过程的绩效观也存在缺陷，于是21世纪以来，一种综合了上述两种观点，既重结果/产出也看行为/过程的绩效综合说开始受到大家的欢迎。不过这种简单的综合并不足以反映绩效概念的科学性，必须设置相应的前提和条件，为此有了最新的科学的绩效定义：

> 绩效是产出和行为的综合，即组织、部门或员工控制下的与工作目标密切相关的行为及其产出。行为旨在促进产出的合理实现，产出旨在形成目标导向，二者不可偏废。

该定义具有重要的价值和指导意义。

第四个新思维：重新审视绩效考核的目标

绩效管理观念的更新，需要许多新思维。比如需要重新审视绩效考核的目标。传统的绩效考核只是对工作结果的评估并用于奖金薪酬的发放，具有严重的局限性和缺陷。我们通过理论与实践的研究，对绩效考核这一重要概念下了一个新的定义：

> 绩效考核是企业通过对部门、员工或所属单位与个体的投入产出状况进行考察、衡量或比较，从而确定其行为价值、提高企业竞争力的一个重要过程。所谓投入产出状况，指的是投入、产出及其转化过程。

与传统定义相比，这个新定义：绩效考核的对象不同，不是一般的工作产出或结果，而是投入产出状况，包括投入、产出及其转化过程；方法手段不同，不仅是评估或衡量，而且包括考察与比较；目的目标不同，不是简单用于奖金的发放或薪酬的调整，而是注重对员工工作行为的价值确定和组织竞争力的提高。

在具体的理论研究与实践过程中，人们对绩效考核目标的理解多种多样，把握也各不相同。但是无论哪一种目标，都不能偏离“实现战略管理”这一总目标，也就是体现“绩效管理是实现战略管理的工具”这一基本属性。在长期的培训与管理咨询实践中，我们把绩效考核目标概括为五个可以直接操作的目标：(1) 检验员工聘任上岗表现及其工作业绩；(2) 促进发展战略的逐步分解和可操作化；(3) 促进压力传递、激发员工高昂竞争意识；(4) 实现价值评价和价值分配机制的优化；(5) 培育使优秀人才脱颖而出的企业文化。这五个具体的绩效考核目标之间具有内在的逻辑关系，在实际操作中要适当运用。深刻把握好绩效考核的目的和目标，并在实践中合理、灵活地运用，对于成功做好绩效考核与绩效管理具有重要的意义。进一步说，事先设定好的绩效考核的目标和目的，其实就是判断和衡量绩效考核是否成功的主要标准。

第五个新思维：让绩效管理成为工作常态

实现绩效管理观念的更新，另一个非常重要的新思维就是让绩效管理成为工作常态。绩效管理应该是企业经营者、管理者的主要工作，是最重要的业务工作，而不能认为仅仅是人力资源管理部门的工作或一般的职能工作。绩效管理不应该与日常工作或业务工作脱节而形成两张皮，而应该融入日常业务工作之中。或者更准确地说，日常业务工作应该融入绩效管理工作之中。其实所谓的业务工作，最重要的或最主要的就是绩效管理工作。绩效管理与日常业务工作要融合在一起，成为工作常态，既需要锚定日常业务工作的绩效之锚，也需要简化绩效管理的复杂与烦琐，让绩效管理回归其初心，同时运用好信息科技革命的成果。

第六个新思维：绩效指标要从静态到动态

绩效指标要从静态到动态也是一个重要的绩效管理新思维。正如前面所说，人们往往单纯地将绩效界定为结果或行为，这是不够全面的。在绩效管理的具体实践中，应采用较为宽泛的绩效概念，即新的绩效定义。在对组织或个体的绩效进行考核与管理时，既要考虑投入（行为），也要考虑产出（结果）；绩效包括应该做出什么和如何做两个方面，同时要关注从投入到产出的转化过程，亦即行为与结果之间的关系。根据绩效的内涵和外延，又可细分为很多具体指标，指标设计所运用到的工具方法包括目标管理法（MBO）、平衡计分卡（BSC）、关键绩效指标（KPI）以及 SMART 原则等。

随着现代社会产业、科技、市场、管理的发展，以及全球化、信息化背景下与人相关的理念和战略的发展，绩效管理的指标设计正在发生重大变化，主要就是从静态到动态的变化。其主要标志是目标与关键结果（objectives and key results，OKR）的兴起和数字化绩效管理能力的提升。OKR 是一套帮助组织、团队与个体明确发展目标、跟踪工作进展的管理工具，其核心是帮助企业找到对其发展最关键的方向，并且保持专注，通过集中优势资源，在最重要的地方取得突破。OKR 的目标是相对模糊的，它更关注提出具有挑战性和追踪意义的方向。OKR 倾向于在正确的方向上努力，通过激发员工的热情，得到超出预期的结果。所以，相比于以前那些指标设计方法，OKR 体现了指标设计从静态到动态的变化。这是一个重要的趋势。

当然，产业和行业的差异也是一个值得注意的问题。传统制造业与现代服务业或互联网公司之间不能简单套用同一种绩效管理工具，这是毋庸置疑的。但是，绩效管理与其他管理领域一样正在从原来的注重“物”的绩效管理过渡到注重“人”的绩效管理，从注重“产品”的绩效管理过渡到注重“创新”的绩效管理，这是一个普遍的趋势。而以人和创新为中心的绩效管理，必然伴随着从静态到动态的升级转型。

第七个新思维：绩效管理需要纵横结合

绩效管理这个概念于 1976 年由比尔（Beer）和鲁（Ruh）首次提出，他们将绩效管理定义为“管理、度量、改进绩效并且增强发展的潜力”(Beer & Ruh，1976)。目前对于绩效管理的定义有很多，归纳起来主要有以下三种：绩效管理是管理组织绩效的一种体系；绩效管理是管理员工绩效的一种体系；绩效管理是把对组织的管理和对员工的管理结合在一起的一种体系。我们认为：

> 绩效管理的概念是在拓展了绩效的内涵并总结绩效评价不足的基础上提出来的，随着人力资源管理理论和实践的发展，绩效管理逐渐被理解成为一个人力资源管理过程。绩效管理是对组织和员工的行为与结果进行管理的一个系统，是充分发挥每个员工的潜力、提高其绩效，并将员工的个人目标与企业战略相结合以提高组织绩效的一个过程。

为此，对于绩效考核或绩效管理的主体及其运作机制，必须进一步更新观念，重点在于绩效管理需要纵横结合。

传统的绩效管理或绩效考核主体一般是纵向的，即以上级领导或直线主管为主体。上级领导或直线主管承担了最重要也是最主要的绩效管理责任，包括绩效目标与绩效指标的设定，绩效促进、辅导、支持和监督，绩效完成情况评估和考核，绩效考核结果反馈、沟通与应用的落实，以及新的绩效管理循环的重新开始。在此过程中，上级领导或直线主管是主动的，而下级是被动的。近 20 年来，绩效管理逐渐引入了 360 度考评反馈以及其他全方位、精细化的、信息化的绩效考核工具或方法，从而实现了绩效考核主体的横向拓展。这是一个重大的突破，但是存在滥用的风险，甚至可能出现“评议者”比“干活者”多得多的不正常现象。这是需要注意和防范的。

如何防范或者说如何纵横结合呢？第一，要看绩效考核的目标。第二，要看企业所处的产业特征。第三，要看企业所处的生命周期。第四，要看组织的管理基础，包括领导风格与人员素质等。第五，要看企业所处的环境，包括文化与政治生态等。只有科学合理地把纵向绩效管理与横向绩效管理有机统一起来，才能实现绩效管理的初心和使命。

第八个新思维：战略落地功能要与开发激励功能相关联

最后，绩效管理还应该体现战略落地功能要与开发激励功能相关联这一新思维。绩效管理的战略落地功能主要体现在：绩效管理是促进企业战略落地的主要方法，是实现战略管理的主要工具，是实现企业管理有效性的重要手段。绩效管理可以为组织带来持续、制度化的竞争优势，已经成为人力资源管理的核心和工作重心。随着企业管理和人力资源管理的发展，特别是随着全球化和知识经济的发展，绩效管理的战略意义更将大大提升。绩效管理的开发激励功能主要体现在：绩效管理不仅在组织（企业）管理中具有重要的地位和作用，而且在整个人力资源管理中也居于核心位置，是工作的重心。绩效管理既是检验组织设计、工作分析、人力资源规划、员工招聘、职业生涯规划等是否合理有效的主要依据，也是进行公平合适的薪酬激励、岗位调整、培训开发等的主要依据，还是承接战略规划与人力资源管理职能之间联系的主要纽带。绩效管理的战略落地功能与开发激励功能如何相关联？我们认为，这两者之间既不能脱节，也不能对立；组织（企业）的发展与员工的成长是相辅相成的，尤其在现代社会发展的大潮之中；绩效改进应该优先于绩效奖惩，绩效奖惩是为了绩效改进；要重视绩效沟通和绩效反馈，这个过程绝对不应该被省略。OKR 为什么受到现代互联网公司或高科技企业的青睐？主要原因就在于它能把绩效管理的战略落地功能与开发激励功能有机关联起来。当然，这个方法还需要改进和完善，但这是一个值得重视的方向。只有战略落地功能与开发激励功能相关联，才可能打造高绩效组织，营造使优秀人才脱颖而出的组织文化，这是绩效管理的最高境界。

值此本书即将付梓之际，望着窗外似乎将要飘下第一场皑皑白雪的北京，我不禁想起 2008 年元旦前夕我在中国人民大学劳动人事学院人力资源管理新年报告会上关于“中国式绩效管理的前途”演讲的一段内容：“如果说在经济危机的背景下你坚持要搞绩效管理，特别是中国式绩效管理，那么你就是疯子；如果你坚持不搞绩效管理，不搞中国式绩效管理，那么你就是傻子。朋友们，你选择哪一个?”这是一个两难的选择，也是一个永恒的选择。充满挑战和希望的 2020 年就要到来，我们仍将持续地追问下去。只是，时不我待，适者生存。

是为序。

林新奇

2019 年冬

CONTENTS

目录

第 1 章

绩效与绩效管理

学习目标

学完本章后，你应该能回答如下问题：

◎“绩效”的含义是什么？

◎ 影响员工或组织绩效的因素有哪些？

◎ 如何理解“绩效考核”概念？

◎ 如何把握“绩效管理”概念？

◎ 绩效管理和绩效考核有哪些联系和区别？

扫一扫

阿里巴巴的绩效管理与绩效面谈

开篇引例

丁力是 A 公司的一名销售员，A 公司是一家大型企业，丁力三年前从一家小公司辞职过来。开始的两年，丁力都没有完成销售任务，同时他将大部分精力用于发展客户关系，对客户的业务需求了解很肤浅，对产品的了解也很有限。

今年 A 公司在华南地区开拓了一个新项目，这个项目由销售部和技术部负责。作为销售工程师，丁力在工作中非常努力，以建立各种关系为中心，成为项目组的骨干。这个项目最后开发得很成功，丁力的销售业绩也比上年增长 30%。

但在和技术部打交道时，丁力把关系搞得很僵。技术部的员工都抱怨丁力没有及时向技术部提交用户的需求，没有良好的计划，也不与大家沟通，造成技术部几次方案重新设计，大家很有意见，不想与他合作。另外，由于没有提前预报项目，该项目的订货、交货都存在问题。

第1节　什么是绩效

“绩效”是企业经营者关心的主要问题，也是所有员工都特别关注的话题。绩效不仅直接关系着个人的职业与前途，即薪酬的高低以及职位的升降等，而且深深影响着组织的命运、企业的发展，所以是一个不可不认真研究的重要概念。那么什么是绩效?

根据《韦氏词典》，绩效（performance）指的是完成、执行的行为，以完成某项任务或者达到某个目标，通常是有功能性或者有效能的。① 对于企业而言，由于其组织结构的层次性，绩效也呈现出多样性。管理学认为，绩效可以分为组织绩效和员工绩效。组织绩效是指某一时期内组织任务完成的数量、质量、效率等状况；员工绩效是指员工在某一时期的工作结果、工作行为和工作态度的总和。组织绩效和员工绩效密切相关。

关于绩效的含义，学者们有不同的理解，概括起来主要有三种：绩效产出说、绩效行为说、绩效综合说。

一　绩效产出说

这是一种最为传统的观点。绩效产出说认为，绩效是员工最终行为的结果，是员工行为过程的产出。这种说法是人们对绩效理解的早期产物，因为绩效刚开始主要是针对一线生产工人或体力劳动者而言的。对于大多数一线生产工人或体力劳动者来说，尽管也存在诸如“做什么工作”“这个工作怎么做”或者“用什么办法把这个工作做得最好”等问题，但是他们的工作相对比较简单，衡量绩效的标准主要就是完成所分派任务的结果。绩效产出说的主要代表人物是伯纳丁（H. J. Bernardin），他指出，结果必然是绩效管理体系中的关键组成部分，结果的含义应当根据组织内部以及外部的客户来界定②；“绩效应该定义为工作的结果，因为这些工作结果与组织的战略目标、顾客满意感及所投入资金的关系最为密切”；绩效“是对在特定的时间内由特定的工作职能或活动所创造产出的记录……一项工作的绩效在总体上相当于某一关键职能或基本工作职能的绩效总和（或平均值）。职能应该与所进行的工作有关，而与执行人的身份无关”。③

---

① 韦氏词典：第10版．北京：世界图书出版公司，1996.

② Bernardin H J. The analytical framework for customer-based performance content development and appraisal. Human Resource Management Review，1992 (2).

③ Bernardin H J，Hagan C M，Hennessey H. The effects of criterion specificity and managerial accountability on appraisal effectiveness. Paper presented at the annual meeting of the Academy of Management. Vancouver，Canada，1995.

二 绩效行为说

近几十年来，人们对绩效是工作成绩、目标实现、结果、生产量的观点提出了挑战，普遍开始接受绩效的行为观点，即“绩效是行为”。这并不是说绩效的行为定义中不能包容目标。墨菲（Murphy，1990）对绩效的定义是：“绩效是与一个人在其中工作的组织或组织单元的目标有关的一组行为。”坎贝尔（Campbell，1990）指出，“绩效是行为，应该与结果区分开，因为结果会受系统因素的影响”，他在 1993 年对绩效的定义是：“绩效是行为的同义词。它是人们实际的行为表现并能观察到。就定义而言，它只包括与组织目标有关的行动或行为，能够用个人的熟练程度（即贡献水平）来确定等级（测量）。绩效是组织雇人来做需要做好的事情。绩效不是行为后果或结果，而是行为本身……绩效由个体控制下的与目标相关的行为组成，不论这些行为是认知的、生理的、心智活动的，还是人际的。”鲍曼和莫托维德罗（Borman & Motowidlo，1993）则提出了绩效的二维模型，认为行为绩效包括任务绩效和关系绩效两方面。其中，任务绩效指所规定的行为或与特定的工作熟练有关的行为；关系绩效指自发的行为或与非特定的工作熟练有关的行为。上述认为绩效不是工作成绩或目标的观点的依据是：第一，许多工作结果并不一定是个体行为所致，可能会受与工作无关的其他因素影响（Cardy & Dobbins，1994；Murphy & Clebeland，1995）；第二，员工没有平等地完成工作的机会，而且员工在工作中的表现不一定都与工作任务有关（Murphy，1989）；第三，过分关注结果会导致忽视重要的过程和人际因素，不适当地强调结果可能会在工作要求上误导员工。

绩效行为说认为绩效是员工在完成工作过程中表现出的一系列行为特征，诸如工作能力、责任心、工作态度、协作意识等。墨菲和克利夫兰（Cleveland）早在 1991 年就指出：“绩效的根本定义在行为……绩效范畴的最好定义应是行为而不是结果。”[①] 这一学说的代表人物主要有墨菲、克利夫兰和莱瑟姆（Gary P. Latham）等。

三 绩效综合说

即时案例

HKW 公司主要从绩效维度、态度维度、能力维度三个维度进行绩效评估，每个主要评估维度又由相应的测评子指标组成，对不同的评估主体采用不同的评估维度。

（1）绩效维度：指被评估人员通过努力所取得的工作成果。不同人员评估维

① Murphy K R，Cleveland J N. Performance appraisal：an organizational perspective. Needham Heights，MA：Allyn & Bacon，1991.

度不同：对于中高层管理者，用部门绩效和周边绩效来评估；对于一般管理人员及事务性人员，用岗位绩效和态度维度来评估。

（2）态度维度：指被评估人员对待事业的态度和工作作风，例如出勤是否符合公司的规章制度、工作过程是否服从分配、遵守公司规章制度的情况、对相关人员服务过程的态度等。

（3）能力维度：指被评估人员完成各项专业活动所具备的特殊能力，例如交际能力、判断决策能力、计划执行能力、沟通能力等。

绩效综合说认为绩效是产出与行为的综合。绩效作为产出，即行为的结果，是评估行为有效性的重要方法。但是行为要受外界环境的影响，而且受员工个体内因的直接控制，只看结果必然有失偏颇。奥利安（Olian）和赖恩斯（Rynes）指出："行为能够并且应当是任何绩效定义中的一部分，正如结果或成果能够在理论上与行为相联系一样。"[①] 绩效综合说的代表人物有奥利安和赖恩斯等以及国内一些学者。

越来越多的研究认为，在绩效管理的具体实践中，应采用较为宽泛的绩效概念，即包括行为和结果两个方面，行为是达到结果的条件之一。这一观点在布鲁姆布拉什（Brumbrach，1988）对绩效的定义中得到了很好的体现，即"绩效指行为和结果。行为由从事工作的人表现出来，将工作任务付诸实施。（行为）不仅仅是结果的工具，行为本身也是结果，是为完成工作任务所付出的脑力和体力的结果，并且能与结果分开进行判断"。这一定义告诉我们，当对个体的绩效进行管理时，既要考虑投入（行为），也要考虑产出（结果）。绩效包括应该做什么和如何做两个方面。

国内的研究也提出了产出和行为不可偏废的观点，认为绩效是产出与行为的综合。绩效作为行为，在评判上似乎比结果导向更公平合理，但是缺少了目标激励，对员工的要求很难明确。而从现实操作性来讲，单纯的行为评判尚无有效的评判标准，实施困难。

绩效综合说对于绩效的定义在目前比较通行，因为产出和行为本身越来越难以割裂开来。本书即持这一观点，把绩效定义为：所谓绩效，包括产出和行为，是指组织、部门或员工控制下的与工作目标相关的行为及其产出。行为旨在促进产出的合理实现，产出旨在形成目标导向，二者不可偏废。[②]

这个定义包括三个要点：第一，绩效指的是行为及其产出的综合；第二，这种行为及其产出不是一般的或者所有的行为及其产出，而是特指两种条件必须同时具备的行为及其产出，即与努力付出相关、与工作目标相关；第三，行为与产出互为正向关系，不可割裂。

---

① Olian J D，Rynes S L. Making total quality work：aligning organizational processes，performance measures，and stakeholders. Human Resource Management，1991（30）.

② 林新奇．绩效管理．大连：东北财经大学出版社，2010；林新奇．绩效考核与绩效管理．北京：对外经济贸易大学出版社，2011；林新奇．绩效考核与绩效管理：北京：清华大学出版社，2015.

本定义具有革命性的意义。以此观察和思考各种所谓的“绩效争议”，包括长期以来对国有企业“绩效”和“绩效薪酬”的争议，是非道理一目了然。

第2节 如何理解绩效考核

绩效考核又称绩效评估（performance appraisal），最早被定义为“对员工个人在职的绩效和行为做出评估的过程，其目的在于评估其培训需求，确定合格的留任者，进行薪酬调整以及晋升”①。当代管理实践中，绩效评估或绩效考核一直是一个敏感的话题，牵动着每个相关者的神经。所以，清晰界定绩效考核的内涵和外延是很有必要的。

从理论上讲，绩效考核是指考评主体针对企业中的每个员工所承担职务职责的履行程度，以及担任更高一级职务的潜力，对照工作目标或绩效标准，采用各种科学的定性和定量的考评方法，对员工行为的实际效果及其对企业的贡献、价值进行有组织的并且是尽可能客观的考核和评价，最后将评定结果反馈给员工的一个过程。

但是理论和实践总是存在一定的差距。在实践中，绩效考核的内涵和外延并不为人们所清晰认识，常常存在误区：

（1）绩效考核往往被异化为替代管理者履行管理责任的工具，凡事“一考了之”，以为绩效考核就是管理，从而削弱各级管理者的应有职能和积极主动性。

（2）有些工作无法用明确的工作标准来衡量，导致员工趋向规避责任。

（3）当员工发现通过努力无法达到要求的工作标准时，则可能自暴自弃、放弃努力，或归因于外界、他人和其他因素。

（4）绩效考核可能会产生“劣币驱逐良币”的效应，即低绩效的员工仇视高绩效的员工，一旦大家都对他们产生抵触情绪，则高绩效者也可能放弃追求高绩效的努力。

因此，结合绩效考核理论与实践的发展情况和作者长期以来的研究结果，本书将绩效考核定义为：

绩效考核是企业通过对部门、员工或所属单位与个体的投入产出状况进行考察、衡量或比较，从而确定其行为价值、提高企业竞争力的一个重要过程。所谓投入产出状况，是指投入、产出及其转化过程。②

---

① Belanger T，Corbin J B，Magrill R M，et al. The ALA glossary of library and information science. Chicago：American Library Association，1983.

② 林新奇．绩效管理．大连：东北财经大学出版社，2010；林新奇．绩效考核与绩效管理．北京：对外经济贸易大学出版社，2011；林新奇．绩效考核与绩效管理：北京：清华大学出版社，2015.

第 3 节 如何理解绩效管理

人们对绩效考核的概念比较熟悉，对绩效管理的概念则相对比较陌生。其实，随着人力资源管理理论与实践的发展，绩效管理越来越重要，得到越来越多的研究者和经营管理者的关注。那么绩效管理是什么？它又有什么特点？

一 绩效管理的概念

绩效管理（performance management）这个概念于 1976 年由研究者比尔（M. Beer）和鲁（R. A. Ruh）首次提出。他们将绩效管理定义为"管理、度量、改进绩效并增强发展的潜力"①。

迄今为止，绩效管理的定义有很多，归纳起来主要有以下三种：绩效管理是管理组织绩效的一种体系；绩效管理是管理员工绩效的一种体系；绩效管理是把对组织的管理和对员工的管理结合在一起的一种体系。

（一）管理组织绩效的一种体系

这种观点认为，绩效管理由三个过程构成：绩效计划、绩效改进和绩效考察。绩效计划是制定组织的愿景和战略以及对绩效进行定义的活动。绩效改进则从过程的角度进行分析，包括业务流程再造、基准化和全面质量管理等活动。绩效考察包括绩效的衡量和评价。这种观点的核心在于通过组织结构、技术、经营程序等手段确定组织战略并加以实施。

（二）管理员工绩效的一种体系

这种观点通常用一个循环过程来描述绩效管理。其特点是：强调管理者与被管理者应在对员工的期望值问题上达成一致的认识；绩效激励是部门管理者的一项职责。此外，他们还在绩效考察方面发挥着特殊作用。而且，绩效考察是管理者和被管理者共同参与的活动，是一项不断进行的活动。

（三）把对组织的管理和对员工的管理结合在一起的一种体系

这种观点可以看作前面两种观点的综合。它认为，绩效管理通过把每一个员工或管理者的工作与组织的整体使命联系在一起，强化了一个企业或组织的整体经营目标，是对组织和员工的行为与结果进行管理的一个系统，它依据员工和其直接上级间达成的协议，来实施一个双向互动式的沟通过程，该协议对员工的工作职责、工作标准和员工与上级间应如何共同努力以提高绩效等方面做出了规

① Beer M，Ruh R A. Employee growth through performance management. Harvard Business Review，1976，54(4).

定，并对影响绩效改进的问题及如何解决这些问题提出了明确的要求。

本书基本同意第三种观点，认为绩效管理是把对组织的管理和员工的管理结合在一起的体系，是一个动态、完整的系统过程，员工不再是绩效考核的被动接受者，而是可以积极参与制定自己的绩效目标，并与上级就绩效标准以及绩效实现方式进行沟通和协商；管理者也不再简单地充当“警察”的角色，而是在与员工进行相互交流的过程中实现企业持续改进绩效的目标。这种和谐双赢的结果也使越来越多的企业倾向于选择用绩效管理来替代单纯的绩效考核。因此，绩效管理不仅关注事后的考核，而且注重事前的计划、事中的管理，是由事前计划、事中管理和事后考核形成的三位一体的系统。

因此，本书对绩效管理的定义是：

绩效管理的概念是在拓展了绩效的内涵并总结绩效评价不足的基础上提出的，随着人力资源管理理论和实践的发展，绩效管理逐渐被理解成一个人力资源管理过程。绩效管理是对组织和员工的行为与结果进行管理的一个系统，是充分发挥每个员工的潜力、提高其绩效，并将员工的个人目标与企业战略相结合以提高组织绩效的一个过程。[①]

二　绩效管理的特点

根据相关研究，绩效管理具有以下一些特点。

（一）目标导向

绩效管理是一种目标导向的管理方法，要求每个成员的行动都要与企业的战略目标挂钩，通过系统化的管理机制，把企业的战略目标、核心价值观层层传递给员工，使之变成员工的自觉行为，从而使每个员工都清楚自己应该努力的方向，各级管理者都能明确自己应该更好地对员工进行有效的管理并提供支持和帮助。因此，只有绩效管理的目标明确了，各级管理者和员工的努力才会有方向，才会更加团结一致，共同致力于绩效目标的实现，共同提高绩效能力，更好地服务于企业的战略规划和愿景目标。

（二）强调发展

绩效管理是一个强调发展的过程，通过绩效管理促进企业与员工的共同成长，为每个员工提供指导、支持和帮助，不断提升员工的胜任能力，并使之主动学习、互相学习，建立学习型组织，形成具有激励作用的工作氛围，从而建立企业的高绩效文化。

---

① 林新奇．绩效管理．大连：东北财经大学出版社，2010；林新奇．绩效考核与绩效管理．北京：对外经济贸易大学出版社，2011；林新奇．绩效考核与绩效管理．北京：清华大学出版社，2015.

（三）以人为本

绩效管理是让员工参与组织管理的过程，它重视员工的发展，在完成组织目标的同时，实现员工的个人价值和职业生涯规划。它可以使员工目标与团队目标、组织目标一致，建立“双赢”的概念。它强调全体员工自上而下地参与，每个员工都应该设计自己的绩效目标，并与领导达成一致；高层管理者的支持和参与是决定绩效管理体系成败的关键。

（四）系统思维

绩效管理是一个系统，而不是一个简单的步骤。绩效管理需要具有全面的、相互联系的观点，需要重视目标制定、沟通管理等过程，需要掌握和使用许多相应的技巧与技能，在实施绩效管理中还需要克服各种困难与障碍。只有系统地、战略地看待绩效管理，形成系统性思维，才能够使绩效管理摆脱在低层次徘徊的状况，实现战略目标。

（五）注重沟通

沟通在绩效管理中起决定作用。沟通的过程包括：沟通组织的价值、使命和战略目标；沟通组织对每个人的期望结果和评价标准以及如何达成结果；沟通组织的信息和资源，使员工之间相互支持、相互鼓励。总之，制定绩效要沟通，帮助员工实现目标要沟通，评估考核要沟通，分析原因、改进绩效也要沟通。绩效管理的过程就是员工和组织持续不断沟通的过程。离开了沟通，绩效管理将流于形式。所以，做好绩效管理，必须全面提升各级管理者和员工的沟通意识，提高管理沟通技巧，进而改善企业管理能力和提高绩效管理水平。

三 绩效管理的影响因素

（一）企业和个人的目标

绩效管理通常强调组织目标的沟通，具体来说就是通过把个人目标和组织目标纳入部门目标的方式达到这一目的。如果组织中的员工可以清楚地认识到组织目标，并把这些目标变成自己工作目标的一部分，就会提高他们的工作满意度。组织目标和工作宗旨已经被证明是预测员工工作满意度的一个重要指标。目标的分解重点是做好中高层领导工作目标的分解和考核。如果中高层领导只有部门的目标，而没有部门经理人自己清晰的工作目标，员工就更不可能知道自己的目标，并将自己的奋斗目标与企业目标相联系，这样的绩效管理是不会成功的，绩效管理应该从设置工作目标开始。

（二）绩效衡量和反馈

绩效管理通常需要一定的绩效衡量和对目标进程完成情况进行评价的绩效反

馈。许多学者认为，有效的绩效管理基于员工对于接受公允绩效衡量的感知。但是，对公允绩效衡量的感知只是暂时的，不仅体现在结果方面，而且体现在员工对他们的绩效通过何种标准进行衡量的过程的理解上。绩效反馈与工作满意度强相关。这导致绩效反馈经常被提出，并与来自管理者的支持联系在一起，提高了绩效管理的接受度和对管理者的满意度。

绩效考核工作本应着眼于员工能力的提高及潜能的发挥，在执行过程中应该是公开的。但我国大部分企业由于受长期封闭式人事管理制度的影响，绩效考核工作大多是走过场，没有得出有用的考核结果。被考核者无从知晓考核者对自己哪些方面感到满意和肯定，哪些方面需要改进，绩效考核也就没有起到其应有的激励和改进作用。

能否有效和客观地评价下属是绩效管理的另一重要因素。高层领导必须明白能否提高经理人管理下属绩效的能力是企业成败的关键。管理者不仅要完成自己应履行的职责和关心下属取得的成果，更要注重与下属进行工作目标的分析沟通、指导评价和反馈，达到激励和促进的目的。不懂沟通的经理不可能拥有一个高绩效的团队，良好的绩效沟通能够及时排除障碍，最大限度地提高绩效。沟通应该贯穿绩效考核的整个过程。考核者在制定绩效计划时就应该与员工进行充分的协商，在整个考核过程中始终与被考核者保持联系，考核的结果要及时反馈，并指出不足以及改进意见；被考核者可以陈述意见，提出自己的困难以及需要上级解决的问题。绩效沟通可分为正式沟通与非正式沟通两类。正式沟通是事先计划和安排好的，如定期的书面报告、面谈、有管理者参加的小组会或团队会等。非正式沟通的形式则多种多样，如闲聊、走动式交谈等。最好同时灵活运用多种沟通方式。

（三）人力资源的充分利用

绩效管理通常包括关于培训需求的定义。定义培训需求是为了提高员工未来的绩效和员工职业发展期望与机会。在与目标设置的关联中，当意识到一个员工需要额外的能力来实现目标，或者在绩效评价中，当注意到其由于能力不足而未能实现目标时，与其讨论发展是很有必要的。员工培训与职业发展和工作满意度与绩效是有关系的，通过培训，在使企业持续改善、调整自身的知识结构、适应外部变化、持续地保持并增强竞争力的同时，还可以使员工进入规范的工作程序，并在自己的工作标准流程中找到乐趣和规律，不断进步、创新，从而获得满足感和奋发向上的动力。同时，关于未来计划的讨论，在绩效管理允许的可执行范围内，对员工态度也有积极作用。

（四）企业文化的影响

企业文化是在企业长期运作中逐渐形成的群体意识，以及由此产生的群体行为规范。每个组织都有它独特的文化，这种文化往往通过组织运作形式和大多数员工的行为体现出来。

从价值观的角度，可以将企业文化分为以下几类：利润导向型企业文化、以人为本型企业文化和服务社会型企业文化。不同类型的企业文化应与不同类型的绩效管理相适应。

1. 利润导向型企业的绩效管理

绩效管理应主要以绩效产出来衡量员工的绩效水平，而不仅仅是能力与行为表现。目标管理法（management by objective，MBO）是其有效的管理方法。

2. 以人为本型企业的绩效管理

绩效管理过程中应让员工参与计划的制定并发表意见，同时赋予相应的权限和充分的信任，重视反馈和沟通。这种绩效管理要与员工的薪酬、培训和晋升挂钩，以此推动员工的工作热情和绩效的提高，故必须兼顾目标管理和过程管理。以人为本的绩效管理不单是对以往的绩效进行考核，更是为了员工和企业将来能有更好的发展，有利于员工的职业生涯规划和企业的长期战略规划。

3. 服务社会型企业的绩效管理

绩效管理不应只考虑企业的利润、员工的发展，还应注重企业上下游联盟和服务对象的整体利益。这种企业文化下的绩效管理需要定性和定量相结合，以对社会提供服务作为企业长期的战略目标，推动企业更好地发展。

（五）企业组织结构是否完善

企业内部的组织结构清晰、员工职责分工明确是在各部门、各岗位设计绩效指标的前提。如果企业内部的组织结构混乱，就很难做到指标分解客观、合理和流程化。如果经营层、管理层与执行层的职责不清或时常越位，不仅权力难以制衡，也会让员工难以适从，势必造成相互推诿、责任不清甚至责任感丧失。这与建立绩效管理体系和进行绩效考核的目的是相悖的。只有在组织结构清晰、分工明确的前提下，关键绩效指标（KPI）才能真正落实到人，考核指标才能真正应用到绩效管理当中去。

第 4 节　从绩效考核过渡到绩效管理

一　绩效考核的局限性

所谓绩效考核，就是管理者或相关人员对员工的工作行为及其结果进行评价的过程，它不是单纯地为了考核而考核，而是希望通过绩效考核确认员工的绩效水平，并通过对考核结果的各种合理运用达到激励员工努力工作的目的。

理论和实际总是存在差距的。这种差距一定程度上成为绩效考核的局限性。在实践中，绩效考核的目的经常被歪曲，并带来了一系列消极的影响，例如：

（1）认为员工之所以改善绩效，主要动力不是来自对企业价值观的认同，而是来自利益的驱使和对惩罚的惧怕。

（2）绩效考核的结果倾向常常使管理者单纯依赖定期的、既成绩效的评估，而忽略了对工作过程的控制和督导。

（3）过分依赖绩效考核来提高员工绩效的管理方式，重结果，轻过程，不利于工作能力和经验不足的员工的成长。

（4）在绩效考核过程中，管理者往往充当着“警察”的角色，导致管理者与被管理者之间的对立和冲突。

本书认为，绩效考核的局限性可以追溯到其早期形成阶段。绩效评估（考核）是人们对绩效进行管理的早期形式，在绩效管理的历史上起到了重要作用。但是，很快学者们就认识到了它的诸多不足，在文献以及实际操作中都对其进行了诸多批评。

绩效评估会使一个管理者陷入既要评判某人的绩效，又要帮助其有效提高工作效率的两难境地。每年进行一次复杂的绩效评估其价值令人质疑：上级对下属工作的指导应当在日常进行，而不是一年才进行一次；应当用设置目标的方法而不是批评来鼓励绩效提升；评估应当根据不同的目的分别进行。在每年的绩效评估中给出一次嘉奖对于绩效提升并没有显著影响，而批评则通常会导致员工产生抵触情绪，拒绝为低绩效的产生负责任。

这种背景下，绩效考核就常常成为“鸡肋”，成为“负担”，从绩效考核过渡到绩效管理就成为必然的选择。

二　绩效考核与绩效管理的区别与联系

绩效考核和绩效管理，无论是从基本理念、目标体系，还是从具体的实际操作上，都存在很大的差别。对这些差别加以正确的区分，可以帮助我们树立正确的绩效观和考核观，有效地运用绩效管理的体系、方法和工具，提高组织的管理，改善员工的绩效能力，从而获得比较满意的绩效，达到绩效管理的目的。

绩效管理与绩效考核的区别可以用表 1－1 来表示。

表 1－1　绩效考核与绩效管理的区别

区别	绩效考核	绩效管理
假设前提	假定人们不会也不知道采取主动的行为以实现组织的目标，战略目标的制定和实施与一般员工无关	假定人们都愿意与组织同舟共济，会主动采取必要的行为以努力达到事先确定的组织目标和个人目标
出发点	以控制为中心，绩效考核是为了更有效地控制部门和员工个人的行为	以战略为中心，绩效管理体系的设计和运用都是为战略服务的
对象	对某一时间段或时间点的考核	对整个过程的监控与管理
	仅仅是事后的考核评估	事前、事中、事后相结合
	主要评估过去的表现，向后看	关注过去，更关注未来的发展
方法	主要手段就是考核，自上而下地单向考核，被考核者只是被动接受	计划、监控、考核、沟通、反馈相结合，被考核者主动参与，全员参与
目的	主要目的是为实施奖惩提供依据，主要是薪酬调整和奖励	主要目的是促进企业战略的落实、绩效的改进和员工的共同成长

资料来源：根据林新奇讲义《绩效考核与绩效管理》（2010—2017 年）修改补充而成。

（1）绩效管理是一个有关企业战略、绩效、竞争力和人力资源管理，以及计划、促进、考核、反馈、结果运用等各环节的完整系统；绩效考核则是这个系统中的一个环节、一个部分。

（2）绩效管理是一个过程，它不仅关注结果，更关注过程；绩效考核则是一个阶段性的总结，关注的是一段时期工作完成的结果。

（3）绩效管理具有前瞻性，由于它关注的是未来，因而能帮助企业和管理者前瞻性地看待问题，以有效地规划企业和员工未来的发展；绩效考核则只关心过去一个阶段的工作绩效，不具备前瞻性。

（4）绩效管理是一套从计划、促进、监督、控制到考核、反馈、沟通的完整的体系和方法；绩效考核则是一种简单、被动地接收与提取信息的手段。

（5）绩效管理注重组织竞争力和员工能力的培养，实现的是企业和员工的双赢；绩效考核则只关注员工的考核结果，以一时的得失论英雄，以简单的结果论成败。

（6）绩效管理能够促进管理者与员工之间建立互信合作的伙伴关系，有利于双方朝着共同的目标努力；绩效考核则可能使管理者和员工处于对立的状态，甚至造成考了还不如不考的负面影响。

（7）绩效管理是一种绩效导向的管理思想，其最终目标是建立企业特有的绩效文化，形成具有激励作用的工作氛围；绩效考核则是为了监督员工工作、督促员工改进绩效，并没有上升到企业文化的高度。

当然，绩效管理与绩效考核也不是截然分开的，它们之间既有区别，也有联系。绩效管理是人力资源管理体系的核心内容，绩效考核则是绩效管理体系中的关键环节，绩效考核在绩效管理体系中起着承前启后的作用，既能够检验绩效管理前期的计划和促进工作的成果，也能够对今后的绩效沟通与改进工作提供参考和依据。因此，不能因为绩效管理与绩效考核的种种区别而忽视了绩效考核在绩效管理甚至人力资源管理中的关键地位和基础作用。

三 从绩效考核过渡到绩效管理

20 世纪 80 年代以来，经济全球化的步伐越来越快，市场竞争日趋激烈。在这种竞争激烈的经营环境中，企业要想取得持续的竞争优势，就必须不断地提高整体绩效水平和能力。莱文森（Levinson，1976）曾指出：“多数正在运用的绩效评价系统都有许多不足之处，这一点已得到广泛的认可。绩效评价的明显缺点在于：对绩效的判断通常是主观的、凭印象的和武断的；不同管理者的评定不能比较；反馈延迟，这会使员工因好的绩效没有得到及时的认可而产生挫折感，或者为根据自己很久以前的不足做出的判断而恼火。”实践证明，提高绩效的有效途径是进行绩效管理。绩效管理是一种提高组织与员工的绩效，开发团队、个体的潜能，使组织不断获得成功的管理思想和具有战略意义的、整合的管理方法。通过绩效管理，可以帮助企业实现其绩效的持续发展，促进形成绩效导向的企业文化，激励员工，使他们的工作更加投入，促使员工开发自身的潜能，提高他们的工作满意感，增强团队凝聚力，改善团队绩效。而且，通过不断的工作沟通和交流，还可以发展员工与管理者之间建设性、开放的合作关系，给员工提供一个经常性的表达自己意见、建议和工作期望的机会。

组织绩效可以表现为数量和质量两个方面。近年来，质量已经成为组织绩效的一个重要方面，质量管理已经成为人们关注的热点。凯斯琳·吉恩（Kathleen Guin，1992）指出："实际上，绩效管理过程可以加强全面质量管理。因为绩效管理可以给管理者提供管理的技能和工具，使管理者能够将全面质量管理看作组织文化的一个重要组成部分。"可以说，一个设计科学的绩效管理过程本身就是一个追求"质量"的过程——达到或超过内部、外部客户的期望，使员工将精力放在质量目标上。

此外，随着战略目标与组织结构的调整和变化，组织需要采用新的管理绩效的措施，这也促使企业必须从绩效考核过渡到绩效管理。

组织的多数结构调整都是对社会经济状况的一种反应，其表现形式多种多样，比如减少管理层级（de-layering），缩小规模（downsizing），增强适应性（flexibility），提升团队工作（team-working），强化高绩效工作系统（high performance work systems），改善战略性业务组织（strategic business units），增加授权（empowering），等等。组织结构调整后，管理思想和风格也要相应地改变，比如给员工更多的自主权，以便更好更快地满足客户的需求；给员工更多参与管理的机会，促进他们增加对工作的投入，提高他们的工作满意度；给员工更多的支持、指导和帮助，不断提高他们的工作胜任特征等。所有这一切，都必须通过建立绩效管理系统，从绩效考核过渡到绩效管理，才能得以实现。

20 世纪 80 年代后半期特别是 90 年代以来，绩效管理先进企业特别是跨国公司绩效管理的发展进程表明，从绩效考核过渡到绩效管理是完全可能的，也是大势所趋。跨国公司绩效管理的发展过程大致可以分为三个阶段：20 世纪 80 年代晚期和 90 年代早期，从事绩效管理的管理者意识到他们所评价的对象发生了变化，原来以财务绩效为核心的评价指标引导他们走入了一个短视的误区，使绩效管理之路越走越窄。为了克服这一短视误区，20 世纪 90 年代开始，很多企业管理者引进了一种新的绩效管理系统，比如 KPI 和平衡计分卡，从而开创了绩效管理的新阶段。但是进入 21 世纪，在引入了 KPI 和平衡计分卡以后，企业人力资源管理者又面临如何更加合理地将绩效评价与企业实际和企业文化相结合的问题，于是他们开始关注有效地收集和使用通过新绩效评价系统得到的数据资料。

借鉴 30 多年来跨国公司绩效管理的发展进程，我们可以看到以下几个主要特点及其发展趋势：

第一，把绩效管理作为企业管理的核心。跨国公司对如何提高企业的劳动生产率是非常关注的，尤其是在外部竞争日趋激烈和内部劳动生产率的提升速度日趋减缓的情况下。现代企业的生产效率不仅要靠资金和技术，更要靠人力资源。那么，如何开发和管理人力资源，使其发挥最大效益？绩效管理是一种有效的管理方法。绩效管理的实施对于企业的发展、战略的实现，以及人力资源开发等都是非常重要的。

由于绩效管理是将企业的战略目标分解到各个业务单元，并分解到每个人，因此通过对每个员工的绩效进行管理、改进和提高，可以提高企业整体的绩效，企业的生产力和价值随之提高，企业的竞争优势也就由此而获得。

第二，强调员工的努力方向与企业目标的一致性。从企业整体经营的角度来看，绩效管理是企业生存发展的需要。企业的兴衰，关键在于员工的努力程度，但两者之间并非只是简单的比例关系。在努力程度和公司绩效之间，有一个关键的中间变量，那就是努力方向与企业目标的一致性。

当员工的努力程度比较高，而且努力的方向与企业目标相一致时，是有助于提高公司绩效的。而如果努力方向与企业目标背道而驰，即使员工工作再努力，也不会提高公司绩效，相反还会造成绩效的下降。因此，在激发员工努力工作的同时，一定要使他们的努力方向与企业目标保持一致。这就要借助完善的绩效管理系统。通过设定与企业目标一致的考核内容，并将考核结果反馈给员工，他们就可以知道自己的行为是正确的还是错误的，与企业的要求有多大差距，从而采取相应的措施，继续或纠正，以便改进自己的行为。通过员工个人绩效的提高促进企业达到既定的经营目标，实现企业的良性发展。

第三，重视财务指标的同时越来越强调以人为本。以人为本，即不管是考核指标的设计还是考核体系的实施都要从员工出发，激励员工的积极性。惠普重视员工的绩效考核，将员工的考核与经理的考核相结合，绩效指标的设计也侧重于员工个人能力的评价，不再以绩效的高低为主要标准。研究者认为，企业绩效管理者运用绩效评价的结果数据是为了影响次级管理者和雇员的行为。由于有效地改进组织中个体的行为是绩效管理的一个重要目标，因此我们要更加关注组织中人的特性和行为，实现以人为本的经营理念。

第四，强调绩效管理各项相关配套制度的建设。企业中绩效考核的开展不是哪个经理个人行为的结果，他们考核的指标、程序等都是事先制定好的，依据制度开展绩效考核。比如 IBM 实施的是以个人业务承诺（PBC）为中心的绩效考核体系，这个体系包括指标设计、考核流程设计、考核结果汇总等。

第五，强调绩效管理指标的全面性和综合平衡。跨国公司在运用平衡计分卡、KPI、360 度考评反馈技术方面的比例是比较高的，为什么？原因就在于它们强调绩效指标的全面性。跨国公司一般都实力雄厚，多元化经营，担负较大的社会责任，战略目标远大，经营目标多样，工作内容丰富，对绩效管理指标的全面性有其内在的要求。

第六，重视绩效管理的客观性和定量化。跨国公司注重向所有考核者和被考核者提供明确的工作绩效标准，完善企业的工作绩效评价系统，把员工能力与成果的定性考察和定量考核结合起来，建立客观、明确的管理标准，用数据说话，以理服人，改变了过去员工考核中定性成分过大、评价模糊、易受主观因素影响等不足。

第七，强调绩效管理要在一个稳定的基础上进行。要使考核工作规范、有序、高效，必须建立科学的绩效考核体系。绩效考核体系的构建是一项系统工程，包括计划、实施、考核、考核结果的反馈及考核结果的处理和应用。跨国公司特别是世界 500 强企业一般都具备扎实稳健的管理基础，这使得绩效管理系统能够在企业日常管理工作中比较顺利地运行。

第八，重视信息系统在绩效管理中的导入和应用。当今世界瞬息万变，网络技术的普遍应用正使地球成为一个“村落”。而在绩效管理中如何有效地运用最新的科学技术也成为管理者、专家研究的方向。企业之间特别是高科技公司之间激烈的竞争，要求战略得以更好地执行，对市场影响力的反应更加敏感。为此必须通过将科技应用到企业管理的各个环节，尤其是人力资源管理之中，促进绩效管理自动化，从而实现人力资本最大化。

绩效管理是一个不断开发人力资本的方法，包括评估、开发和促进人员绩效等。虽然至今在很多公司里，绩效管理的主要部分依然是一个纸质的进程，但是情况正在发生变化，在线绩效管理越来越成为主流。许多跨国公司已经从绩效管理所采用的组织化的、在线的方法中获益。高级软件使得绩效计划、跟踪和管理进程自动化，这样可以帮助公司有效地应对挑战。而结构化的工作流程也使得这一过程中的每项关键任务能在清除快速发展的障碍方面变得容易、可行。更重要的是，在绩效管理中，一个高质量的信息系统可以确保最佳绩效管理方案的应用前后一致，促进所有员工更加勤奋并且有动力。这使绩效管理从过去那种“吃力不讨好”的职能性活动转变成为企业一个必不可少的竞争优势。

复习与思考题

1. 如何正确理解“绩效”概念？

2. 本书的“绩效”概念具有什么特点？试举例说明其意义。

3. 绩效考核的含义是什么？如何正确理解？

4. 传统的绩效考核概念与本书的绩效考核概念有什么区别？请结合实践谈谈看法。

5. 绩效管理的含义是什么？如何正确理解？

6. 如何理解绩效管理与绩效考核的联系和区别？

参考文献

1. 林新奇．中国式绩效管理及其前途，企业管理，2014（10）.

2. 约翰·P. 科特，等．企业文化与经营业绩．北京：中国人民大学出版社，2004.

3. 林新奇．绩效考核与绩效管理．北京：清华大学出版社，2015.

4. 林新奇．绩效管理．大连：东北财经大学出版社，2010.

5. 彼得·德鲁克．卓有成效的管理者．北京：机械工业出版社，2005.

案例分析

B 公司的绩效考核出错了

最近，B公司总经理很苦恼。前些天，公司人力资源部刚刚与其他业务部门共同完成了全公司一年一度的绩效考核工作。从考核结果看，部门和员工整体绩效水平都比较高，这与实际状况也吻合。因为在过去的一年里，全公司各部门和员工都非常努力，其工作状态和工作热情有目共睹。对于这样的考核结果，应该说皆大欢喜，总经理也应该感到欣慰才是。但是为什么却让总经理苦恼了？

原来，公司董事会在对全公司过去一年的经济目标完成情况进行考核时，发现企业的整体绩效状况居然欠佳，没有达到预期的目标，董事会很不满意。为此，董事长找总经理进行沟通，责令其查找原因所在。总经理十分尴尬，也十分困惑：各部门和员工明明都干得好好的，为什么企业整体绩效状况就不佳？问题到底出在哪里了？

没有办法，总经理连夜召开了部门经理会议，共同分析原因，查找问题的所在。

会上大家七嘴八舌，还找出原来的绩效考核表和年初各部门与员工签署的绩效目标责任书，进行了认真的解读，终于发现：原来员工的绩效目标和部门的绩效目标脱钩，而部门的绩效目标又与企业的绩效目标偏离！这是什么问题?！不难看出，当初大家签署绩效目标责任书时太不认真了，可能时间也太仓促了，所以就出现了“脱钩”和“偏离”，而这种“脱钩”和“偏离”，又导致个人、部门、公司三个层次的绩效目标不能互为作用，公司绩效目标缺乏有效的驱动力。辛辛苦苦一年，白干了？

资料来源：综合各种相关资料改编而成。

问题：

结合绩效考核与绩效管理理论，试分析B公司绩效管理究竟出了什么问题？症结在哪里？应该如何改进？

第 2 章 国内外绩效管理的演进

学习目标

学完本章后，你应该能回答如下问题：

◎ 绩效管理发展演变的过程是什么？

◎ 如何借鉴绩效管理的理念方法？

◎ 如何借鉴古代中国的考绩与考课制度？

◎ 近代欧洲的绩效评估与考核有什么特点？

◎ 现代美国绩效考核与管理的趋势是什么？

◎ 日本人事查定与业绩评价的意义是什么？

◎ 如何理解绩效管理的时代进程？

扫一扫

华为的绩效管理发展历程与核心思想

开篇引例

在业绩管理方面，索尼公司有哪些需要进一步改善？索尼认为，就目前的情况来看，需要改善的就是公司绩效管理者的反应速度。索尼的高层在中国开会，要追加 2 亿美元的在华投资，扩大业务范围。作为人力资源主管，其第一反应会是我要干什么，从哪里能够拿到这个业务计划，到哪里去招聘相应的人员，怎样编排队伍，扩大的业务和对人员的要求与原来是否一致，新领域的人事结构有什么特点。如果他不掌握这些情况，可能就会延误战略的实施。只有了解到战略以后，才能够实施。如果公司做战略之前就与他们商量的话，工作效率会更高。比如公司决定在中国追加投资时，如果让人力资源部部长知道能做什么，可能会更理想。竞争是残酷的。索尼现在已经发布了战略，其他公司知道后，立刻也会做同样的事情，如果人家的新产品都已经上市了，索尼还没有把队伍整合好，人力资源部就要承担很多责任。索尼认为，企业做战略时要考虑到人力资源，不能把它仅仅看作纸张管理。大家都在讲“战略伙伴”，但是“战略伙伴”并不是那么简单的。你要把功夫练得很强，才能够成为伙伴。所谓伙伴，是出谋划策的，否则你连跟班都不是。

第 1 节 古代中国的考绩与考课制度

在人类漫长的进化发展历史中，人们通过分工协作与管理实践，逐步发现了绩效考核与绩效管理。但是世界上不同国家、不同文化、不同民族的绩效考核与绩效管理又各有其渊源和特点，呈现出自己独特的发展进程。根据对主要国家的研究，我们大致上可以把它们划分为四类：古代中国的考绩与考课制度、近代欧洲的绩效评估与考核、现代美国的绩效考核与管理、日本的人事查定与业绩评价。本节我们来看古代中国的考绩与考课制度。

古代中国的考绩又称考课、考成、考核，其含义就是“言用人之法，皆须考以功绩”[①]。尤其是对现任官吏的表现和政绩，以有效方式进行考核，然后定出优劣等第，以供用人参考。所以，考绩的直接结果就是对官吏实行奖惩。

古代中国的考绩与奖惩，不但具有非常丰富的实际内容，而且制定过许许多多的法规法令，形成了一套颇具规模的考绩与奖惩制度。它是中国古代人事管理史的一个重要组成部分。

一 考绩制度的建立

早在先秦时代，就已经出现对官吏的考绩。《尚书·舜典》中记载：“三载考绩，三考，黜陟幽明。庶绩咸熙。”这段话主要是说西周以前的事，它表明在很早以前，中国的统治者就认识到了考绩的重要性，并且实行了较为有效的考绩措施，且与奖惩结合在一起。该书还记载了对早期部落联盟领袖舜的考绩，而舜对所辖各部首领的考绩也是有安排的，即所谓“五载一巡狩，群后四朝，敷奏以言，明试以功，车服以庸”。

到西周时期，考绩开始初步系统化。当时考绩分两级：

一是天子对各诸侯的考核，实行巡狩与述职两种方法。所谓巡狩，就是天子定期到诸侯国考察，进行实地考核。《孟子·梁惠王下》记载：“天子适诸侯曰巡狩。巡狩者，巡所守也。”述职是指诸侯或其代表按时到中央汇报工作，以供天子考评，即“诸侯朝于天子曰述职。述职者，述所职也”。这种上下结合的考核

① 《汉书·王吉传》颜师古注语。

方式，对于当时社会政治经济关系还比较简单，诸侯国又具有较大独立性的状况，还是比较合适的。

二是天子对王畿内的官吏、诸侯对本辖区的官吏的考绩。其方式有日成、月要、岁会、大计等几种。如《周礼》中提到太宰以八法治官府，“岁终，则令百官府各正其治，受其会，听其致事，而诏王废置。三岁，则大计群吏之治而诛赏。”“小宰以六计课群吏，月终，则以官府之叙受群吏之要，赞冢宰受岁会。岁终，则令群吏致事。”从这些不甚明了的记载中，我们约略可以窥见西周时期的考绩已经具有一种由上而下、层层考核的体系。

但是严格地说，真正的考核制度是与封建专制官僚制度相伴而生的，也就是说，是从战国时期才开始的。为什么这么讲？原因主要有三点：

首先，从战国时期开始，中国封建专制官僚政治才逐渐形成。在建立君主集权制、统一国家的过程中，严格的考核制度开始成为必要。社会的发展及官僚队伍的扩大，客观上也要求建立一套经常性的考绩制度以利于进行有效的人事管理。特别是在打破了世官制以后，官员的升降任免不再依靠血缘世袭，而需要有一个较为客观的新的依据，这种新的依据就是考绩制度。

其次，春秋战国时期，诸子百家争鸣，涌现了一批以管仲、韩非、荀况等为代表的政治理论家，他们提出的人事管理思想，为建立新的系统的考绩制度奠定了理论基础。如管仲说：“君之所审者三：一曰德不当其位，二曰功不当其禄，三曰能不当其官。”（《管子・立政》）明确把“德”“功”“能”当作统治者考核臣下的主要标准，并认为这是进行官吏管理的“三本”。

最后，从战国时期开始，在吴起、商鞅等一批改革家纷纷登上政治舞台实行变法的过程中，真正的考绩制度建立了。其主要标志是上计制度。上计，是指将计书即有关簿册逐级上报以供考核。

从各种资料来看，战国时期已经比较普遍地实行了上计制度，但是具体标准和方法还不完善。秦汉继续实行上计制度，运用范围更加广泛，制度也更加严密。其具体方法是：每年秋天，先由郡国守相考核县令、县长，由县令、县长把该县的户口、垦田、财赋、治安等具体数字编为计簿呈报郡国，由郡国守相进行考核，同时将县级管理考核情况及县簿加以汇总，结合本郡国一年政绩，在年终前报达中央，由中央主管部门进行考核。此外，中央各部门及地方各级长官还要对自己所属官吏进行考核，这种考核也是一年一次。而中央各部门掌管的考核则由皇帝负责。考核完毕，由主考官定出每个官吏的考绩等第，叫殿最，以供奖惩升降做依据。通常是经三年考绩以后，才根据总的考绩等第确定黜陟。

总之，从战国开始至秦汉时期普遍实行的上计制度，已经是一种比较规范完备的考绩制度，其考绩标准全面客观，注重定量考核，较具可操作性；其程序严密合理，逐级考核，运用广泛，方法较为得当。所以这种考绩方法一直延续到隋朝，持续实行了千余年，生命力是相当强的。唐代以后的各种考绩制度也在很大程度上滥觞于上计制度，上计制度的影响深远。

二 考绩主体及管理机构

隋唐以前的考绩制度尚无专门的管理机构，通常由某些特定官吏兼领，尤其是中央各部门及地方各级行政长官，一般都兼掌考绩。如先秦时期，“诸侯月试其国，州伯时试其部，四试而一考。天子岁试天下，三试而一考”（《春秋繁露·考功名》）。汉代，中央主持考绩的官吏是丞相（司徒）和御史大夫（司空），地方上则主要由郡、县行政长官负责。

专门负责考绩制度的管理机构是在魏晋南北朝时期开始萌芽，到隋唐时期才确立的。魏晋南北朝时期，吏部开始设考功郎、考课尚书等官职。到唐代，正式设置考功司，属于吏部，专门负责对全国官吏的考绩。唐代明确把考课与选授、勋封连在一起，同由一个部门负责。其中考课又专由考功司负责，其具体职权是掌管内外文武官吏的考课。由此可见，唐代考绩的地位已经大为提高，考绩的形式也更加规范。此后各朝代虽有某些变化，但由吏部考功司主管全国各级各类文武官吏考绩的体制则相对稳定下来。这种考绩权责相对集中的做法，是与隋唐以后专制主义中央集权的发展趋势相一致的。

三 考绩的主要内容

（一）考绩的标准

考绩标准是考绩制度赖以实行的重要依据，也是考绩能够取得成效的前提条件之一。从理论上说，考绩标准的制定应当遵循严明、可行、重绩效等原则，但实际上不一定能做到，于是实行的效果也不同。我国历史上为考绩而制定的标准很多，包括德、能、勤、绩等各个方面，各朝各代总是依据当时的社会实际状况和需要来制定考绩的标准，所以各朝各代考绩标准的侧重点不同。总的来说，从先秦到明清，考绩标准的发展呈现出这样的趋势，即在内容上由主要看官吏的工作实绩转向工作实绩与德行表现相结合，而且德行的成分越来越重；形式上则由繁杂逐渐简化，甚至形成某种概念化的东西。这种趋势与古代皇权专制主义的发展以及考绩对象的变化，即由重视考绩地方官转向既重视地方官又重视京官这一变化特点，是密切联系在一起的。

（二）考绩的程序与方法

考绩标准一旦确立，便要制定相应的考绩程序与方法，使考绩标准付诸实施。程序是否合理，方法是否得当，直接关系到考绩的成败及效果。为了使考绩不致流于形式或走过场，我国古代各王朝都曾创造许多新颖的方法，包括考绩工作的组织安排，考绩对象范围的划定，考绩时间的确定，具体的考绩步骤与方法，以及考绩结果的批准与公布等。

下面我们对汉、唐、宋、明清四个有典型意义的历史时期的考绩程序与方法做简要介绍。

1. 汉代

汉代主要实行上计制度。其考绩工作的组织安排是分别由各相关主考机关负责。又分两个系统：一是中央对地方的考绩，由郡国课县、中央课郡国、丞相受计、御史大夫核实、皇帝主计等程序组成。这是一种层层考绩的形式。时间上从每年秋天开始，年终结束。一年一小考，三年一大考，三考决定殿最并加黜陟。二是中央及地方各部门长官对本部门所属官吏的考绩。这种考绩比较简单，不是很受重视，一般都是由各部门长官依据所属官吏对自己工作情况的汇报而加以甄别，并直接做出奖惩决定。

汉代上计制度还特别重视两种考绩方法：一是朝会受计；一是实地考察。所谓朝会受计，就是中央接受郡国上计，要举行比较隆重的仪式，这不仅是为了显示中央对上计考绩的重视，而且具有当庭按察虚实真伪、直接指导当地工作的意义。

2. 唐代

唐代宰相以下文武官吏，不论职位高低，不分京官、外官，均要接受考绩。三品以上官吏，由皇帝亲自进行考核，四品以下官吏则分为京官、外官两大类，分别由皇帝指定专人负责考核。考绩实行每年一小考、四年一大考制度。具体执行步骤是：先由中央各部门及地方各级行政长官考评下属。每个应考官吏须先由本部门行政长官写一份考状，具录当年功过行能，然后公布，征求应考官吏本人及大家的意见。

3. 宋代

宋代对官吏的考绩，不再专属吏部，而是另外设立专门负责考绩事宜的审官院和考课院。审官院负责考绩京官，考课院负责考绩外官。但是五品以上的高官则由中书省和枢密院负责，三品以上要由皇帝亲自考核，并与宰相共同决议。考绩年限为一年一小考，三年一大考。

宋代的考绩方法也是自下而上两步进行：第一步，由各部门长官对所属官吏进行考核，考核的目的在于评定官吏任职期间的善恶功过。第二步，应考者经三考之后，将所有材料报经中央主考部门审核，既用于人事铨选，也用于考绩。

4. 明清时期

明代的考绩分为考满和考察两种。考满是指对每个官员在任职年限中的政绩所进行的考核，其目的在于考核官员是否尽职。考满的方法与唐宋时期相似，也是实行由下而上评议鉴定的方法，不过在具体形式上复杂一些。明代考满分为京官、外官、杂职官、教官、吏官五个序列，分开考核。

考察主要是对不称职和有过失的官员统一进行审查和处理的一种考绩方法。它与考满相辅而行，但不论官员任职时间、职务、级别等如何，一概定期考察。

清代的考绩程序与方法基本沿袭明制，但也有些变化。主要的变化有两点：一是停止了考满法，而将考满法的功能全部并入考察法之中。二是考察分京察与大计两类，分别以“四格六法”标准进行考绩。清代京察和大计都是三年举行一次，但是分别交叉进行。其负责主持者是礼部考功司，但是部院各衙门及地方督抚等各级行政长官要事先配合组织考核，并由下往上逐级考评。此外，当时都察院有关科道也要协助吏部考功司“纠检”考绩事宜，以保证考绩质量。

四 奖惩制度

从根本上说，考绩只是一种手段，它的直接目的是为奖惩提供依据。任何一种成功的考绩制度，无不带有明确的奖惩目的性。

我国古代的奖惩又称赏罚，其历史由来已久。传说原始社会末期已开始奖惩之施。夏商时期，赏罚普遍实行于战争之中。从西周开始，国家政治体制比较系统地建立起来，人事管理走上正轨，奖惩措施逐渐由主要用于军事转向日常管理和考绩制度相结合。春秋战国时期，随着封建官僚制度的确立，奖惩开始真正以考绩为基础。当时的军功赏赐，除赏赐官爵，还赏给土地、住宅、奴婢等。而惩罚则有免职、疏用、不用、鞭笞、惩罚，乃至处死。奖惩不仅用于军事，而且用于日常行政管理。秦朝时期，奖惩制度以上计结果为依据，宣明优劣，分出殿最，以定升迁黜陟。奖励主要有官职升迁、实物奖励、特殊礼遇等，处罚主要有降职、鞭笞、禁锢等。两晋南北朝时期，世族豪门垄断官场，朝野上下功过不分，是非颠倒，严格意义的奖惩制度已经不再实行。

自唐代至清朝，随着政治制度的完善和君主专制集权统治的日益加强，奖惩制度不断完备，成为统治者进行人事管理的得力工具，并且与考绩制度更加紧密地结合起来。唐代将所有官吏职务的升降与俸禄的增减，紧密地与考绩结果相联系，规定严格明确，使奖惩制度有一个客观公正的依据。宋代奖惩制度也是以考绩结果为依据，但是由于宋代考绩制度本身变化较大，或以德行功能为标准，或以年资为标准，前后不一，纷繁复杂，因此奖惩制度也出现一定的波动性。可以这么说，凡是考绩制度以德行功能为主要标准，奖惩制度就具有比较公正、积极的意义。反之，若考绩以年资为标准，则奖惩制度就流于形式，起不到应有的作用。元代不重考绩，所以也谈不上什么奖惩。明清时期，考绩制度重新受到重视，并且获得较大发展。奖惩制度以考绩为基础，同样日益受到重视。

五 对考绩与奖惩制度的评价

宋代学者苏洵说：“夫有官必有课，有课必有赏罚”（《嘉祐集》）。这句话的确精辟，不仅说明了古代中国考绩与奖惩制度得以建立并不断获得发展的原因，而且深刻地反映了考绩制度与奖惩制度之间的关系。

中国古代人事管理对象庞大，体系复杂。如何有效地将庞大而复杂的官吏队伍组织起来，充分调动他们的积极性，为专制中央集权统治服务，这是历代统治者面临的重要课题。在长期的统治实践中，他们认识到考绩与奖惩制度是一种十分有效的约束与激励机制。

综观古代中国的考绩与奖惩制度的发展演变，我们可以看到它有如下特点：

(1) 考绩与奖惩的权力集中于中央，尤其是对高级官吏的考绩权和对所有官吏的奖惩权，都完全掌握在专制君主一人手中。所以君主的喜好和认知很大程度上决定了考绩与奖惩制度的内容与成效。可以说，这是古代中国考绩与奖惩制度的最大特点。

(2) 考绩与奖惩面向所有级别的各种官吏，考核范围广，具有一定的普遍性。一般讲，从宰相到小吏，每个人都要接受考绩，在等级森严的封建社会，的确不容易。它体现出一定的公平原则。

(3) 历代考绩制度都规定有一定的时间期限，大考小考结合起来，定期进行考绩，具有持之以恒的经常性。

(4) 历代考绩内容都追求全面明确，制定的标准力求接近实际。对地方官又特别注重功绩，对京官则强调德才兼备，依据官员的不同各有侧重，这对保证考绩的客观针对性和有效性、澄清吏治、严肃奖惩关系甚大。

(5) 考绩不仅与奖惩密切结合，而且与监察制度密切结合。从汉代开始，考绩都要有御史参与，以便进行监督。明清时期，都察院要与吏部协同办理考绩事宜，这无疑使考绩制度在迈向法制化的道路上前进了一步。

总之，古代中国的考绩与奖惩制度具有许多创造性的特点，它对实现封建国家因任而设职、量能以授官的人事管理目标，对于修明吏治、维护封建王朝的长治久安，对于调动封建官吏队伍的工作积极性，有一定的积极意义。同时这在世界范围的绩效考核与绩效管理的发展演进过程中，也具有重要的地位和意义，值得好好总结和借鉴。

当然，古代中国的考绩制度也存在许多缺点与不足，与现代绩效考核和绩效管理不同。其最大的缺点有两个，即人治和论资排辈。前者使考绩陷入主观片面性，后者则使考绩流于形式。尤其值得注意的是，古代中国的考绩制度是针对政府官吏的，完全没有针对企业的内容。

观点碰撞

这些年来，“中国式绩效管理”一直在质疑声中前行。有人认为，20 世纪 90 年代从美国引进的所谓绩效管理并不适合中国的国情；有人认为搞绩效管理是出力不讨好，劳民伤财；有人甚至列出了在中国进行绩效管理的五宗罪。

根据相关的调查和研究，之所以出现上述状况，主要是由于中国企业在引进和使用欧美式绩效管理的过程中，一直存在以下几个迷局。而这也可以看成是基于“过去时”和“承认式”的中国式绩效管理现实的一些特点或缺陷。

第一，绩效管理与战略管理脱节。绩效管理本质上是实现企业战略的工具，而我们所谓的绩效管理其实还停留在传统绩效考核阶段，不能主动与战略管理挂钩，提供战略层面的服务；企业也往往缺失战略管理，没有明确可行的战略规划，或者战略规划朝令夕改，使得绩效管理成为无源之水、无本之木。

第二，绩效管理缺乏其他管理系统的支持和配合，没有坚实的管理基础做支撑，绩效管理孤军深入，成为可怜的“孤儿”，虽然风风火火一时，却不能持久。

第三，绩效考核一般只盯住结果，很少关注行为；只盯住过去，很少关注未来。所谓的绩效管理只是传统绩效考核的翻版，走过场，摆业绩，行为严重短期化，绩效考核结果仅仅与薪酬激励挂钩。这种做法把绩效管理试图改善管理者与被管理者双方关系的初衷演变成管理双方更为敌对的情绪。

第四，传统的劳动人事管理尚未真正升华为人力资源管理。无论是企业经营者还是人力资源管理部门，都严重存在管理能力短板，不善沟通，管理方法简单粗放，上下级之间原先那种监督与被监督的关系尚未改变为帮助、辅导和督促的关系。

第 2 节　近代欧洲的绩效评估与考核

19 世纪 80 年代初，苏格兰有一位杰出的纺织工厂主叫罗伯特·欧文，即那位著名的空想社会主义者，他在经营管理纺织企业的过程中，为了考评工人的劳动效果，创造了一种简单而有效的绩效考评方法。他把一小块涂有不同颜色的四方木块挂在每个雇员的劳动岗位上，管理者每天按照自己的评价来旋转木块的色彩面，以表示雇员前一天的劳动效果：黑色表示劣等，蓝色表示一般，黄色表示良好，白色表示优秀。[①] 这就是近代西方国家企业早期的绩效考评。

当然，今天的企业员工已经无法忍受这样的考核制度，各种考评方法也极大地丰富和更加科学。但是从这里我们可以看到，从欧洲工业革命开始，直到 1911 年泰勒制科学管理兴起，世界范围的绩效管理的发展已经从东方转到了西方，从政治领域转到了经济领域，从对官吏的考核与管理转到了对产业工人的考核与管理。这是一个全新的时代、一个全新的方向和趋势。从那时起，绩效考核与绩效管理就进入了企业管理的范畴。

所以，分析近代欧洲的绩效评估与考核，虽然相关的资料和研究很少，但是我们至少可以看到以下若干特点。

第一，近代欧洲的绩效评估与考核是建立在近代工业革命的大背景下的，所以这是以制造业、机器化大生产为基础的一种新型生产方式，但是同时又处于从原来的手工作坊甚至农耕小生产方式向近代先进生产力和生产方式过渡的过程之中。

第二，近代欧洲的绩效评估与考核是以民主政治、市场经济和自由竞争为基础的一种经济管理方式，所以表现为在企业管理中更多地引入市场与竞争的一些因素，建立一种新的管理机制。

---

① 武泽信一，A. M. 怀特希尔．日美企业人事管理比较．北京：求实出版社，1987.

第三，近代欧洲的绩效评估与考核是建立在对产业工人人力资源管理的基础上的。也就是说，其绩效评估与考核的主要对象是产业工人，是以制造业第一线员工即“蓝领”为主体的。这与古代以官吏为主体，现代以“白领”即非制造业第一线员工为主体大不相同。

第四，近代欧洲的绩效评估与考核是与其人力资源管理方式联系在一起的，而欧洲各国的人力资源管理又是世界各国中最复杂的一种。学者们的研究认为，世界上没有哪一个地区能像欧洲这样在这么小的范围中集中那么多不同的历史、文化和语言，每一个欧洲国家都有自己的法律，自己的工会、教育制度，自己的人力资源管理方式、培训体系，以及自己的管理文化。另一方面，相对于世界其他地区而言，欧洲各国又存在许多共同的特点，欧洲国家企业的人力资源管理有许多相似之处，自成一体。欧洲对人力资源管理的理论研究一开始就充分考虑自身的政治、经济和文化特点，并一贯力求基于已有的社会基础，谋求人力资源与企业战略的结合，寻求欧洲特色的人力资源管理。

第五，包括绩效评估与考核在内的近代欧洲的人力资源管理一直在选人上强调内部招聘为主；在育人上重视为员工提供各种培训，强化优质劳动力的培养；在用人上强调劳资双方的双向选择、自由雇佣、长期雇佣；在留人上偏好采用薪酬留人和文化留人；在裁人上强调政府参与劳资关系协调，建立劳动关系协调机制，禁止突然解雇等。这些人力资源管理特点深深地影响着近代欧洲的绩效评估与考核。

具体而言，近代欧洲的绩效评估与考核呈现出许多不同于美国和东方式绩效评估的特点：

（1）绩效评估主要为人岗匹配提供依据。研究显示，欧洲在选人方面，主要方式是内部招聘，外部招聘只是辅助形式。因此借绩效评估检验核查人岗匹配情况成为人力资源管理的主要任务。

（2）绩效评估主要为人员培训提供依据。欧洲企业为员工提供各种培训，强化优质劳动力的培训。尤其以德国为代表，完善的初级职业培训以及各类再教育和再培训必须有所依托，绩效管理弥补了这一缺陷。

（3）绩效评估主要为晋升降级提供依据。因为欧洲的高层主管多从内部提升，因此必须做好候选人的绩效考核，为员工晋升铺平道路，为内部提升提供依据。

从以上内容不难看出，近代欧洲企业整合了各种人力资源管理工具，在其独特的、多元的文化环境中，形成了具有独特风格的绩效考评制度，长久以来发挥了巨大的作用，奠定了近代世界各国企业绩效管理的基础。

第 3 节　现代美国的绩效考核与管理

与泰勒制科学管理的兴起同步，现代美国的绩效考核与管理应该说也是从 1911 年开始的，并从那时起就取代了欧洲成为绩效管理的一个方向标、一个新时代。

但是，现代美国的绩效考核与管理是建立在美国人力资源管理模式基础上的。要了解现代美国的绩效考核与管理，必须首先了解美国人力资源管理模式的内容、特征与发展历程。

美国人力资源管理模式是几种管理模式中产生最早、发展最完善的一种，其影响是巨大的，可以说在其他几种模式中都可以找到美国人力资源管理模式的影子。

所谓美国人力资源管理模式，是指以注重劳动力资源的市场配置、自由就业的政策、制度化的管理、对抗性的劳资关系和强调物质刺激的工资制度为特征的人力资源管理模式，它是现代企业制度、资本主义的大规模生产和精密严密分工的产物。

具体讲，美国人力资源管理模式有以下特点：

（1）强调发达的劳动力市场在调节人力资源配置过程中的作用。作为一个典型的信奉自由主义的国家，美国的劳动力市场非常发达，劳动力市场的竞争极为激烈，美国企业对人力资源的需求几乎都是从劳动力市场上得到满足。

（2）详细的职业分工的制度化管理。

（3）强烈物质刺激为基础的工资福利制度。

（4）对抗性的劳资关系。

被称为“科学管理之父”的泰勒是美国的管理学家，主要著作有《计件工资制》《科学管理原理》，他的理论成果对 20 世纪的管理实践具有重大的影响。他提出的管理思想有以下几个方面：科学确定劳动定额，科学培训员工，科学选拔和合理配置员工，差别计件工资制，人员素质等。

泰勒适应了那个时代的要求。德鲁克认为，正是由于美国把泰勒的方法系统地运用于工人培训，它才能在战时打败日本和德国。“现代史上所有早期经济大国——英国、美国、德国——都是通过在新技术领域的领先地位而崛起的。第二次世界大战后的经济列强首先是日本，然后是韩国、新加坡等都把自己的兴起归功于泰勒制。泰勒制使它们能很快就让基本上仍是前工业化、低工资的劳动力拥有世界级的生产力。战后时期，泰勒制成了促进经济发展唯一真正有效的手段。”

霍桑实验之后，人本管理开始兴起。以泰勒为代表的科学管理理论虽然做出了重要贡献，但仅侧重于劳动力的生产技能和管理方法方面的培训与提高，只是为了服务于劳动生产力的提高，对劳动力本身的社会和心理的开发注重不够或忽视了，甚至将人当作工作机器，激起人们的反抗，使人力资源的开发受到限制。行为科学从认识人的本质出发，提出人性假设，并把它作为人力资源开发与管理的基础和前提，大大丰富了人力资源开发与管理的内容。

美国心理学家梅奥指出，工人是从社会的角度被激励和控制的，效率的提高和士气的高昂主要是由于工人的社会条件和人与人之间关系的改善，而不是物质环境的改善。因而企业管理者必须既要考虑到工人物质技术方面的问题，又要考虑到其他社会心理因素等方面的问题。他提出：企业员工是“社会人”，而不仅仅是“经济人”；企业中存在非正式组织；作为一种新型的企业领导者，其能力体现在通过提高员工的满足程度，提高员工的士气，从而提高劳动生产率。

“社会人”人性假设的基本观点如下：人的工作积极性主要由社会性需要引起；人际关系是影响工作效率的最主要因素，工作效率主要取决于士气，而士气又取决于组织成员在家庭、群体及社会生活中各方面人际关系的协调程度；非正式组织是影响组织成员行为的一种潜在力量；管理者的领导方式与领导风格对激励组织成员有着不可忽视的影响。

人本管理提倡的管理措施包括：满足组织成员的社会性需要，关心员工，鼓励员工参与；建立融洽的人际关系；因势利导做好非正式组织的工作；提高管理者的素质，协调人际关系，运用激励鼓舞士气。

第二次世界大战之后，由于国际国内经济形势的变化，美国人力资源管理进入了快速发展时期，产生了许多具有革命性的管理思想。比如 20 世纪 80 年代的三大管理变革，即全面质量管理、提高员工工作生活质量、工作团队。其中提高员工工作生活质量标志着人力资源管理的新发展。20 世纪 90 年代，美国人率先推动了技术管理和营销管理的创新，并且开始发展文化管理、企业流程再造、学习型组织、战略性人力资源管理等。纵观这些管理思想的发展可以发现，第二次世界大战后各种人力资源管理的发展方向是一致的，即由对工作的关心转向对人的关心，开始注重人和工作的匹配，重视员工在工作中其他需求的满足。人力资源成为企业的第一资源，并逐渐形成如下人力资源管理体系：以详细的工作分析为基础，重视进行系统科学的人力资源规划，重视进行严格科学的员工招聘和甄选，重视评价中心的作用，员工的录用既灵活又规范，强调员工的社会培训，实行以社会教育为主的专业知识与技能培训制度、以能力为核心的人才竞争机制，注重多途径进入和快速提升的人力资源使用政策，实行以工作分析和职位评价为基础的职位工资制度，重视以物质刺激为主的薪酬福利政策，重视以工作绩效考评为基础的员工优胜劣汰制度，突出个人的作用，提倡个人主义、英雄主义和理想主义。

美国人力资源管理模式既有积极的一面，又有消极的一面。其升降机制、工资政策可以充分调动人的积极性，特别是挖掘人的潜力；其高刺激、高激励可以网罗一大批精英。与此同时，任意就业政策、详细的职务分工等对于提升企业的竞争力、发挥员工的潜力和降低企业的成本都有重要的作用。但是短期行为倾向严重，员工流失率也较高。

在美国人力资源管理模式下，其绩效考核与管理以科学管理理念为基本理念，以详细的工作分析为制度基础，以考核结果作为录用、薪酬以及职务提升的参照，具体呈现出以下若干特征：

（1）持续对员工进行业绩监督和指导，定期对员工进行工作业绩考核与评价，考评结果与培训、薪酬、晋升等密切联系。

（2）绩效考核支持快速的升降机制。

（3）定期绩效考核支持奖励性报酬和晋升。

（4）定期绩效考核支持企业裁人需要。

（5）绩效考核与管理和企业战略接轨。

（6）绩效考核与管理的范围扩大，参与人员增多。例如360度考评反馈、流程再造的引进。

（7）绩效管理成为企业基本理念。

第4节 日本的人事查定与业绩评价

日本的人事查定与业绩评价体系带有浓厚的东方色彩，体现出东西方人力资源管理理念的差异。

日本的人力资源管理模式是在第二次世界大战以后日本经济复苏和高速发展的时期形成的，它的基本特点是以人为本，强调所谓的终身雇佣制和年功序列制，不注重市场调节，规范化和制度化程度比较低。

日本传统上是一个农耕民族，种族单一，受中国传统儒家文化影响较深，崇尚仁、义、礼、智、信的文化价值观，以和谐、安定为首，强调忠诚。日本的家族主义渗透到企业文化中，形成了年功序列制的文化基础。企业依据员工的年龄、工龄、学历等条件决定工资的多少，员工比较稳定，有利于防止人员的流动。

在长期的经济高速发展过程中，日本企业一方面实行比较稳定的用工制度，一般不轻易辞退员工，代之以企业内部劳动力市场的活跃；另一方面，又比较注重对员工的培训与能力开发，使其适应多方面的工作需要，增强就业能力。此外，更加值得注意的是，日本企业实行的是一种固定或核心员工与非固定工并举的灵活用工机制，特别是低端的劳动力市场以及业务量变动很大的中小企业，非固定工的比例非常高。这种非固定工的大量使用，使公司可以很好地面对不断变化的市场，同时也为流动劳动力提供了就业机会。

具体而言，日本人力资源管理在选人上重视以毕业生选拔为主的招聘制度，在用人上强调以长期雇佣为主的用人制度（主要适用于大型企业），在育人上注重以能力开发为目标的企业内部培训制度，在留人上强调体现年功和能力相结合的薪酬制度，一般不轻易裁人，但是正在变化。

近几年，由于日本就业竞争加剧，年轻一代不再满足于这种传统，企业也面临不断加剧的竞争趋势，终身雇佣和论资排辈受到前所未有的排挤。目前废除年功序列制的企业已经占40%以上，它们开始引进能力工资制，其中以松下公司为典型。

日本的人事查定与业绩评价深深地植根于其人力资源管理模式中，由于人力资源管理的大环境，其人事查定与业绩评价的目的主要是为内部转岗提供基础，为再培训提供依据，为提高绩效提供反馈。相对于美国绩效考核与管理主要为薪酬激励提供依据的特点，日本的人事查定与业绩评价在这方面的作用很小，而更多地为培训提供依据，致力于绩效改进。

但是随着时代的发展和企业经营环境的变化，日本企业人力资源管理模式在发展过程中越来越暴露出其不合理和不足的地方，同时企业竞争的压力也迫使日本企业对其以终身雇佣制为基础的人力资源管理模式进行变革。当代企业所需人才比以往更加多样化，市场配置资源的作用更加突出，而这恰恰是日本企业最为薄弱的环节。目前许多日本企业取消了终身雇佣制，年功序列制也逐渐被打破，原有的人事查定和业绩评价模式也开始悄然改变。

复习与思考题

1. 简述古代中国考绩与考课制度的发展进程。
2. 古代中国的考绩与考课制度有什么特点？
3. 近代欧洲的绩效评估与考核有什么特点？
4. 现代美国的绩效考核与管理的主要内容是什么？
5. 对比分析近代欧洲、现代美国的绩效评估与考核。
6. 日本的人事查定与业绩评价有什么特点？
7. 应当如何看待绩效考评的时代性？
8. 绩效管理应当如何因时因地制宜地做好？

参考文献

1. 林新奇．绩效革命三十年．企业管理，2008（8）.

2. 林新奇．新中国人力资源管理变革的路径和走向：制度变迁与政策选择．大连：东北财经大学出版社，2012.

3. 林新奇．中国人事管理史．修订版．北京：中国社会科学出版社，2004.

4. 林新奇．国际人力资源管理．2版．上海：复旦大学出版社，2011.

5. 林新奇．绩效考核与绩效管理．北京：清华大学出版社，2015.

6. 林新奇．中国式绩效管理及其前途．企业管理，2014（10）.

7. 林新奇．中国人事管理的传统与变革．中国人才（上半月），2007（9）.

案例分析

成就了三星，却毁了索尼？

绩效主义助推三星转型

一个不争的事实是：三星在数字时代打败了索尼，而且比索尼更早引入美国式绩效薪酬制度。

1988年，李健熙接班，提出二次创业，一项重要的举措就是在三星推行“自律经营”。所谓自律经营，就是将企业经营权和责任全部分配给具有专业资质的各分、子公司社长，由他们全权负责，让他们就像企业的主人一样，自主思考、自主决策、自主做事；企业赚到钱之后，拿出一部分奖励他们。也就是说，三星集团对各子公司经营层实行的是“明确经营的完全责任、赋予履职的足够权限、按照绩效奖励团队”的管理模式。李健熙认为“奖励工资”是人类最伟大的发明，也是资本主义的一大优势。

李健熙上任后，大胆打破三星的传统，推行“信赏必赏”的奖励工资制度，给管理层发放年薪。三星集团各子公司首席执行官（CEO）的年薪中，基本工资只占25%，其余的75%由绩效决定。员工的基本工资比重占60%，另外40%由能力决定。能力评价决定员工实际年薪：评为一级能得130%的酬金；若评为五级，甚至连基本工资都领不到。同一职级的员工，实际年收入最高与最低可以相差5倍。这在李秉哲时代以及当时韩国其他公司是不可想象的，引起了极大的震动。

三星干部和员工与公司绩效绑定的收入有两种：一种是半年一次评定发放的生产率奖金（PI）；另一种是一年一次评定发放的利润分享（PS）。PI的数额由半年度业务目标达成情况决定。每个部门、业务单元和公司按照经济增加值（EVA）、现金流和每股收益等指标的半年达成情况被分为A，B，C三级。假如一个员工所在的部门、业务单元和公司都被评为A，这个员工能拿到基本工资300%的奖金；如果不幸全是C，一分钱也拿不到。比如2005—2006年，存储半导体、移动电话和电视部门的PI就拿得“盆满钵满”，而非存储半导体和家电部门的人就惨了，全部是C，真的一分钱都没拿到。PS其实是“超额利润分享”。每年三星总部都会给下面分、子公司下达利润目标，经营年度结束后，如果实际利润超过目标利润，超出部分的20%作为奖金分配。2006年，三星电子超额利润达到2.52亿美元，当年提取用于员工分配的奖金就高达5 040万美元。

李秉哲时代，三星实行高度集权的管理模式，即源自日本明治时代的“上头指示、下面做事”的集权体制。权力都在总部，下面的分、子公司负责人只负责执行总部的命令，缺乏主人翁精神，缺少经营主动性。这种体制在短缺经济时代，也就是产量和规模决定胜败的时代固然没有问题，效率也很高。但是，进入20世纪90年代的“丰裕时代”后，质量、创新和速度决定成败，这种高度集权，僵化，分、子公司没有经营主动性的管理体制不再适应新的环境。

李健熙在三星推行“自律经营”，目的是要“将集团经营重心下沉”，让分、子公司总经理承担起完全的经营责任。这种分权的管理模式，改变了他父亲李秉哲时代高度中央集权的管理模式。绩效薪酬作为“自律经营体制”的一部分，有力地促进了“经营重心下沉”管理模式的推进。用一句话总结当时的“自律经营体制”，就是“责权放下去，收入拉开来”。来自美国的绩效主义确实起到了扭转三星既有僵化体制，激活分、子公司经营团队，培养其主人翁意识和经营自主性，助推三星新经营转型的目的。

绩效主义给索尼带来了什么

如果仔细回顾一下索尼20世纪90年代的历史，你会发现：就在同一时期，上面发生在三星的管理模式转型的故事，在索尼也演了一遍。

索尼导入绩效主义的起点是1994年，其标志是“公司制度”。索尼将原来的事业部制改革为公司制，即把业务单元改造成独立公司，其负责人要对资产负债表和损益表负责，并拥有权力投资新业务。这时的索尼，总部像一家控股公司，负责新业务投资和整体协调；在公司体制下，索尼把计划和产品开发人员从总公司分散到每个公司。与“责任、权力、资源下沉”相配套，索尼同时导入绩效薪酬制度。

改革前，索尼考核业务单元负责人两个指标：收入和利润。改革后，除了这两个指标外，还有净资产收益率（ROE）、投资报酬率（ROA）、现金流等上市公司考核指标，并将这些指标的完成情况与经营者收入挂钩。索尼总部给每一个公司规定 10%的资金成本，任何一项投资，要求 ROI 必须超过 10%这个底线。1998 年，索尼更进一步，考核重点变成了股东价值以及 EVA，它将 EVA 与管理者的薪酬挂钩：业务单元管理者的奖金，50%由公司业绩决定，25%取决于索尼整体业绩，剩下 25%由个人目标管理水平决定。

在公司内部的员工层面，与三星类似，索尼导入绩效考核机制，并将考核结果与个人奖金和晋级相结合。索尼当时采取“公司制度”的目的，与三星实行“自律经营体制”差不多，就是为了激发业务单元的主动性、积极性，鼓励它们承担完全的经营责任，抓住“从模拟到数码”技术大变轨的机会，继续在消费电子行业保持领先。

索尼在公司制度和绩效薪酬的改革初始阶段（1995—1998 年），确实达到了董事会所期望的“刺激收入、增加利润”的目标，1997 年到 1998 年连续两年收入、利润大幅增长，是历史上绩效最好的两年。但是，这些收入和利润仍然是“模拟技术产品”带来的。好景不长，1998 年之后，随着数字技术快速取代模拟技术，索尼开始陷入衰退和亏损。究其原因，与当年的管理模式改革导致的负面作用有直接关系。

负面作用之一是短期导向。索尼分、子公司总经理要“对投资承担责任”，而且投资的 ROI 不得低于 10%，这就使得他们不愿意投资风险大但是对未来很重要的技术和产品，而更愿意做那些能够立竿见影又没有多大风险的事情。比如 VAIO 笔记本电脑，出井伸之的意图是通过把音响与视频功能整合，引发个人电脑革命——把它打造成划时代的、能够像当年 Walkman 一样有轰动效应的“娱乐电脑”（之前，电脑都是工作用的）。但是电脑业务部门有短期利润压力，把更多的资源用在开发下一个季度挣钱的产品上，而不是更具创意也更不确定的 VAIO 身上，结果 VAIO 变成了一款反应平平的“Me Too”产品。

负面作用之二是本位主义。每个业务单元都变成独立核算经营公司，当需要为其他业务单元提供协助而短期内对自己又没有好处时，这种体制下人们会没有积极性。三星推出数码融合产品“康宝 DVD”之后，2001 年索尼希望推出一款超过三星“康宝”的融合产品“Cocoon”，它可以把电视节目录制到其所带 DVD 的硬盘上。这个全新产品的开发涉及电脑部门、电视部门、DVD 部门，还有 Cocoon产品部门。结果 DVD 部门不支持，Cocoon 只好在不带 DVD 功能的情况下上市，根本卖不出去。DVD 部门之所以不支持，是因为担心 Cocoon 上市会影响它传统 DVD 产品的销售。

同一个时期，三星采取的也是同样的管理体制，同样考核业务单元的EVA，同样根据短期业绩表现支付奖金，同样有PS利润分享，为什么三星能够避免短期导向和本位主义？绩效主义怎么就没把三星毁了呢？

问题不在考核，在权威缺位

如果仔细观察90年代中期三星与索尼组织结构上的差异，你会发现大体相似，横向都是按照产品品类划分业务单元，纵向都是按照总部——分、子公司进行分工。但有一点小小的不同，三星的总部除了老板和一般职能部门外，还有一个“秘书室”。这个秘书室是三星管控体系区别于索尼的关键之处。也正是两个公司在管控模式上的差别，造成了绩效主义两种截然不同的结果。

三星秘书室的存在价值类似于市场当中的政府，它干的事情就是分、子公司和事业部不愿意干的那些“有风险、短期看不到收益、付出没回报但对企业整体和长远有利”的事情。

首先，在战略决策阶段，三星秘书室是一个研究和提案部门，职能包括“情报收集与分析、研究与组织研究、制定战略方案、向李健熙提建议”。所有重大的投资决策都是由秘书室研究提出方案，最后由老板拍板决定的，哪怕是三星电子总裁尹钟龙都没有这个权力。例如，半导体/液晶屏的投资、金融危机时的产业结构调整、数码融合等战略动议，主推力量并不是分、子公司CEO，而是秘书室。

其次，在战略执行阶段，秘书室承担双重任务：一是亲自操盘一些重要的战略相关事项，比如金融与资本运作、产业结构调整、战略资源配置、重要人事决策与执行；二是监督执行重点战略任务，尤其是涉及跨部门协调的战略任务。由于秘书室的介入，三星电子和三星集团其他分公司一直能够“分享资源”和“创造协同效果”。一旦几个业务部门出现分歧，需要一起协作，秘书处会立刻介入进行协调，业务单元不得不接受秘书处的决议。比如，2000年左右三星推出大量数码融合产品，大多是跨业务部门协作的结果。2007年，苹果推出智能手机后半年，三星即推出智能手机，这正是秘书室调动全集团资源集中攻关的成果。

有人会问，分、子公司和事业部怎么会听秘书室的呢？这是三星管控模式厉害的地方。当年实行分权管理的时候，李健熙始终警惕的一点是：业务单元变成“个体户集中营”，只关心自己的“一亩三分地”，集团丧失“集中力量办大事”的能力。因此，李健熙并不指望下面的业务单元负责人既要对短期绩效负责，又要对企业整体和长远利益负责，而是把二者在分、子公司和秘书室之间做了“切割”。

与此对应，李健熙并没有将权力全部放下去，而是“有限授权”，相当一部分权力依然保留在总部——也就是秘书室。秘书室拥有所有分、子公司高管的任免权、调配权、考核权、分配权、处分权，以及重大投资权和分、子公司项目投资审批权。此外，秘书室还有强大的监察功能，对分、子公司的一举一动盯得很紧。一句话，秘书室实际上就代表老板，拥有足够的“权威”。

索尼呢？索尼“公司制度”的问题在于“分权过度”。索尼的子公司有自己的董事会，有独立的投资权、财务权和人事权，其负责人要对资产负债表和损益表负责，并拥有权力投资新业务。过度分权刺激下，业务单元会热衷于对短期业绩有利、不确定性较低的业务进行投资，而对未来不确定性高、风险大的突破性创新没有积极性，以至于在面对行业大变局的关键时刻，企业内部未能形成“有组织的努力”，未能在战略成败的关键点上形成合力。这种彻底的“分权”体制，使得总部的战略职能“悬空”，监管和协调功能“失调”，导致索尼在行业变轨时期（也就是创新成功更加依赖协作而不是分工的时期），丧失了创新的能力。等到出井伸之 4 年之后（1998 年）明白这一点并试图废除“公司制度”时，由于组织习性已经养成，最好的变革时机已经错过，无力回天了。

资料来源：绩效案例：成就了三星，却毁了索尼？.［2016－11－28］. http：//www. hrsee. com/?id=426.

问题：

1. 为什么绩效主义被推崇，它有哪些合理之处？
2. 索尼的失败和三星的成功给了我们什么启示？

第 3 章

绩效管理体系构建

学习目标

学完本章后，你应该能回答如下问题：

◎ 什么是绩效管理体系？

◎ 绩效管理体系由哪些部分构成？

◎ 绩效管理体系构建的基本步骤是什么？

◎ 企业在构建绩效管理体系中可能遇到的主要障碍是什么，应该如何克服？

◎ 人力资源管理部门在绩效管理体系构建中的责任是什么？

◎ 绩效管理体系在整个企业管理以及人力资源管理中的重要意义是什么？

扫一扫

绩效管理体系

开篇引例

Y 公司是一家国内知名的黄金生产企业，成立于 1974 年，注册资本 1 亿元，现有职工 1.3 万人。公司 2001 年转制成为股份制企业。由于历史的原因，公司在经营管理上存在计划经济体制的痕迹：管理理念落后，管理体制不正规，现代企业制度没有真正建立起来。特别是在人力资源管理上，公司没有行之有效的人力资源管理体系，缺少现代的激励、考核措施。

公司的高层领导也意识到了这些问题，陆续邀请几家咨询服务机构来为企业把脉，制定公司的中长期发展战略，用现代企业制度对公司进行组织结构重塑。在人力资源管理方面，下大力气转变以往“人才上不去，庸才下不来”的状况，在公司内部以岗位责任制为基础，采取计分制绩效考核手段，基于以绩效考核为核心的集团内部人员流动机制，建立了一套人力资源考核与管理体系。然而在具体实施过程中，公司负责人力资源的副总经理却遇到许多困扰，大致可以归纳为以下几个方面：

（1）年初的绩效考核工作计划做得很好，可是在实施过程中却“雷声大，雨点小”，各部门的考核者乐于充当“好好先生”，应付了事，有悖绩效考核的初衷。

（2）在考核过程中，公司员工缺少参与的积极性，抵触情绪很强，不少员工甚至质疑：绩效考核就是通过反复地填表、交表来挑员工的毛病？

（3）人力资源部负责人反映，考核过程烦琐，耽误正常工作，推行过程中往往因为得不到高层的足够支持而阻力重重。

（4）考核过程和结果的公正性难以保证，大多数员工对于考核的结果都心怀不满，怨声四起，同事的关系也往往因考核而变得紧张，不利于公司的日常工作开展。

资料来源：林新奇．绩效管理．2 版．北京：中国人民大学出版社，2016.

第 1 节　绩效管理体系的构成

一　绩效管理体系的含义

绩效管理体系是人力资源管理体系的核心，也是整个企业管理体系中的重要组成部分。

所谓绩效管理体系，实际上是企业为了实现其战略目标，根据企业所处的发展阶段、背景及其他客观条件，对组织和员工的绩效进行开发和管理的一整套理念、原则、程序和方法的有机整体。它必须与其他管理系统相互配合，并得到它们的良好支持才能充分地发挥作用。绩效管理体系的构成如图 3－1 所示。

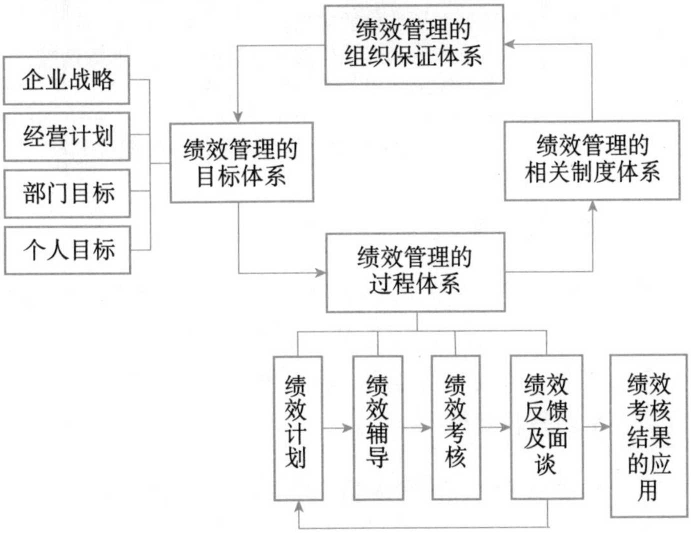

图 3－1　绩效管理体系的构成

二 绩效管理体系的构成

（一）绩效管理的目标体系

建立绩效管理的目标体系要从分析企业战略开始，根据企业的战略目标确定企业级的 KPI，然后再分解成部门或团队的 KPI，最后进一步分解到具体岗位的 KPI，以保证每个部门或团队、员工的努力都与公司战略目标要求相一致。

（二）绩效管理的过程体系

绩效管理的过程体系就是绩效管理的四个阶段组成的循环周期，通过绩效计划、绩效辅导、绩效考核和绩效反馈及面谈，及时解决员工在绩效管理过程中出现的问题，保证绩效目标的顺利实现，从而使公司的战略落到实处（见图 3－2）。

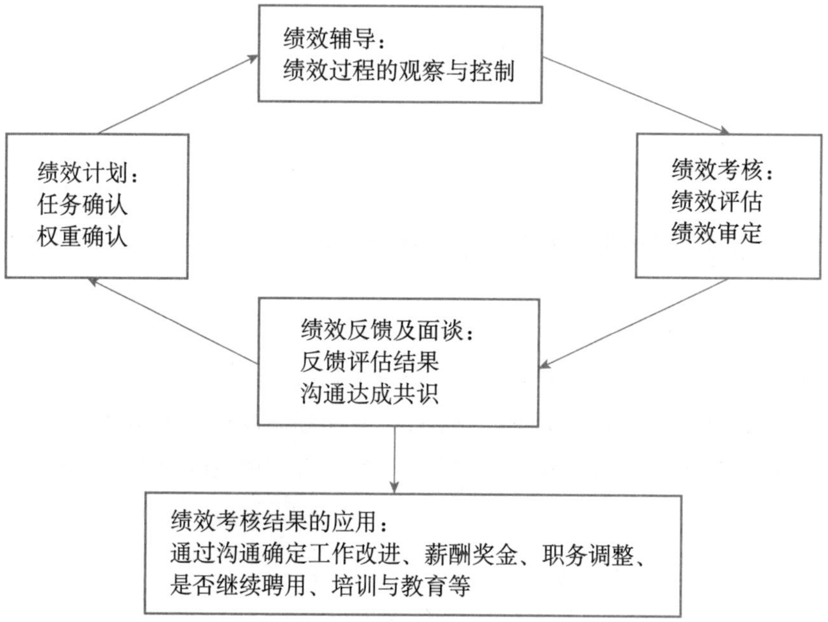

图 3－2　四个阶段循环周期

（三）绩效管理的相关制度体系

要保证绩效管理过程的顺利进行，保证基于组织战略的绩效目标得以落实，必须有一套与之相应的管理制度作为保证，为此必须建立健全各种相关制度，如上下级沟通制度、绩效考核制度、员工申诉制度、基于员工绩效的奖惩制度、培训制度、人事调整制度等。

（四）绩效管理的组织保证体系

绩效管理的效果在一定程度上取决于其组织保障是否得力，特别是公司高层管理者是否重视，因此必须建立公司绩效管理委员会、绩效管理办公室、绩效管理推进小组等职责明确的组织保证体系。

第 2 节　绩效管理体系的运行

一　绩效管理体系的基本功能

（一）战略目的

绩效管理系统将员工的工作活动与组织的战略目标联系在一起。在绩效管理系统的作用下，组织通过提高员工的个人绩效来提高组织的整体绩效，从而实现组织的战略目标。从这一点来看，绩效管理是与组织的战略密切相关的。组织战略目标的实现离不开绩效管理系统所发挥的应有作用；而绩效管理系统也必须与组织的战略目标密切联系才具有实际意义。

（二）管理目的

组织的多项管理决策都要使用绩效管理所提供的信息（尤其是绩效考核的信息）。绩效管理的管理目的在于对员工的绩效表现给予评价，并予以相应的奖惩以达到激励员工的目的。绩效管理中绩效考核的结果是企业进行调薪、晋升、保留或解雇、培训等重要人力资源管理决策的重要依据。

（三）开发目的

通过绩效管理能够让组织发现员工的不足之处，以便对他们开展有针对性的培训，从而使他们能够更加有效地完成工作。绩效管理过程中所提供的反馈就是要指出员工的弱点和不足。从比较理想的角度来说，绩效管理系统并不仅仅是要指出员工绩效不佳的方面，同时还要找出导致这种绩效不佳的原因所在。这样才能更有效地提高员工的知识、技能，促进员工个人发展，实现绩效管理的开发目的。

从以上内容可以看出，一个完善、有效的绩效管理系统应该将员工的活动与组织的战略目标联系在一起，并为组织对员工所作的管理决策提供有效的信息，同时向员工提供准确实用的绩效反馈及面谈以实现组织对员工的开发目的。企业要想通过人力资源管理获得竞争力，就必须通过绩效管理系统达到上述三个目的。

二　绩效管理体系的设计

（一）建立绩效管理体系可能遇到的问题

企业在建立绩效管理体系时，要考虑到自身的特点和所处的环境，即便是企业设计的绩效管理体系完美无缺，考核标准明确，管理程序规范，考核方法先进，到头来绩效管理还可能会迟迟难以落实。也就是说，企业必须意识和考虑到组织战略、业务流程、组织结构、岗位职责、企业文化及企业发展阶段等诸多因素对绩效管理体系建立的影响，要考虑到这些因素是否具备基本的合理性，是否阐述得很清楚。

企业在建立绩效管理体系时，最容易遇到的障碍就是战略目标不明确，不知道自己的使命和愿景是什么，从而也就找不到企业发展的目标和方向。简单地说，绩效管理体系其实就是将企业的战略目标层层分解给部门和个人，并对他们完成目标的情况进行管理的方法和过程。如果企业战略目标不清，也就无法通过建立绩效管理体系来持续提升员工的绩效水平，提高企业的核心竞争力。

企业的基础管理能力不强，员工特别是管理者素质结构及层次不高也是企业构建绩效管理体系时遇到的重要障碍。企业的基础管理能力是企业进行绩效管理的基础，其高低也会影响绩效管理体系的有效运作。如果企业的基础管理能力有限，不仅绩效管理体系发挥不了应有的作用，而且会使其他管理活动受到影响甚至停滞。员工特别是管理者的素质决定了绩效管理体系的最终实施效果，如果员工及管理者的素质不符合绩效管理体系的要求，再好的绩效管理体系也只会成为一纸空文和摆设，达不到预期的效果。

企业的业务流程是否具备合理性也会影响企业能否建立有效的绩效管理体系。有了规范的业务流程，绩效管理体系才能得到完全的遵守和执行，否则，尽管建立起一套自以为相当不错的绩效管理体系，操作起来却会走样，因为流程不规范导致很难去界定各项绩效指标设定的基础及其评定结果的规范性、准确性和可靠性，这使得绩效考核及管理失去了可以比较的基础，最后只能是走走过场、流于形式。所以，业务流程是否以绩效为导向，是否为绩效管理建立必要的管理环境，这是在建立绩效管理体系前需要认真考虑的。

企业的组织结构是否完善，也是建立绩效管理体系时必须面对而且非常重要的一个问题。如果企业内部的组织结构清晰、员工职责分工明确，那么在为各部门和员工设计绩效指标时就有了明确的前提。否则，如果企业内部的组织结构混乱，那么就很难做到指标分解客观化、合理化和流程化。事实上，如果管理层和执行层的职责不清或时常越位，那么不仅权力难以制衡，而且让员工难以适从、不知所措，势必造成责任不清、相互推诿甚至责任感丧失。这与建立绩效管理体系的目标是相悖的。只有在组织结构清晰、分工明确的前提下，绩效管理的目标才能最终实现。

再者，绩效管理体系与企业文化的矛盾也是值得关注的问题。企业文化是在企业长期运作中逐渐形成的群体意识，以及由此产生的群体行为规范。每个企业都有其独特的文化，不管是显性的还是隐性的，这种文化往往通过企业运作形式和大多数员工的行为体现出来。因此，绩效管理体系必须与企业文化相适应。

此外，企业所处的发展阶段不同，其建立绩效管理体系的重点也不一样。如果企业没有认清自己所处的发展阶段，在建立绩效管理体系时，就容易出现盲目和从众心理，别人采用什么样的绩效考核和管理体系，自己就照搬过来，使得辛辛苦苦建立起来的绩效管理体系严重地“水土不服”，发挥不出应有的作用。

影响绩效管理体系成功实施的行为因素总结如表3-1所示。

表3-1 影响绩效管理体系成功实施的行为因素

分类	注意的领域	行为因素
绩效管理系统	管理者的理解： 管理者对绩效管理本性的良好理解	• 管理者理解KPI的含义 • 管理者研究了经营过程和关键成功因素（CSF）/KPI之间的关系 • 管理者的参考框架包括相同的KPI • 管理者同意有关CSF/KPI体系的相关变化
被控制系统	管理者的态度： 管理者对于绩效管理、绩效管理系统、具体的绩效管理工具的积极态度	• 管理者同意开始的时间 • 管理者有绩效管理的相关经验 • 管理者认识到CSF/KPI/BSC对绩效的重要性 • 管理者未将CSF/KPI/BSC视为一种威胁
控制系统	绩效管理系统的融合： 管理者责任与绩效管理系统的良好结合	• 管理者的KPI体系与他们的责任范围是整合在一起的 • 管理者能够影响那些布置给他的KPI • 管理者参与了分析绩效信息的过程 • 管理者能够运用CSF/KPI/BSC来管理员工
内部环境	组织文化： 强调运用绩效管理系统来获得改进的组织文化	• 管理者在CSF/KPI/BSC上的相关结果被开诚布公地交流 • 管理者被激励改进他们的绩效 • 管理者相信绩效信息 • 管理者清楚地看到了上级是如何运用绩效管理体系的
外部环境	绩效管理系统的强调点： 绩效管理系统有明确的内部管理和控制重点	• 管理者发现绩效管理系统是有相关性的，只有那些对于组织成功有重要影响的股东的利益才会具体化 • 管理者发现绩效管理系统是有相关性的，它有着明显的内部控制意图

资料来源：De Waal A A. Behavioral factors important for the successful implementation and use of performance management system. Management Decision，2003，41（8）.

（二）如何构建绩效管理体系

一般来说，有效的绩效管理体系可以帮助企业实现战略目标和管理目的。执行企业战略的主要方法之一是首先界定为了实现某种战略所必需的结果、行为以及员工的表现是什么，然后再设计相应的绩效衡量和反馈系统，从而确保员工能够按照企业希望的行为工作。但管理人员对绩效管理体系的认识是否到位，他们是否具备相关的技能，是构建绩效管理体系最难的地方，特别是领导团队的认识和技能至关重要。另一个难点是，绩效管理体系的构建需要几个相互配套的基础，如预算管理、按业绩付酬的企业文化等。如果没有类似的基础，推行绩效管理体系的效果就可想而知了。

因此，要构建有效的绩效管理体系，首先要改变管理者的观念和认识，提高他们的绩效管理技能。在推进绩效管理体系的过程中，上至高层领导、下到基层员工都应该承担相应的绩效管理责任。高层领导应该对构建绩效管理体系给予充分的关心和支持，而不只是将它看作人力资源管理部门的工作，不管从人员还是从物质上都要给予配合和支持，这样才能顺利、平稳地构建绩效管理体系。

其次要明确绩效管理的目标和方向，使绩效管理一开始就朝着正确的方向努力发展。一份科学有效的绩效管理方案也是必不可少的，它可使企业避免想到什么做什么，从而前瞻、系统地构建绩效管理体系。在构建绩效管理体系之前，还应该对相关人员特别是人力资源管理部门的员工进行相应的培训，使他们熟悉和掌握人力资源管理的理念、技能和方法。尤其是对绩效管理的研究，更需要进行深入的学习和全面的掌握，从而构建出优秀的和富有说服力的绩效管理体系。

前期的准备工作完成后，就要开始绩效管理的具体落实和实施了。绩效管理的实施也要按照计划和流程有条不紊地进行。绩效管理体系的构建和运作还离不开其他管理体系的配合和支持，因此在构建绩效管理体系的过程中，其他管理体系的建设也不容忽视，这些管理体系主要包括：

（1）岗位工作标准体系。它主要是进行岗位描述并确定工作标准，从而使员工的绩效衡量有了可依的标准。

（2）计划及预算管理体系。它主要与财务评估指标的设定有关。各级管理人员所承担的收入指标、成本费用指标、利润指标、资金指标、资产指标以及上述指标的各项构成往往都是在企业的年度经营计划及预算中确定的。而且，财务指标目前仍然是个人绩效评价指标中最为重要的一类指标。因此，完善的计划及预算管理体系是个人绩效管理体系的实施基础。

（3）企业内外部反馈体系。在部门及个人绩效指标中，一些指标需要根据内外部的反馈意见进行评估。为了使绩效考核工作更为客观、公平、公正和透明，就需要建立必要的内外部信息反馈和收集机制。

（4）管理信息系统。因为个人绩效管理体系涉及大量的数据统计、记录、汇总和对比分析工作，所以管理信息系统的引入将极大提高管理的效率，也可以确保数据计算的准确性和长期性。

（5）个人能力发展计划。建立绩效管理体系的一个重要目的就是提高员工个人的能力，因此个人能力发展计划往往也就成为绩效管理体系的一个重要组成部分。

上述几个管理体系都是构建绩效管理体系的基础，只有同时建设好这些体系，绩效管理体系的根基才会更加牢固。

（三）绩效管理体系的设计步骤

绩效管理体系的设计步骤如图 3－3 所示。

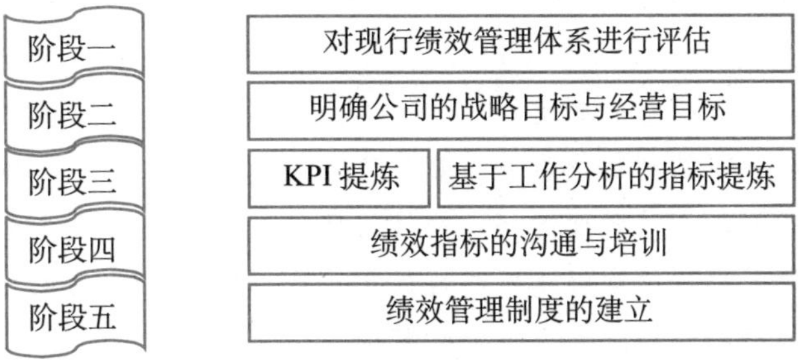

图 3-3 绩效管理体系的设计步骤

1. 阶段一

通过问卷调查、访谈、座谈等方式对公司现行的绩效管理体系进行评估，具体包括：

（1）各部门、各职位现行的考核指标。

（2）考核结果如何运用。

（3）考核结果如何进行反馈。

（4）直接主管在考核与绩效薪酬分配上的权限。

2. 阶段二

通过与公司中高层会谈来明晰公司的愿景与战略方向以及经营策略；注意借鉴已有的项目成果，提炼出公司的关键结果领域。

3. 阶段三

对战略目标逐层进行分解，形成公司层、部门层与职能层的 KPI；在前期工作分析成果的基础上，以各职位的工作职责和任务为依据提炼出其具体的任务类指标；将上述两类指标相结合，形成各职位的考核指标。

4. 阶段四

与各层各类人员沟通其考核指标；通过培训帮助建立关键职位 KPI 的目标值。

5. 阶段五

形成具体的绩效管理制度，具体包括：

（1）为什么考核？考核谁？考核什么？谁来考核？怎么考核？

（2）考核结束以后怎么办（考核结果的应用）？

（3）考核结果如何进行动态反馈？

三 绩效管理的过程体系

即时案例

惠普的绩效管理循环包括五个步骤：企业战略的制定、KPI 和战略目标的制定、绩效计划的制定与执行、监控与绩效评估、奖励与绩效改进。整个惠普绩效管理循环以回路相连，以保证 KPI 和企业战略紧密连接。各步骤的主要目标和任务如下。

一、企业战略的制定

企业战略的制定是惠普绩效管理循环的基础。企业战略为企业的发展提供了明确的目标，绩效管理循环中的其他环节都是为了达成企业战略目标服务的。惠普根据愿景和价值观确定战略目标及达成战略目标的关键成功因素，从而为 KPI 和战略目标的制定提供了方向和基础。

二、KPI 和战略目标的制定

KPI 和战略目标的制定是惠普绩效管理循环的起点和核心。KPI 是根据企业所设定的各项战略目标而制定的可量化目标。一旦战略目标确定，KPI 就可以为惠普提供明确而直观的方法，以衡量各项战略目标达成与否。

惠普 KPI 和战略目标的制定采取自上而下的办法，以确保每个部门、流程都在为实现总体战略目标而努力。同时，惠普管理层需要对 KPI 和战略目标进行定期复查，针对公司的发展战略目标和存在的问题，做出相应的调整。

三、绩效计划的制定与执行

惠普绩效管理循环的第三步是制定绩效计划。绩效计划不仅为各层级提供具体的行动计划，也为每个绩效目标的最后达成做阶段性分解。同时，绩效计划为现有资源的分配和未来资源的投入提供了基础。

四、监控与绩效评估

监控与绩效评估是指根据绩效目标对各部门和流程的实际绩效表现进行衡量和评估，及时了解企业内部的运行情况并发现存在的问题。为了均衡各项绩效目标，使绩效管理能公平地反映每一个评估单位的绩效情况，有必要采用平衡计分卡作为监控与绩效评估的工具之一。平衡计分卡设定的重点是确定各项绩效目标在某一评估单位中的权重。权重的选择是惠普管理层把握企业整体发展、鼓励部门和员工正确行为的重要手段。

五、奖励与绩效改进

奖励与绩效改进是惠普绩效管理循环的最后一个环节。通过奖励，鼓励内部的正确行为，激励惠普员工为达到企业目标而共同努力。同时，通过绩效改进对惠普内部运作中出现的问题进行改进和纠正，以推动企业整体进步。

绩效管理的过程体系如图 3－4 所示。

（一）绩效计划

绩效计划是绩效管理过程的起点。企业的战略要落地，必须先将战略分解为具体的任务或目标，落实到各个岗位上，然后再对各个岗位进行相应的职位/工作分析、人员资格条件分析。经理人员和员工在清楚认识目标的基础之上，必须根据岗位的工作目标和工作职责进行讨论，搞清楚在绩效计划周期内员工应该做什么工作，做到什么地步，为什么要做这项工作，应何时做完，以及员工权力大

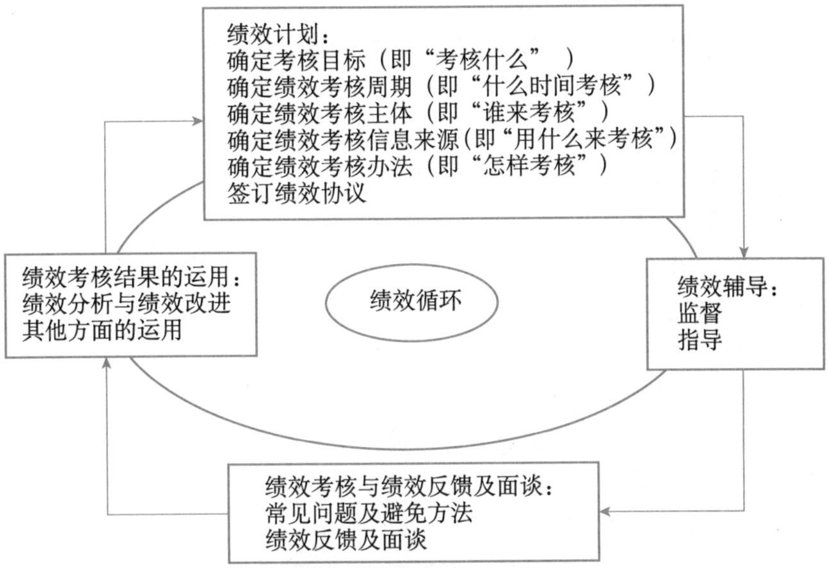

图 3-4　绩效管理流程图

小和决策权限等。在这个阶段，管理者和员工的共同投入和参与是绩效管理的基础。如果是管理者单方面布置任务，员工单纯地接受要求，就变成了传统的管理活动，失去了协作性的意义，绩效管理也就名不符实了。通常绩效计划都是做一年期的，在年终可以修订。

1. 绩效计划的制定原则

绩效计划的制定原则包括：

（1）绩效计划应与战略相关。绩效计划中的指标和标准必须与组织的战略目标相一致，不能脱离和违背战略目标。

（2）被考核者和考核者要承担实现绩效计划的责任。绩效计划也是一份契约，一旦签订绩效协议，被考核者要承诺实现绩效计划，而考核者则要承担监督和指导的责任。

（3）绩效计划是考核者和被考核者沟通的结果，没有勉强和不自愿，也不是单方面的意愿。

2. 绩效计划的制定步骤

绩效计划的制定步骤包括：

（1）准备阶段。1）获得必要的信息。这些信息包括组织战略目标和整体发展规划，企业年度经营计划，部门岗位说明书，员工个人信息、以前的绩效考核结果等。2）确定沟通方式。要根据组织文化、员工个人特点、工作的目标等选择合适的沟通方式。如果目标制定关系到组织的全体成员，可以选择召开一次全公司的大会；如果目标只是关于一个部门或者团队的，可以召开一个部门或小组会议；也可以采取一对一的沟通方式。

（2）沟通阶段。1）选择适合的沟通环境和时间，尽可能营造轻松的气氛，减少员工的心理压力和外界的干扰。2）在沟通中双方都应该积极听取对方的建议和意见，考核者不要认为自己的身份高于被考核者，而要多听取员工的看法。3）考核者要有引导的意识。考核者要有意引导员工的目标与组织的目标相一致，并且有责任调动员工的工作积极性，鼓励他们朝着共同的目标而奋斗。

（3）确认阶段。在此阶段，必须完成绩效计划的制定和确认，保证企业和员工双方都认同该计划，最终形成绩效协议。

3. 绩效计划的内容

绩效计划的内容包括：

（1）确定考核目标（即“考核什么”）；

（2）确定绩效考核周期（即“什么时间考核”）；

（3）确定绩效考核主体（即“谁来考核”）；

（4）确定绩效考核信息来源（即“用什么来考核”）；

（5）确定绩效考核办法（即“怎样考核”）；

（6）签订绩效协议。

员工绩效目标计划书的示例如表 3－2 所示。

表 3－2　员工绩效目标计划书

姓名：　　　　　　　　　职务：

本季度应完成的任务项	开始/完成时间	应提交的成果	质量要求	权重	关键资源需求	潜在问题

直接上级签名：　　　　　　　　　员工签名：

签订日期：

任务变更说明：

主管确认变更/日期：　　　　　　　员工确认变更/日期：

（二）绩效辅导

绩效辅导是管理者和员工共同完成绩效目标的过程，这一阶段管理者要对员工的工作进行指导和监督，发现问题及时解决，探讨为达到绩效目标所需要改善的方面，辅导和帮助员工达成工作目标，并根据需要对绩效目标进行滚动调整。在整个绩效管理期间，都需要管理者不断对员工进行指导与反馈。

1. 持续的监督

持续的监督能够帮助管理者获得员工绩效的信息，一般来说，监督要求管理者做以下工作：

（1）定期与员工通过面谈的形式来沟通他们在实现绩效目标的过程中遇到的问题。

（2）要求员工定期提供工作进展报告，或者进行口头报告。

（3）根据绩效协议书定期检查工作进展，考察绩效是否达到目标。

（4）到工作现场观察工作进展情况，与员工不定期进行非正式的讨论。

（5）认真处理来自与员工共事的其他人的关于该员工工作情况的反馈。

（6）对于与顾客有接触的员工，要关注来自顾客方面的反馈。

（7）检查工作的产出，检查其质量。

员工绩效目标完成监控表的示例如表 3-3 所示。

表 3-3　员工绩效目标完成监控表

20　年　月　日至20　年　月　日

<table>
<tr><td colspan="7">监控人：</td></tr>
<tr><td colspan="7">本期工作：</td></tr>
<tr><td colspan="2">工作内容</td><td>计划完成情况</td><td>完成时间</td><td>未完成原因</td><td>意见和建议</td><td>评价</td></tr>
<tr><td rowspan="2">工作组</td><td>工作内容 1</td><td></td><td></td><td></td><td></td><td></td></tr>
<tr><td>工作内容 2</td><td></td><td></td><td></td><td></td><td></td></tr>
<tr><td colspan="7">下一步工作：</td></tr>
<tr><td colspan="4">工作内容</td><td colspan="3">预计完成时间</td></tr>
<tr><td colspan="2" rowspan="2">工作组</td><td colspan="2">工作内容 1</td><td colspan="3"></td></tr>
<tr><td colspan="2">工作内容 2</td><td colspan="3"></td></tr>
</table>

2. 持续的指导

指导包括正式指导和非正式指导，正式的指导一般安排在定期的绩效监督中。在进行指导前，准备一份完整的指导计划表可以帮助提高指导的效果，通常来说，计划表应包括以下问题：

（1）为什么要对该员工进行指导？

（2）该员工哪个方面做得不够好？

（3）做得不好的原因是什么？

（4）这些原因是否能够通过自己的努力来解决？

（5）我能够为他提供哪些帮助？

（6）如何把这次指导与员工的能力提高和职业发展联系起来？

指导观察记录表的示例如表 3-4 所示。

表 3-4　指导观察记录表

<table>
<tr><td colspan="4">给指导者/观察者的说明：
利用观察记录表详细记载员工的出色表现，并把所有改进建议记录下来。</td></tr>
<tr><td>关键活动</td><td>具体的行为和简要描述</td><td>优点</td><td>建议</td></tr>
<tr><td>1. 叙述讨论的目的和重要性，简要解释过程</td><td></td><td></td><td></td></tr>
<tr><td>2. 询问员工对实现目标的看法，以及他们如何提高绩效</td><td></td><td></td><td></td></tr>
<tr><td>3. 对员工的观点给予反馈，并描述他们认为对他们有所帮助的行为</td><td></td><td></td><td></td></tr>
<tr><td>4. 询问员工的目标和可能的里程碑，对他们的想法给予反馈，并提出你的建议</td><td></td><td></td><td></td></tr>
<tr><td>5. 总结要采取的行动，并安排下次绩效改进讨论的时间</td><td></td><td></td><td></td></tr>
<tr><td>6. 对员工表达你对他们的信任和支持</td><td></td><td></td><td></td></tr>
</table>

资料来源：乔恩·沃纳．双面神绩效管理系统：升级版．北京：电子工业出版社，2015.

（三）绩效考核与绩效反馈及面谈

在绩效周期结束时，依据预先制定好的计划，主管人员要对员工的绩效目标完成情况进行考核。考核的依据就是在绩效周期开始时双方达成一致意见的绩效目标和 KPI。同时，在绩效辅导过程中，所收集到的能够说明被考核者绩效表现的数据和事实，可以作为判断被考核者是否达到 KPI 要求的证据。

绩效管理过程并不是到绩效考核者打出一个分数就结束了，主管人员还需要与员工进行面对面的交谈。通过绩效反馈及面谈使员工了解主管对自己的期望，了解自己的绩效，认识到自己有待改进的方面；员工也可以提出自己在完成绩效目标过程中遇到的困难，请求上级的指导或帮助。绩效考核面谈表的示例如表 3-5 所示。

表 3-5 绩效考核面谈表

面谈日期	年 月 日		
面谈原因			
被考核者情况	姓名：	部门：	职位：
面谈人情况	姓名：	部门：	职位：
问题列表		记录	
是否认同绩效考核结果			
如果不认同的话，是什么原因			
工作成功的方面			
工作中需要改善的地方			
是否需要接受一定的培训			
本人认为自己的工作在本部门和全公司中处于什么状况			
本人认为本部门工作最好、最差的分别是谁，全公司呢			
对考核有什么意见			
希望从公司得到怎样的帮助			
下一步的工作和绩效的改进方向			
其他问题			
面谈双方签字		日期	
备注			

当被考核者对考核结果有异议时，可在考核面谈结束之后的规定时间内向人力资源部提出申诉。人力资源部接到被考核者的仲裁申请后在一定时间内组织考核仲裁；考核仲裁委员会是临时机构，在被考核者提出考核仲裁申请后，由人力资源部组织建立。绩效申诉流程如图 3-5 所示。

（四）绩效考核结果的应用

1. 绩效分析与绩效改进

绩效分析和绩效改进是绩效考核结果的主要运用。绩效分析一般有以下步骤：通过比较绩效目标与员工的实际绩效确定绩效差距；分析并找出绩效差距产生的原因。员工如果没有达到绩效目标，原因可能有很多，包括主观和客观两大

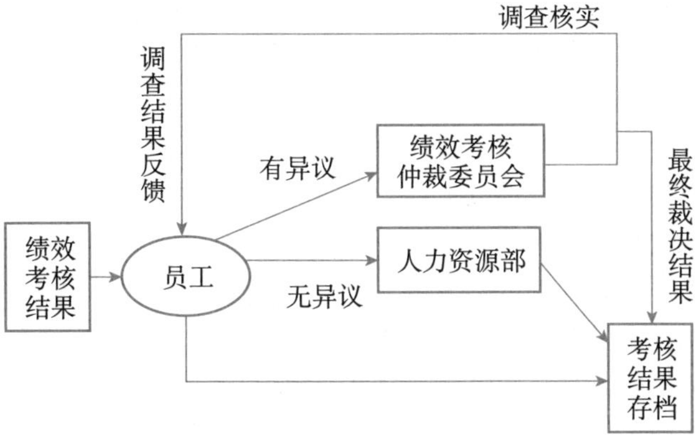

图 3－5　绩效申诉流程图

类。通过第二步分析绩效差距后，针对差距应该采取一定的措施。如果造成差距的是客观方面的原因，则要想办法消除或避免外部的阻碍。如果是主观方面的原因，则可以运用图 3－6 来选择改进方法。

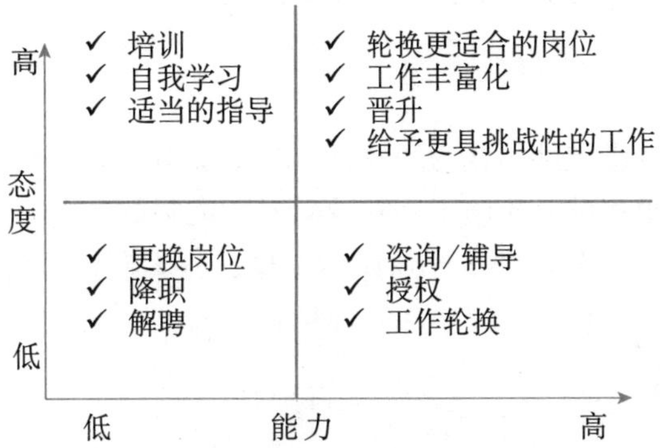

图 3－6　绩效改进方法选择图

2. 绩效考核结果的其他运用

第一，薪酬调整和奖金发放。绩效考核的结果与薪酬奖金的发放有直接的联系。绩效考核结果的运用能使企业的薪酬体系趋于公平和客观，具有良好的激励作用。

第二，任职上岗评价与招聘。通过对考核结果的分析，可以确认对员工的任职上岗评价，并确定应采用什么评价指标和标准来帮助招聘员工，这样可以提高招聘的质量和降低招聘的成本。

第三，职位异动和工作调整。如果员工在某方面的绩效不够好，可能是因为目前的岗位和工作不适合他，所以可以尝试通过职位异动、工作调整的办法使他调到更合适的岗位，从事更适合的工作。

第四，培训与开发。针对没有达到绩效目标的员工，如果是因为他们在知识、技能或能力方面出现了问题，可以通过组织其进行相关方面的培训与开发的方法来帮助员工提高自身的能力。

第五，员工职业生涯规划。它是根据员工目前的绩效水平和长期的绩效提高过程，和员工协调制定一个长远的工作绩效提高的系统计划，以此来明确员工在企业中的发展路径。

第六，人力资源规划和计划。通过考核，为企业提供总体人力资源质量优劣程度的确切情况，获得员工晋升和发展潜力的数据，以便为企业未来的发展制定人力资源规划。

第七，处理内部员工关系。公平的绩效评价，为员工在提薪、奖惩、晋升、降级、调动、辞退等重要人力资源管理环节提供公平客观的数据，减少人为因素对管理的影响，从而使组织内部员工的相互关系建立在可靠的管理基础之上。

四 绩效管理的组织保证体系

（一）绩效考评委员会

为了顺利推进绩效管理，完成绩效管理的目标，达成企业战略，企业有必要组成绩效考评委员会。其组成及职责详见第 4 章。

（二）人力资源管理部门

人力资源管理部门作为绩效管理的主要组织和执行部门，在企业实施绩效管理的过程中更多的是扮演了一种顾问或咨询师的角色，是教练而非球员。其职责主要包括组织协调工作、计划评估工作、方案制定与宣传、考核前的培训工作、日常事务管理工作、后续工作。详见第 4 章。

（三）各子公司、各部门领导

各个子公司、各部门领导是绩效管理实施的主体，是绩效管理的前沿阵地，他们在绩效管理中的主要职责有：第一，根据总公司的总体战略目标，提供本公司或本部门的资料，参与制定本公司或本部门的分目标，并提交绩效考评委员会审批。第二，协助绩效考评委员会和人力资源部，制定本公司或本部门以及所属员工的绩效考核标准。第三，坚决执行企业的绩效管理制度和方案，严格按照企业安排的绩效管理进程进行本公司或本部门的绩效管理。第四，负责对本公司或本部门的部分员工进行评分，因为子公司或部门的负责人要由集团企业进行评分。第五，绩效考核完毕后，负责本公司或本部门员工的绩效反馈和绩效改进工作。

（四）直线经理

直线经理在绩效管理中有四个主要职责：（1）与下级共同制定绩效计划和考核指标。直线经理在绩效周期之初与下级一起制定出在整个绩效周期的绩效目标和实现目标的途径，并根据绩效计划制定考核指标。（2）收集绩效信息，进行绩效辅导。在下级工作过程中上级有必要收集下级的绩效相关信息，为以后的绩效考核提供依据，在下级遇到问题时及时进行辅导，以便工作顺利开展。（3）绩效考核的最主要考核主体。直线经理是绩效考核中最主要的考核主体，参与考核打分，并且在所有考核主体中占最大的权重。（4）绩效反馈与沟通。在考核结束后，直线经理有必要将考核结果反馈给下级，与下级一起分析成绩与不足，制定绩效改进计划。详见第 4 章。

五　绩效管理的相关制度体系

（一）绩效管理制度的内容

1. 总则

（1）概括说明建立绩效管理制度的原因，绩效管理的地位和作用，即在公司中加强绩效管理的重要性和必要性。

（2）说明绩效管理的宗旨和原则。

（3）对绩效管理的组织机构设置、职责范围、业务分工，以及各级参与绩效管理活动的人员的责任、权限、义务和要求做出具体规定。

（4）说明绩效管理的考核对象和考核周期。

2. 正文

（1）对各类人员绩效考核的方法、设计的依据和基本原理、考核指标和标准体系做出简要确切的解释和说明。

（2）详细规定绩效考核的类别、层次和考核期限（何时提出计划、何时确定计划、何时开始实施、何时具体考核、何时反馈及面谈、何时上报结果等）。

（3）对绩效管理中所使用的报表格式、考核量表、统计口径、填写方法、评语撰写和上报期限，以及考核结果偏误的控制提出具体要求。

（4）对绩效考核结果的应用原则和要求，以及与之配套的薪酬激励、人事调整、晋升培训等规章制度的贯彻实施和相关政策的兑现办法做出明确规定。

（5）对各个职能部门和业务部门年度绩效管理总结、表彰活动和要求做出原则规定。

3. 附则

（1）对绩效考核中员工申诉的权利、具体程序和管理办法做出明确详细的规定。

（2）具体说明绩效考核文件的使用与保存的要求和方法。

（3）对绩效管理制度的解释、实施和修改等其他有关问题做出必要的说明。

（4）其他绩效管理相关的制度：上下级沟通制度、基于员工绩效的奖惩制度、培训制度、人事调整制度等。

（二）绩效管理制度的编写

绩效管理制度是公司绩效管理的指导性文件，在拟订起草时，一定要从公司的实际情况入手，充分考虑公司的基础管理水平和员工素质水平，不能脱离实际。同时，一项成功的绩效管理制度也不可能一蹴而就，需要经过不断的实践和探索，总结经验教训，扬长避短。随着公司的发展和环境的变化，公司的管理水平不断提高，人员素质也不断提升，因此应该定期或不定期对绩效管理制度进行适当的补充与修改。

编写绩效管理制度要经过以下几个阶段：

第一，调查与评估阶段。在这个阶段，需要组建绩效管理制度编撰委员会，委员会的人员构成由各个公司视自己的情况而定。通过问卷调查、个人访谈、团体访谈等各种手段，收集有关公司、员工素质和管理水平的一些数据，并整理分析。在此基础上，评估公司现阶段的基础管理水平和员工素质，以及公司原有的绩效管理制度，找出问题的症结所在。

第二，设计与起草阶段。绩效管理制度编撰委员会在第一个阶段的基础上，进行制度的设计与起草。

第三，讨论与修改阶段。绩效管理制度草案提出后，应由绩效管理制度编撰委员会在广泛征询各级管理者和员工意见的基础上，对草案进行深入的讨论和研究。经过反复调整与修改，上报总裁审核批准。

第四，试行过渡阶段。绩效管理制度获得批准后，人力资源管理部门应该规定一个试行过渡期，使各级管理者和员工能够逐步理解、适应和掌握新的绩效管理制度。在试行的过程中，如果遇到特殊情况或重大问题，还可以采取补救措施，不致造成重大损失。

第五，全面推广阶段。在试行过渡阶段结束后，就要在全公司范围内推广新的绩效管理制度，并监督其推行的过程。

复习与思考题

1. 什么是绩效管理体系？它由哪些部分构成？
2. 绩效管理体系构建的基本步骤是什么？
3. 企业在构建绩效管理体系中可能遇到的主要障碍是什么？应该如何克服？
4. 人力资源管理部门在绩效管理体系构建中负有什么样的责任？
5. 谈谈绩效管理体系在整个企业管理以及人力资源管理中的重要意义。

参考文献

1. 赫尔曼·阿吉斯．绩效管理：英文版：第3版．北京：中国人民大学出版社，2012.

2. 琼斯．绩效管理．上海：上海交通大学出版社，2003.

3. 乔恩·沃纳．双面神绩效管理系统：升级版．北京：电子工业出版社，2015.

案例分析

变革之惑：祸还是活？

2007年5月8日，五一长假过后的第一天，万力科辽宁分公司大会议室。“如果一个季度的业绩指标只有2 000万元，咱们干脆谁都不要玩了。如果连2 000万元业绩都达不到，万力科就没有必要开设辽宁分公司！”万力科公司总裁杜克对万力科辽宁分公司的经营班子说。底下坐的人包括辽宁分公司总经理李可、生产副总经理王生俊、营销副总经理刘山、技术总监侯宏生，万力科总部人力资源总监马为铭。

2006年7月，万力科聘请某著名管理咨询公司为公司设计了一套绩效管理和薪酬激励变革制度，该项目已经于2006年10月在北京万力科总部汇报通过。马为铭至今清晰记得项目汇报会上总裁杜克对这套体系的评价：“这套制度可以极大地提高员工的绩效观念和绩效导向，将企业收益和员工个人收益紧密结合起来，我们一定要排除一切障碍，把这套新制度建立起来并全力贯彻下去！”之后，自始至终参与管理咨询项目的人力资源总监马为铭担起了“Change Agent”角色，从11月开始在整个公司范围内推动这次变革。

“我们是不是先从小范围试点开始，选择部分部门或岗位先做？”变革实施前，马为铭曾经向总裁杜克建议。杜克的回答很坚定：“我们花了上百万元的咨询费用聘请外部专家设计方案不是为了试点的。做事情一定要有魄力，有决心！我们已经不再是过去的小作坊了，一定要向规范管理看齐。一定要借助这个时机，把公司的制度管理观念强化起来。要推，而且要大力、全公司范围内一起推。这个世界上，只有人们不接受的东西，没有人们永远认为不合理的东西。只要接受了，原来认为不合理的也就变成合理的了。一定要利用这个机会把我们过去一些不好的管理习惯、缺乏公司效益观念的思维模式、陈旧的管理方式彻底转变过来！”

但是，事情的进展并不像当初想象的那样。万力科过去主要采取固定工资加季度奖金和年度奖金的方式，对一线岗位采取计件工资和计时工资两种形式；而在新的制度下，员工的工资中将有一部分和绩效考核的结果联系起来，在许多员工看来，这相当于把固定工资变成了浮动工资。马为铭在多次内部沟通中均强调：“绩效考核不是为了扣工资，而是要确定我们的工作目标和方向，实际上，在做得好的情况下，你的收入会比过去高很多。”但是，在大多数员工看来，这仍像一种变相的克扣工资。连以前在公司历次危难时刻都不计报酬默默奋斗的一些核心骨干员工对这次变革都颇有微词。李明杰就是个例子。万力科是一家民营企业，其中有很多老员工从公司一开始创业就和公司一起打拼，大家一起和公司熬过了创业的艰难时期。李明杰1997年公司创业时加入公司，最初在炎热的夏天顶着40度的高温在车间内做熔炼工、浇铸工、热修炉瓦工，后来做组长、班长，再做车间主任。在他看来，公司后来招聘的许多同级别新人的收入都比自己要高，自己不要求涨工资就已经很不错了，现在竟然还要变成浮动工资，做什么绩效考核。“钱不是最重要的，主要是觉得有点寒心，明摆着是不信任我了。公司没有考核的时候，我啥时候偷过懒？现在公司做大了、招聘的人多了，就挤兑这帮老人了!”类似的想法在公司里面有很多。

“在这种情况下，你自己首先要顶住，千万不能让员工觉得连你对这套制度和方案都没有信心！有问题来找我，我就是你最坚强的后盾！谁阻碍变革就让他靠边站！倒退一万步，现在的万力科已经不是当年了。离了谁，地球照样转!”关键时刻，杜克又给马为铭打气。正是在这种强大的支持下，马为铭顶住了压力，在 2006 年 12 月正式公布了这一制度。公司明确规定，实行绩效考核和绩效工资制度，年初和季度初确定绩效目标，分公司负责人绩效工资占总工资的比例为 55%，部门经理为 35%，主管人员为 25%，一线人员为 15%。相对过去，固定工资和完成正常任务下的绩效工资合起来平均约上涨 5 个百分点，但固定收入相对过去平均下降 20%～40%。制度公布后，马为铭稍微松了一口气。

但在绩效目标设定和评估阶段引起了强烈的反弹。如果说以前的反对意见更多来自员工，现在的反对意见则更多来自管理层。2006 年年底召开的 2007 年业绩目标会议上，总公司基于全公司目标分解给辽宁分公司的销售任务是全年 1 亿元，每季度 2 500 万元。辽宁分公司从上到下都认为 2 500 万元指标完全不可能完成。但在杜克的强势压力和马为铭的努力协调下，所有人都签订了绩效合同。但是，4 月初对第一季度业绩进行盘点时，发现销售额仅实现了 1 980 万元。按照公司绩效管理制度，辽宁分公司所有人员的绩效工资数额都受到了很大影响。所以，本应 4 月就该完成的第二季度绩效目标沟通和绩效合同签订会议一直没有进行。所以，杜克和马为铭匆匆飞到辽宁，长假过后一上班就召开了这次高管会议。

会议一开始，杜克就让每个人发表自己的看法。经过百般动员，辽宁分公司营销副总经理刘山才说：“去年最高的季度业绩也只有 2 200 万元，今年一下增加这么多，挑战性太强。跳一跳可以够得着的目标才有激励性，目标太高了，大家可能根本就不会想跳了！我个人认为，第二季度目标最高定 2 000 万元。”“我也同意刘总的观点，2 000 万元还比较合适。”辽宁分公司生产副总经理王生俊说，“除了历史指标外，我们也需要考虑其他因素，比如第一季度天气过于阴冷，对于产品的生产效率和合格率都有比较大的影响。合格率 98%这个指标本季度根本不可能达到，这是这个季节的天气环境决定的。无论是从销售的角度，还是从订单生产的角度，我们都还需要仔细分析一下。”杜克一听就急了，等不及其他几个人发言，马上说道：“如果一个季度的业绩指标只有 2 000 万元，咱们干脆谁都不要玩了。如果连 2 000 万元业绩都达不到，万力科就没有必要开设辽宁分公司!”他几乎要拍桌子了。

会议陷入了僵局。

资料来源：根据中国人力资源开发网案例资料改编而成，仅供教学参考。

问题：

1. 结合本案例，试分析该集团绩效管理变革的问题。
2. 如果你是管理咨询顾问，你将给出怎样的建议？

第 4 章

绩效考核主体及其职责

学习目标

学完本章后，你应该能回答如下问题：

◎ 绩效考评委员会的组成成员有哪些？

◎ 绩效考评委员会的职责是什么？

◎ 人力资源管理部门在绩效管理过程中有哪些职责？

◎ 直线经理在绩效管理中有哪些角色和职责？

◎ 360 度考评反馈的主体有哪些？

◎ 绩效考核中的误差有哪些？

◎ 如何避免绩效考核过程中的误差？

扫一扫

360 度考核怎么做

开篇引例

武汉某公司的人力资源经理李虹在最近的一次绩效考核中，遇到了一个大难题：市场部的一名主管对自己的考核结果不满，向人力资源部投诉，认为同部门的个别同事对自己心怀不满，在 360 度考评反馈时，有报复行为，故意打低分，导致他的绩效考核结果与以往相比差别非常大。“这一投诉让人力资源部处于非常尴尬的困境。”李虹说，“因为这名主管的确在过去两个月与部门的多位同事有过非常不愉快的争执，而且这次他的绩效偏低，也的确与同事给出的低分颇有关联。问题是，同事给出的低分是否与上一次的冲突必然相关，作为人力资源经理却无法查证。”可以说，李虹碰到的这个情况普遍反映了 360 度考评反馈在国内应用时经常碰到的尴尬状况。360 度考评反馈融合了来自上级、同事、下属和客户四个维度的信息，将员工的优势与发展需求融入绩效评估过程中，这种做法已经得到大量企业的认同。但不少人力资源经理在使用这个工具的过程中，类似李虹的困惑并不鲜见，“基于同事的反馈在绩效评估过程很容易出现偏差，这主要缘于在掌握一个同事的职业生存决定权时，大多数人都有根深蒂固的矛盾心理，”李虹说，“即使是一些中层管理人员在填写360度考评反馈报告时也会非常犹豫，不愿意批评同事绩效的具体方面，影响到薪酬与晋升时尤其如此。他们并不愿意开罪同事。他们担心，消极的反馈会损害自己与这些同事的关系，特别是在曾经出现争吵的情况下。这经常使360度考评反馈陷入困境。”

第1节 绩效考评委员会的组成和职责

根据考核对象的不同，绩效考评委员会的人员组成不尽相同，根据公平、公正、公开的原则，360度考评反馈方法，以及企业的实际情况和需要，可以由公司领导或通过公司领导与相关机构等协商而组成绩效考评委员会。一般而言，绩效考评委员会由公司领导班子成员、各部门负责人以及外部聘请的专家等组成，有时也可以邀请二级子公司代表、各部门员工代表等参加。绩效考评委员会主席一般由公司总裁担任。

绩效考评委员会的职责不尽相同，主要有以下几个方面：

第一，讨论、审定公司的年度绩效考核指标。

第二，审批和下达各子公司、各部门的年度绩效考核指标。

第三，讨论修改、审核、审批公司的绩效管理制度。

第四，指导、监督绩效管理制度的实施过程。

第五，协调、处理员工关于绩效考核问题的申诉。

第六，讨论、决定、审批或调整、修正绩效考核的最终结果。

第七，讨论、决定绩效考核结果的运用。

当然，绩效考评委员会中各个成员的责任也是不一样的，比如，委员会主席主要负责提出考核目标的总体要求等，最了解公司战略的就是公司的一把手，所以总体要求应该由总裁来提；外部聘请的专家主要负责提供制度建议等，因为外部专家的优势在于能够置身公司内部政治之外，比较客观公正地看待公司所面临的处境，从而提出比较切合实际的、客观的建议。

第2节 人力资源管理部门的职责

人力资源管理部门在公司绩效管理中的主要职责如表4-1所示。

表 4－1　人力资源管理部门的绩效管理职责

主要职责	职责内容
组织协调工作	协调企业内部各个部门及其员工的关系
	协调企业与外部专家的关系，起沟通桥梁的作用
评估工作	评估企业的文化和价值观
	评估企业所处的行业和发展阶段
	评估企业的基础管理能力
	评估企业原有的绩效管理制度和体系
宣传与制定工作	宣传绩效管理对企业、对员工的积极作用
	与外部专家一起制定或改革本企业的绩效管理制度与体系
	协助外部专家分解企业战略目标，形成各级 KPI
培训工作	组织和协调企业内外各项培训资源，制定培训计划
	对企业各级管理者和员工进行绩效管理培训
日常管理工作	考核过程的监督、检查
	收集有关绩效管理的资料并反馈信息
	汇总、统计考核评分结果
	建立员工考核档案
	协调、处理员工的申诉问题
后续工作	绩效管理体系实施过程中的经验教训总结
	提出改进和完善的意见

第一，组织协调工作。企业进行绩效管理变革，必然会引起内部的骚动，冲突不可避免，因此，人力资源管理部门要担负起组织协调的工作。首先，要协调企业内部各个部门及员工之间的关系，为保证绩效管理稳步推进建设一个和谐的人际关系环境，这在中国的企业中非常必要，也非常重要；其次，人力资源管理部门还是企业与外部专家的一个“接口”，在这中间起到沟通桥梁的作用。

第二，评估工作。企业要引入新的绩效管理体系，必须从企业的实际情况和存在的问题出发，以问题为导向，立足于企业实际。因此，在引入新的绩效管理体系之前，必须对以下几个方面进行评估：企业的文化和价值观、企业所处的行业和发展阶段、企业的基础管理能力、企业原有的绩效管理制度和体系。只有做好这几个方面的评估工作，才有可能使新的绩效管理体系符合企业的文化价值取向，切合企业的实际情况，并能够切中问题要害，做到有的放矢。

第三，宣传与制定工作。兵马未动，舆论先行。要充分发挥舆论宣传的作用，使绩效管理的理念深入人心，化解员工心中的“死结”；同时，人力资源管理部门必须协助外部专家制定绩效管理制度和体系，协助他们对企业战略进行分解，形成各级 KPI，为绩效管理打下基础。

第四，培训工作。人力资源管理部门在绩效管理实施之前，要为参与考核的人提供培训，尤其是要对考核主体进行培训，培训的内容主要集中在以下几个方面：

（1）如何运用绩效评估工具。

（2）如何确认良好绩效。

（3）如何设定绩效标准。一般来讲，绩效标准可以分为描述性指标标准和量化指标标准。描述性指标标准可以是针对某一特定要素的，也可以是针对整体职责的。

（4）如何选择适当的绩效评估方法。

（5）如何提供绩效反馈。

（6）如何进行评估面谈。

（7）如何避免评估中的失误。评估中的失误如表 4－2 所示。

表 4－2 评估中的失误

错误类型	内涵
居中趋势	工作表现评级错误，把所有的员工都评为中等
偏宽或偏严倾向	工作表现评级错误，给所有员工打分太高或太低
近期行为误差	只根据员工最近的行为对其评级
比较性错误	把当前员工与先前已做评估的员工相比而产生偏差
类我效应	评估人故意提高与其有相似特点的员工的评估结果
呆板印象	对某些特殊群体存有偏见

第五，日常管理工作。日常管理工作是指在推行绩效管理体系的过程中，人力资源管理部门需要做的经常性工作，主要包括：对考核过程进行监督、检查，及时指出违反公司绩效管理制度或办法的地方，并予以纠正；收集实施过程的资料和反馈信息，包括存在的问题、难点、批评与建议，记录和积累相关资料，提出改进方案和措施；汇总、统计考核评分结果；建立员工考核档案，以此作为员工薪酬调整、职务升降、岗位调动、培训、奖惩等的依据；以及在绩效考评委员会的领导下，协调、处理考核申诉的具体工作。

第六，后续工作。在绩效管理方案实施一个周期之后，要对实施过程中出现的问题进行分析，进而提出改进和完善的可行性方案，以使绩效管理不断完善。

第 3 节 直线经理的绩效管理职责

一 直线经理在绩效管理中的角色和职责

在绩效管理过程中，公司各个层级的管理者是真正的实施者，起着桥梁的作用，上对公司的绩效管理体系负责，下对公司员工的绩效考核和绩效提高负责。在绩效管理中，各级管理者应该做好五个方面的工作，扮演好五种角色。

第一，利益协调者。管理者与员工应该是利益共同体，一荣俱荣，一损俱损，管理者的绩效很大一部分要通过员工的绩效反映出来。基于这个原因，管理者就有责任、有义务与员工就工作任务、绩效目标等前瞻性的问题提前进行沟通，在双方充分理解和认同公司远景规划与战略目标的基础上，对公司的年度经营目标进行分解，结合员工的职务说明书与特点，共同制定员工的年度绩效目标。其实，为员工制定绩效目标，就是为自己设定目标；对员工负责，其实就是对管理者自己负责。

在一般情况下，管理者会在以下 6 个方面与员工进行充分沟通，并达成一致。

（1）What，即员工需要做什么工作。

（2）How，即员工需要做到什么程度。

（3）Why，即为什么要开展这些工作。

（4）When，即完成这些工作的时限是什么。

（5）KSAO，即完成这些工作需要什么样的知识（knowledge）、技能（skill）、能力（ability）以及其他一些东西（others）。

（6）Support，管理者能够提供什么支持，来帮助员工完成这些任务。

第二，教练。在绩效管理实施过程中，管理者要给员工提供教导，指导他们向着既定的目标前进，同时，给员工制定的绩效目标往往要高一点，要跳一跳才能够得着，管理者的责任就是要教导员工如何跳、要跳多高。

业绩的辅导要贯穿整个绩效目标达成的始终。这对管理者来说，可能是一种挑战，可能不太愿意做，但习惯成自然。帮助下属改进业绩应是现代管理者的一种修养、一种职业道德。当然它更是一种责任，一个优秀的管理者首先应该是一个负责任的人。所以，贵在坚持。

绩效辅导大致分为六个步骤：

第一步：管理者开诚布公，指出问题所在。

第二步：管理者举出事例说明，使下属认可问题。

第三步：管理者与下属一起讨论解决问题的可能办法。

第四步：双方就解决问题的办法达成一致。

第五步：管理者检查下属的工作进展，衡量绩效改善结果。

第六步：管理者及时表扬下属的进步。

为做好员工的教练，管理者应从以下几个方面着手：

（1）将员工的目标放在触手可及的地方，经常阅读和检查。

（2）了解员工工作的进展情况。

（3）了解员工工作中遇到的困难。

（4）对员工进行培训。

（5）对员工的工作进行反馈。

杰克·韦尔奇曾在自传中反复阐述，通用电气人力资源管理的成功经验就是区别对待、分槽喂马。在绩效辅导过程中，管理者也应该区别对待下属员工，成为高能力、高成就取向员工的良师益友，做低能力、高成就取向员工的导师，严肃处理无能无志之人。

第三，资料收集者。绩效管理一个很重要的原则就是没有意外，即在年终考核时，管理者与员工对一些问题的看法和判断不应该出现意外。一切都应是顺理成章的，管理者与员工对绩效考核结果的看法应该是一致的。

但现实往往不是这样的，在年终考核时，往往会出现员工与管理者争吵的现象。为了避免这种情况的出现，使绩效管理变得更加自然和谐，管理者就需要在平时收集有关员工绩效表现的资料，形成绩效管理的文档，作为年终考核的依据，确保绩效考核有理有据，公平公正，没有意外发生。

收集资料的最好办法就是走出办公室，到能够观察到员工工作的地方进行观察记录。当然，观察以不影响员工的工作为佳。记录的文档一定要是切身观察所得，不能是道听途说的，道听途说只会引起更大的争论。

这样一年下来，管理者就可以掌握员工的全部资料，做到心中不慌，考核也能更加公平公正。

第四，公证员。绩效管理中的绩效考核是很重要的一个环节，绩效考核最讲求的就是要公开、公正、公平，因此，作为管理者需要以公证员的角色出现。

管理者应该从第三者的角度来看待考核，评估考核的公平性，同时必须采取措施保证考核能够公开、公正、公平地进行。

第五，诊断专家。世界上不存在完美的事物，同样，任何公司的绩效管理体系都不是完美的；同时，公司在不断发展，环境在不断变化，绩效管理体系也必须能够适应这种变化，因此，管理者必须能够觉察绩效管理体系存在的问题。一般情况下，可以在绩效管理的一个周期结束后，在公司内部进行绩效管理的满意度调查，找出现行体系存在的问题，并提出解决方案，提交绩效考评委员会讨论。

二 直线经理的沟通技能与绩效管理

绩效管理实际上就是一个管理者与员工就绩效目标的设定以及如何实现而进行的持续不断的双向沟通过程，在这一过程中，管理者与员工从绩效目标的设定开始，直到最后的绩效反馈，都必须保持持续不断的沟通。由此可见，管理者的沟通技能在绩效管理中至关重要。

（一）管理者与员工的沟通贯穿绩效管理过程的始终

第一，在新的绩效管理体系实施前，要与员工进行充分的沟通，使员工能够理解新的绩效管理体系，领会新的绩效管理体系中蕴涵的管理思想，消除员工对新的绩效管理体系的抵触情绪，保证绩效管理能够顺利执行。

第二，在设定绩效目标时，管理者需要与员工进行双向和充分的沟通。在这一环节中，如果管理者忽视了沟通的作用，使双向互动沟通在这一环节缺失，形成绩效目标信息时只有下达而无上传的单流向，不但会影响员工对绩效目标的了解和认可，还极有可能造成制定的目标偏离客观实际、空洞、片面甚至出现重大失误。例如在一个销售部门，部门经理在给员工下达销售任务时，就必须从员工那里了解产品过去的销售情况、市场占有率、销售地区分布、竞争对手情况等，了解员工对未来销售市场的分析，他们的分析很有价值，也最值得信赖。如果部门经理闭门造车，臆断市场行情，凭空设定销售目标，很可能会出现企业产品市场占有率下降，重则企业产品在市场上将遭受灭顶之灾。

第三，在目标实现的过程中，管理者需要与员工进行持续的沟通，及时了解工作的进展情况和员工遇到了什么困难、需要什么帮助，同时，要注意环境的变化，及时调整绩效目标，使员工在履行目标职责过程中不断勘误、提高效率，以保证公司战略的最终达成。

第四，在绩效面谈阶段，管理者与员工的沟通十分重要。一般而言，绩效面谈要达到三个目的：

一是使员工了解自己在过去一个考核周期中工作上的得与失，以作为下一个考核周期做得更好或改进的依据。

二是给员工提供一个良好的沟通机会，借以了解员工工作中的实际情形和困难，并确定公司可以给予员工的协助。

三是共同协商员工未来发展的规划与目标，并确定公司、管理者、员工个人如何去执行计划，以及提供必要的建议与协助。

（二）绩效面谈所检视与讨论的重点

第一，反馈与肯定。管理者要对员工在上一个考核周期中的工作进行反馈，让员工了解自己的工作成果，同时，管理者也要肯定员工在上一个考核周期中的优秀表现。

第二，改进与发展。对于员工在上一个考核周期中需要改进的地方，管理者需要与员工进行细致耐心的沟通，找出问题的症结所在，并制定在下一个考核周期内提高绩效的具体方案，促进员工的发展和绩效的提高，这实际上也是在提高管理者的绩效。

第三，沟通与激励。在面谈中，如果员工有不同意见，管理者要认真听取，详细记录，能当场解答的就当场与员工进行沟通，不能当场解答的要给员工一个具体答复期限，并要对员工的这种做法进行鼓励和激励。

沟通不等同于简单的谈话。谈话很简单，沟通则意味着与别人的意见交流或是共享，这需要更高的技巧。这些技巧是可以培养的。

（1）以平和的情绪与员工进行沟通，即使员工口出怨言，大发牢骚，也要尽量控制情绪，使自己平静，这样才能做到与员工进行良好的沟通。

（2）正确运用形体语言，尽量避免在与员工沟通中出现以下情况：面无表情、看手表、翻报纸、玩弄钢笔以及交叉胳膊和腿等，这些形体语言在向员工传递这样的信息：我很厌烦与你沟通、我看不起你、我很盛气凌人等。

（3）做一个良好的倾听者，不要随意打断员工，要少说多听。在与员工进行沟通时要把80%的时间留给员工，管理者只用20%的时间提问就可以。

（4）对事不对人，尽量避免使用辱及人格和尊严的词汇，同时要尽量使用积极的词汇，进行正面激励，这样容易使员工接受你的看法。

（5）沟通要具体，对员工做得好的地方要具体说明，对员工做得不好的地方也要具体指明，这样才能起到激励的作用。

（6）因为别人说的和我们所听到的可能会产生理解上的偏差，所以，对于自己觉得理解不深的地方，要重复一遍员工所说的话，并说出自己的理解，询问员工自己的理解是否准确。

（三）直线经理如何创建业绩导向的企业文化

要在日益激烈的市场竞争中生存下去，进而寻求发展，公司必须把竞争引入内部，建立以业绩为导向的企业文化，将市场风险和管理重负分担到企业中每个人身上，形成人人关注市场、个个促进企业发展的企业文化。

以战略为导向的绩效管理就是要为广大员工指明工作努力的方向，使员工一开始就明确自己的目标，清楚地知道自己在企业战略中所扮演的角色。要在公司中建立业绩导向的企业文化，管理者需从以下几个方面入手。

第一，为公司的绩效管理提供制度保障。首先，要完善绩效管理制度。同时更重要的是，企业管理部门、生产业务部门、人力资源管理部门、计划财务部门等共同制定出良好的工作考核机制、工作流程制度和奖惩激励机制等相关配套措施，以此作为企业开展绩效管理工作的坚强后盾，保证该项工作有效地落实、执行。其次，必须考虑到公司的实际情况。如果一个公司目前的氛围是有命令难以落实、执行，有制度难以遵照贯彻，且没有相应的奖惩措施，大小事情都是一把手说了算，那么再好的制度也只是摆设。此时，完善绩效管理制度的时机尚未成熟，现阶段最重要的工作不是创建精细化的管理，而是应根据公司员工素质的现状，制定几条简单的、要求不高的工作措施。形成了遵守制度的氛围之后，才考虑通过完善绩效制度设计来引导员工绩效管理水平的提高。最后，还必须制定并督促员工严格遵守员工行为准则，对外树立良好的企业形象。

第二，在公司上下推行目标管理。目标管理的做法是，在往年实际业绩数字的基础上，制定出当年度目标任务，由于所有的目标都比往年的标准更高，因而更具挑战性，员工需付出更多的努力贯彻执行才能成功。到年度结束时，用业绩数字作为达成与否的具体绩效衡量指标。当然，目标的设定只有符合公司整体目标和经营策略，才能保证目标执行人员有明确的工作方向和目标。长此以往，公司内部就会形成以业绩说话的氛围。

第三，将绩效管理与其他管理机制联系起来。将绩效考核的结果运用于公司的奖惩、晋升与培训，通过这些向公司员工表明管理层真正需要的、重视的、奖励的是什么。

第 4 节　360 度考评反馈及其应用

一　360 度考评反馈的兴起

早在 20 世纪 40 年代，人们就开始在组织和个人职业发展评价中利用 360 度考评反馈方法了，当时主要是用于对组织的绩效和发展变化等进行评价。到了五六十年代，这种评价方法开始用于对领导能力的评价与筛选以及工作评价，70年代以后主要用于经理人员的筛选、项目的评价与定位。到了80年代，美国学者爱德华（Edward）和尤恩（Ewen）总结、发展、完善了这一评价技术，目前它已成为多数企业组织采用的一种绩效考评方法。据报道，在《财富》全球1 000强公司中，90%以上的公司在职业开发和绩效考核中应用了360度考评反馈法。而一项对美国企业较大规模的调查显示，包括大公司和中小企业在内的65%以上的美国公司在2000年以后采用了这种多面评估体系，比1995年的调查结果40%提高了许多。

360度考评反馈法之所以在国际企业界兴起并快速普及，是因为经济产业的升级换代和全球化竞争所带来的经营环境的变化。80年代以来，企业为了适应全球化竞争的需要，不得不抛弃老的产品和服务，源源不断地创造出新的产品和服务以满足消费者的需求。在这种情况下，企业管理者必须具备更高的素质，全面开发自身的管理能力，同时必须鼓励普通员工（有时甚至包括外部客户和供应商）对管理过程积极参与。360度考评反馈法强调的就是一个相关利益群体共同参与管理的过程，同时也是一个帮助管理者和员工开发、提高其管理能力的过程。

过去，大多数管理者和员工一般都无法准确、及时地获得关于个人绩效全面、诚实的反馈评价，很难形成对自己的准确认知。现在，通过360度考评反馈，把他人的匿名反馈评价与管理者和员工个人的自我评价放到一起对比，可能就会形成一个关于本人优缺点的更为现实、全面的图景。如果360度考评反馈中所反映出来的缺点是自己过去没有意识到的，那么这种反馈评价无疑会促进自身行为的改变，尤其是当这种变化受到组织鼓励和支持时。

360度考评反馈的最终目的在于促进组织与个人的共同成长，促进组织的变革和绩效的改进。如果企业能够通过360度考评反馈或者自下而上的反馈评价来强化管理者的自我意识，那么其组织文化就会变得更加开放和富有参与性，能够更为迅速地针对内部和外部客户的需求做出反应，这将导致信任水平的提高以及团队合作精神的加强，大大增强企业的竞争能力。

二 360度考评反馈的基本含义

即时案例

为了使绩效评估有更广阔的发展前景，也为了员工发展的需要，强生公司建立了一个新的360度考评反馈系统。新系统使员工能够将自己的理解与上级、同事、下属和外部客户的观点做比较。公司的管理人员认为，贯彻这一系统的关键是选择适当的评估执行人。为了组建一个评估执行人群体，强生公司的员工列出与其交往的关键外部和内部客户，从中推选出5～10名组成评估执行人群体。每个员工的上级依然对评估负有最终的责任，同时还要确保员工所选的评估执行人适当，这么做可以防止被评估者选择支持他的客户或同事以求得较高的评定等级。

360 度考评反馈（360-degree feedback）也称全视角考评（full-circle appraisal）或多源评价（multi-source assessment），是指一个组织中各个级别了解和熟悉被考评者的人（如直接上级、同事、下级等），以及与其保持密切联系的内外部客户对其绩效行为提供客观、具体的反馈信息，以帮助其找出组织及个人在这些方面的优缺点和发展需求并加以改进和完善的过程。

具体而言，360 度考评反馈是针对特定的个人（通常是管理人员），由包括被考评者自己在内的多方面考评者来进行评价（Tornow，1993）。也就是说，它是帮助一个组织成员（主要是管理人员）从与自己发生工作关系的所有主体那里获得关于本人绩效信息反馈评价的过程，这些信息包括：来自上级监管者的自上而下的反馈评价；来自下属的自下而上的反馈评价；来自平级同事的反馈评价；来自本人的反馈评价；来自内外部客户和供应商的反馈评价。360 度考评反馈的内容涉及被考评者的任务绩效、管理绩效、周边绩效、态度和能力等方面，重点在于考评过程中以及考评结束之后，要及时通过反馈程序，将考评结果反馈给被考评者本人，以达到改善行为、提高绩效、促进发展的目的。图 4 - 1 是 360 度考评反馈示意图。

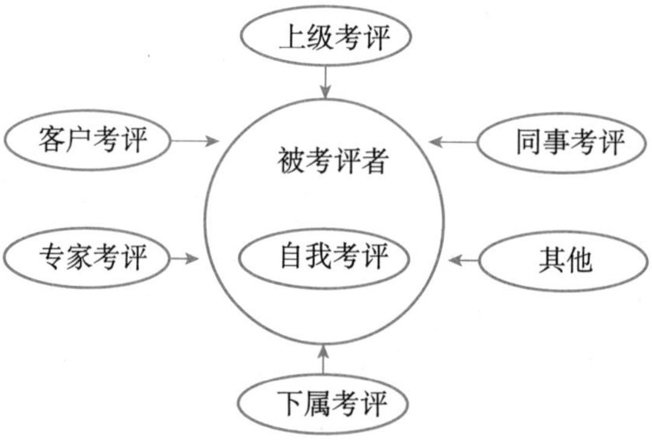

图 4 - 1　360 度考评反馈示意图

与传统的绩效评价方法相比，360 度考评反馈从多个角度反映被考评者的绩效行为，这使得考评结果更加全面、客观和公正。特别是对反馈过程的重视，使考评起到“镜子”的作用，提供了沟通、交流、学习和改正的机会。

360 度考评反馈通常是以匿名的形式提供考评反馈的。这种绩效反馈过程与传统的绩效评价和反馈方法不同，不仅把直接上级的评价作为员工绩效信息的来源，而且将在组织内部和外部与员工有关的所有主体（包括员工本人）作为提供反馈信息的来源，这无疑增加了绩效评价和信息反馈的多主体性和全面性，要求在具体操作上更加科学和严谨。

360 度考评反馈对企业管理者的素质能力提出了更高的要求。他们必须重视日常性的绩效管理，实现从绩效考核到绩效管理的过渡。而且，由于需要收集和整理的信息数量极大增加，设计绩效评价的内容和形式变得日益复杂，管理沟通与反馈能力也直接关系到绩效评价系统的效能，所以，他们进行管理工作的能力和责任心必须大大提高。

不同的考评主体具有不同的特点，360 度考评反馈并非强调面面俱到，或是让所有的相关者都来对被考评者指手画脚，从而导致所谓的“不干活的人来批评干活的人，干活少的人来批评干活多的人”。相反，360 度考评反馈的核心要点是发挥相关考评主体的优点，克服其缺点，让最了解被考评者或其某一方面绩效行为的人来进行考评与反馈，重点是反馈与改进，目的是提高与发展。表 4－3 是对不同考评主体优缺点的分析。

表 4－3　不同考评主体的优缺点分析与比较

考评主体	优点	缺点
上级	了解企业发展战略与规划，具有明确的目标导向，熟悉企业业务流程和被考评者的工作重点与绩效要求，掌握全面信息	受个人判断能力与管理水平影响大，主观性强
下级	有利于上级详细了解具体业务需求和下属意见，促进上级管理者诊断和改进领导风格，获得基层第一手信息	可能因为从属关系而产生顾虑，不敢或不便反映真实的意见与信息，有时还可能出现故意贬低或曲意逢迎的情况
同事	彼此熟悉，对工作过程比较了解，评价和反馈意见针对性强，有利于增强绩效改进和团队协作	受组织文化、公司政治影响大，客观性、公正性需要通过一定的技术程序来保障
本人	最了解自己的工作情况和绩效行为，有利于及时改进和提高，对个人发展和组织承诺抱有积极期待	不易做到严于律己，由于利益驱动可能总是偏向于自我表扬和自我保护，有较强的主观性和封闭性
客户	是企业服务的对象，也是企业利润的来源，评价意见与反馈信息对公司和员工具有决定性意义；由于是客户，因此也具有很强的客观公正性	比较分散，评价意见与反馈信息不易收集，可能需要花费较多的时间和精力才能得到配合，为此需要加强日常经营管理工作和信息技术网络建设
专家	掌握系统科学的绩效评价技术方法，能够准确理解企业战略和绩效要求，比较全面地了解企业业务和人员状况，具有较强的科学性、客观性、公正性和时效性	如果是深入企业的咨询专家，其评价意见与反馈信息就很有意义，否则就可能流于走马观花、主观片面，选择专家还要注意内外部结合

资料来源：林新奇．绩效考核与绩效管理．北京：清华大学出版社，2015.

总而言之，360 度考评反馈最主要的特点，在于它采取的是多评价源而非单评价源，因而比较全面和客观，能够有效防止采纳单一评价源进行评价时可能发生的主观偏见和武断，具有较高的信度和效度；同时也拓宽了信息来源的广度和深度，便于对组织与员工的绩效改进展开具体深入的反馈。实证研究表明，360 度考评反馈在提供反馈和指导、分配奖金和机会、最优化成本以及避免评价错误等四个方面均优于传统的评价方法。[①]

三 360 度考评反馈的实施步骤及操作要点

（一）360 度考评反馈的实施步骤

实施 360 度考评反馈，主要有以下几个步骤。

1. 定义需要评价和测量的对象

实施 360 度考评反馈的第一步就是确定反馈需要完成的目标。绩效反馈通常与特定的管理需要和组织的战略目标相联系。通过回答下面一些问题，可以帮助分析和决定多角度评价的焦点以及调查面谈的类型。比如：

（1）是否希望被考评者增强对自身优势和发展领域的意识？

（2）是否希望被考评者在一项或多项素质技能方面更精通？

（3）是否希望被考评者对他们的上级、同事更信任，合作，维持良好的关系？

（4）这项反馈会给个人特定的、可测量的绩效行为带来关键的改变吗？

（5）是否在意多方参与的 360 度考评反馈将可能导致管理成本增加？

2. 设计调查问卷

实施 360 度考评反馈的关键是设计一份结构完整的调查问卷，主要包括以下几个环节：

（1）选择目标主体。典型的 360 度考评反馈的考评主体即参与对象，一般包括被考评者、上级领导、直接下级、同事或团队成员和其他的相关人员，以及内外部客户。不同的对象亦即考评主体可能强调个人素质能力和绩效行为的不同方面，比如上级领导趋向于强调结果绩效和技术能力，而同事可能更强调内部协作和人际关系等因素。

（2）识别合适的评价水平。在确定目标主体之后，需要确定他们分别在什么方面最具有发言权或最感兴趣。这些识别要素包括反应、意识或洞察、转变、成本有效性等，可能需要预先调查以确定不同的评价水平。比如，是反应还是被考评者的意识，或者成本有效性等。

（3）整合调查的问题。调查问卷的题目必须根据事先确定的评价水平而定。比如，如果对员工的行为转变最感兴趣，那么需要关注的是在 360 度考评反馈之后，哪些行为是被考评者做得更多、更少或者有变化的。调查问卷的题目必须简洁、客观、易于理解。

（4）确定合适的反应量表。一个合适的反应量表，一般用数字来表示，比如可以用李克特（Likert）量表的形式，每个数字都代表一定的意义：1 表示非常满意，2 表示满意，3 表示不确定，4 表示不满意，5 表示非常不满意。

（5）预调查。展开大规模调查之前，先在员工中进行小范围的预调查，可以

---

① 白云辉，米宝财．浅谈 360 度绩效考评的合理使用．煤炭经济研究，2004（10）．

揭示调查问卷中存在哪些缺陷，在目标主体使用前加以修正。

（6）修正并最终确定调查问卷。修正后的调查问卷必须科学完整，并且容易阅读，便于填写。不要忘记在付诸考评时，要在调查问卷的最前面附上一封信，说明为什么要进行这次调查评价，如何填写调查问卷，应将调查问卷寄回何处以及截止日期等，并表示感谢。

3. 收集相关数据信息

在准备好完整的调查问卷之后，重要的是对调查要有一个高度的承诺。要获得人们的信任和积极参与，收集到所需要的相关数据信息，还是有一定难度的，甚至是具有挑战性的，所以需要讲究一定的技巧。以下几条建议可供参考：

（1）选择合适的调查时机或时间段。

（2）让人们在比较放松的状态下参与调查。

（3）尽可能节约时间而使调查易于参加。

（4）可以通过网络让人们在线参与。

（5）最大化使用匿名性调查问卷以及承诺反馈。

（6）最小化使用开放性问题以确保调查问卷简洁且易于理解。

4. 分析数据信息并总结结论

使用一些有用的统计分析软件（如 SPSS）和电子数据表（如 Excel）对收集到的数据进行统计分析，可以使我们获得对评价有用的基本数据信息，包括频数分析、卡方分析、相关性以及 T 检验等。需要记住的是：我们的目的不是要进行学术研究，而是要掌握如何使绩效反馈更为有效的方法。

（二）360 度考评反馈的问卷设计

如前所述，实施 360 度考评反馈的一项重要内容是设计问卷，问卷质量的好坏直接决定着 360 度考评反馈的成败。那么，如何才能设计出一套科学合理的 360 度考评反馈问卷？

首先，要突出公司的战略目标，明确预期目标并运用相应的评价指标来对其实际效果进行评价。企业采用 360 度考评反馈时，必须首先界定自己到底准备从这种绩效评价方法中获得哪些收益或者达到何种目标，然后要设定一个具体的时间表来对该计划达成目标的情况进行评价，从而明确考评的目的。

其次，在内容和项目设计上应尽量避免主观的引导，设计时应筹划好统计和量化的方法。在操作中需要注意以下几点：一是业绩指标要与岗位职责密切挂钩，并且事先确定，尽可能量化和具体化，主要由直接上级来考评。二是发展指标的设置要与岗位要求挂钩，并与公司的价值理念、职业生涯规划联系起来。发展指标应由对被考评者比较了解的相关人员来考评，可以是上级、专家、同事（包括人力资源部），也可以是下级，或相关合作部门等。要注意让考评者了解应考评什么，避免考评中大家用同一指标来考评某人，出现人缘好则考评好的现象。三是在设计中要注意业务指标与工作流程的相关性，按内部客户的观点来设置考评指标和考评权利，如上级是下级的客户，下一流程是上一流程的客户，客户要对收到的商品质量进行考评。

再次，设计 360 度考评反馈的问卷，应与企业的发展战略、文化等内容有机结合，而不能是因为流行就模仿。因为这种评价本身就是一把双刃剑，对企业的文化、价值观、管理理念有着相应的要求。如果企业员工具有高度的参与感，内部上下级和同级之间高度信任，那么推行 360 度考评反馈就能取得良好的效果，反之则会事与愿违。所以在问卷设计上要全盘考虑，统筹安排。

最后，要重视实施后的绩效反馈和改进。因为 360 度考评反馈的核心任务是绩效反馈和确定改进措施，所以企业应积极地将评价结果反馈给员工，指导其改进工作中的不足之处，提高工作绩效，从而达到 360 度考评反馈的目的。如果这两个环节做不好，360 度考评反馈就只是剩下一张 360 度的皮了。许多企业在评价后不对员工进行反馈，而是倾向于将结果隐瞒或“低调处理”，将 360 度考评反馈当作管理层的一种单方面行为，很容易造成员工对 360 度考评反馈的误解。有的企业认为员工知道了自己的评价结果会影响工作态度，但这只是假设，关键是看考评目的和如何反馈，大多数员工还是希望知道自己的绩效评价结果并得以进一步发展的。

（三）360 度考评反馈的实施条件与注意事项

1. 实施 360 度考评反馈法的条件

实施 360 度考评反馈的目的在于通过获得和使用高质量的反馈信息，支持与鼓励员工不断改进提高自己的工作能力、行为和绩效，达到个人与组织共同成长的目的。这种评价模式较单一评价来源的评价方式更为客观、准确、公正、真实、可信。同时，通过这种评价反馈方式，被考评者可以客观正确地评价自我，了解自己在职业发展中的优势与不足，激励自我更有效地发挥工作能力，赢得更多的发展机会。此外还能帮助管理者改进管理工作行为，提高管理水平，发现和解决组织成员之间的矛盾和冲突。而企业或组织则可通过 360 度考评反馈，在客观分析和使用反馈信息的基础上，做出正确的评价与决策，加强管理者与员工的双向交流，提高组织成员的参与性，创造良好的组织氛围，激发组织成员的创新性和工作动机，帮助企业进行团队建设。

具体来说，360 度考评反馈的优点主要体现在以下几个方面①：

（1）全方位、多角度。考评者来自企业内外的不同层面，得到的考评信息角度更多，考核评价更全面、更客观。同时，员工对管理者的直接评价实际上促进了员工参与管理。

（2）实行匿名考评。360 度考评反馈采用匿名方式，使考评者能够比较客观地进行评价。通过开放式表格，可以收集到比较中肯的评价意见。

（3）以服务对象为导向。对不同的考评者分别赋予不同的权重，而尤以服务

① 白云辉，米宝财．浅谈 360 度绩效考评的合理使用．煤炭经济研究，2004（10）．

对象权重最大。

（4）自我发展意识增强。通过多角度的反馈，使员工得到充分的反馈信息，具有极大的说服力，可以帮助员工正确地调整自我认知和自我行为，增强自我发展意识。

（5）误差较小。由于不仅考评者来自不同层面，而且每个层面的考评者都有若干名，考评结果取其平均值，从统计学的角度看，结果更接近于客观情况，可减少个人偏见及评分误差。

（6）基于胜任特征。其设计依据是抓住关键的行为要素，把影响绩效表现的深层次内容揭示出来，从而能够区分表现优异者和表现平平者的胜任特征。

360 度考评反馈作为一种人力资源开发与管理的方式，确实有很多优点，但也存在明显的不足，主要有：范围广，成本高；容易用行为考评代替绩效考评；受组织文化影响大；考评参照标准不确定，偏向关注一般特质而不是特定工作行为；考评以个体记忆为基础，不能真实反映被考评者过去的工作行为；考评者不能观察到被考评者的全部工作行为，容易以偏概全；在实施 360 度考评反馈的过程中，如果培训和运作不当，可能会在组织内造成紧张气氛，影响组织成员的士气。此外，实施 360 度考评反馈时很容易遇到一些陷阱，如专断、文化震荡、监督失效、裙带关系、组织成员忠诚消失等。

随着信息网络技术在管理中的普及和“人本管理”成为主导性管理理念，360 度考评反馈在西方国家许多企业得到了广泛的应用，其具体形式也不断推陈出新。但是传入中国以后，具体应用则出现了一定的困难。其主要原因在于，中国企业实施 360 度考评反馈还存在许多障碍：一是信息网络技术在管理中的运用尚处于建设期和导入期，很多企业还没有形成可以支撑 360 度考评反馈的内部信息网络平台，实施 360 度考评反馈的成本较高。二是中国欠缺真正的市场竞争与工业革命的洗礼，大部分组织成员自我管理、自我约束、自我改进的意识较为淡薄，员工素质难以保证能理性运用组织赋予他们的权利。三是“官本位”思想使大部分组织领导者难以从意识上接受来自下级的监督与批评，管理者与员工都还缺乏服务客户的意识。四是传统文化根深蒂固，人治大于法治，“面子主义”盛行，不善于也不愿意进行批评性的沟通和交流。

国外一些研究者认为，360 度考评反馈主要基于两个简单假设：其一是来源于测量理论的假设，即对个体而言，从多个角度获得的观察将得出更有效和更可靠的结果，也更有意义和更有用；其二是假设人们行为及观念的改变总是贯穿增强自我意识的过程之中。360 度考评反馈就如同一面“镜子”，被考评者能够从中发现自我、调整自我。[①] 所以，对于这一反馈系统的研究主要集中在系统本身操作过程中的一些影响因素上，以求使用该系统能收到更大的效果。

研究者认为，360 度考评反馈的关键是责任心问题。莉萨·霍克格拉夫（Li-

① Church A H，Bracken D W. Advancing the state of the art of 360-degree feedback. Group & Organization Management，1997，22（2）.

sa Hochgraf，2002）认为，被考评者的责任心是 360 度考评反馈能否成功的关键，同时对责任心如何影响被考评者的行为也进行了研究。斯科特·怀默（Scott Wimer，2002）则认为，当 360 度考评反馈带给被考评者的工作或责任心超出了被考评者的认同范围时，被考评者将会由于反馈信息而觉得不安，形成抵制心理。如果这种抵制心理成为一种行为模式，则当被考评者成为考评者时，其考评的客观性和有效性将受到影响。[①] 伦敦等人（London et al.，1997）的研究指出，被考评者是否对使用这一反馈负有责任，考评者是否对其提供的反馈信息的准确性或有用性负责，以及组织是否愿意为改变被考评者的行为而提供人力、物力帮助等，都会影响 360 度考评反馈能否成功。这就需要考评保持匿名性，同时要求考评者对被考评者提供建设性的反馈意见和具体的建议，被考评者也应该公正地说明、解释或描述他们从反馈中得到的收获。

360 度考评反馈在国外已经有了比较多的研究，但导入我国的时间还比较短。近几年，我国的研究者和实践者对于 360 度考评反馈的研究主要是对国外一些研究成果进行介绍，在此基础上进行一些探索性的案例研究。一部分研究者和实践者开始关注这种评价方法如何在中国文化背景下进一步完善和推进实施的问题，当然其中也不乏质疑和争议。但是无论如何，这都是一个值得探索和研究的方法，实践其实已经走在了前面。

DDI（Development Dimensions International）的资料显示，360 度考评反馈最常应用在以下几个层面：培训与开发（support training and development）、升迁和接班人计划（promotion and succession）、绩效评价（performance management）、薪酬福利（compensation）。其中以应用于培训与开发及升迁和接班人计划的成效最大。20%～25%的美国企业将 360 度考评反馈运用在员工培训与开发方面。[②] 而我国企业则主要运用在培训与开发、选拔任用、绩效评价等方面。

在绩效评价方面应用 360 度考评反馈，大多是通过 360 度考评反馈机制，从多元的角度实际评价员工的工作绩效。360 度考评反馈机制可以提供多方面的反馈评价，真实地反映员工整体的工作表现。360 度考评反馈机制还强调全员参与，通过全员参与的过程，员工将对整个考评系统及其结果产生认同感，从而达到激励员工的效果。当然，360 度考评反馈机制并非用来取代主管考核的方式，而是给主管提供更多样、更客观、更有效的信息来帮助主管激励下属达成工作任务，进而达到组织的目标。此外，它也可以防止因特定人的偏见而产生的评价偏差，进而影响绩效评价的结果，相对于单一来源反馈评价，拥有比较高的信度与效度。

在具体实践上，由于企业性质和部门业务不同，采用 360 度考评反馈的效果

---

① Wimer S. The dark side of 360-degree feedback: the popular HR intervention has an ugly side-Human Resources-peer input into performance appraisals. T+D，2002（Sept）.

② Bradley T P，Allen J M，Hamilton S，Filgo S K. Leadershipperception: analysis of 360-degree feedback. Performance Improvement Quarterly，2006，19（1）.

也不同。比如生产型和销售型的企业，由于考评指标具体而明确，一般不采用 360 度考评反馈，而行政人员或研发人员占多数的企业就比较适合采用 360 度考评反馈。因为 360 度考评反馈是对被考评者全方位的考核，要求被考评者既要有上级和服务对象，又要有下级和同级（或供应商），加之考评成本较高，所以一般只适合对公司的中高层进行考评。在公司规模方面，由于 360 度考评反馈是一项复杂的系统工程，因此一般只适合规模在 500 人以上的大公司。①

2. 实施 360 度考评反馈需要注意的问题

基于以上分析，企业或组织在实施 360 度考评反馈进行绩效评价时，首先要取得公司高层领导的支持与配合，在公司内部倡导一种变革、创新、竞争、开放的文化，让员工能够从观念上接受这种考评方式。其次应加强宣传和沟通，对考评者进行有效的培训，向员工讲清其意义，让员工了解评价目的，消除评价中的人为因素。再次要结合本企业或组织的实际，根据最近相关原则、有机结合原则和经济可行原则合理选择考核主体，力争以最小的成本达到对考核客体客观公正的评价。最后要充分考虑文化差异的影响，结合中国实际设计本土化的评价指标，使 360 度考评反馈既能较好地适应中国文化，在测评中又不受中国传统文化的影响。在评价完毕后，企业应积极地将评价结果反馈给员工，指导其改进工作中的不足之处，从而提高评价的效率，这才是绩效评价的最终目的所在。

我国企业实施 360 度考评反馈，应该注意以下几个问题。

（1）要根据企业性质、业务类型及所处的生命周期，重新审视是否适用 360 度考评反馈。一般来说，公司处于初创期或急速增长期是不宜采用的，加工制造企业、高科技企业等结果导向的企业也不宜采用。当然，企业文化不健全、非规范的企业也应当暂缓采用。

（2）要合理界定考评者和被考评者。并非所有的人都必须由员工自己、上级、同事、下级、客户、专家等进行 360 度全方位的考评。原则上考评者必须了解和熟悉被考评者的工作，不应让与被考评者无任何业务往来的不相关者成为考评者，不能搞一刀切。

（3）根据实际需要确定考评要素。不同层级、不同工作性质的被考评者的考评要素是不一样的。比如，高层管理者的考评要素应该包括目标导向、全局意识、决策水平、模范表率、协调能力等；而一般员工的考评要素可能只包括责任心、执行力、纪律性、工作速度、业务技能等；研发人员的考评要素可能重在技术创新；财务人员的考评要素更在意工作缜密和严格遵守财务制度等。

（4）要选用合适的考评方法。不同的工作性质、不同的考评者，其适用的考评方法应该是不同的。一般来说，目标越明确的工作，对过程的考评应该越少；如果考评者是上级，则适宜采用目标管理法；如果考评者是同事和考评者自身，则可以选择行为锚定等级评价法；而如果考评者是下级和客户，可能适宜采用关键事件法。

① 白云辉，米宝财．浅谈 360 度绩效考评的合理使用．煤炭经济研究，2004（10）.

（5）要制定适当的考评周期。不同考评者适用的考评周期是不一样的。原则上业务往来密切者适用较短的考评周期，被考评者的职位较低时也适用较短的考评周期，反之则应该适当延长考评周期。

（6）要创建适宜实施 360 度考评反馈的外部环境。网络化、信息化的办公条件可以缩短考评时间、减少考评成本；和谐、合作、互助的工作氛围能保证 360 度考评反馈正常进行。

第 5 节　防止绩效考核的非客观性

一　绩效考核中常见的问题及避免方法

在绩效考核过程中要注意一些可能影响考核效果的问题，表 4－4 是一些常见的问题及其避免方法。

表 4－4　考核中常见的问题及其避免办法

考核中常见的问题	解释	避免方法
考核标准不明确	由于被考核者对考核的标准理解不同而造成的误差，比如同样是“优秀、良好、合格、不合格”等，不同的人对这些标准会有不同的定义	修改标准，使之尽量定义清楚，能够量化的尽可能量化 避免让多个考核者对同一个员工的同一个要素进行考核，尽可能让同一个考核者对同一个要素进行考核，加强考核结果的可比性
晕轮效应	当一个员工有一个方面特别优秀时，人们会误以为他在其他方面也特别优秀，从而给该员工较高的考核等级	在进行考核时，应该以要素为单位进行考核，而不要以人为单位进行考核，即就同一个要素对所有被考核者同时考核
类我效应	考核者故意提高与其有相似特点或经历的员工的考评结果	当遇到那些与自己有相似之处的员工时，考核者要特别提醒自己注意这样的情况发生
近期行为误差	人们通常对最近发生的事情记忆深刻，所以有的考核者往往会用被考核者近期的表现来评价其整个考核期间的表现	在绩效考核期间一直进行考核记录，以此作为最终考核的参考
居中趋势	由于考核者害怕承担责任或者对被考核者不熟悉，在考核时倾向于将被考核者的结果放在中间的位置	在考核前，对考核人员进行培训，消除考核人员的后顾之忧，同时避免让不熟悉员工的考核人员对其进行考核

续表

考核中常见的问题	解释	避免方法
偏宽或偏严倾向	考核者可能会由于种种原因，比如知道考核的结果会与被考核者的薪酬或晋升有直接的关系，或者害怕被考核者对自己不满等，对被考核者做出评价偏高的考核；反之，可能由于人际关系等方面的原因，对被考核者做出评价偏低的考核	加强考核结果的保密性
个人偏见	考核者对被考核者的个人好恶会影响考核结果	采取小组考核，或在考核前与考核者进行沟通，提醒其注意
自我比较误差	考核者在进行考核时会不自觉地将被考核者与自己进行比较，把自己当作标准	明确考核内容和考核标准，并要求考核者严格按照考核要求进行考核

二　对考核主体进行培训

（一）考核主体培训的意义

在进行考核之前，必须对考核主体进行考核的业务培训。同时，为了使考核主体能够公平合理地进行考核，提高考核主体的监督管理能力，企业必须对考核主体实施考核的培训。考核主体培训有重大的意义。

（1）考核主体培训有利于最大限度地缩小考核误差，特别是考核主体心理误差，从而保证考核公平、公正、有序地进行。对考核主体进行培训，在很大程度上能够使考核主体不徇私情，力求评价公正严谨；不轻信偏听，注重对被考核者实际工作的观察和评判，在平时做好观察记录；注意避免总体印象，以工作中的事实为依据。

（2）考核主体培训有利于考核主体了解绩效考核的目的、作用和原则，了解各岗位绩效考核的内容，更好地理解考核制度的构成。这些都有利于考核的顺利进行。

（3）考核主体培训有利于统一考核主体的评价标准。评价标准的统一能够使各考核主体在考核过程中整齐划一，有效地避免考核标准不明确或理解不同带来的误差。

（4）考核主体培训有利于考核主体掌握进行考核操作的方法和考核沟通技巧，识别和预防考核中的误差。

（二）考核主体培训的内容及方法

1. 考核主体培训的内容

为保证绩效考核合理有效地进行，必须对考核人员进行严格的培训、训练。

其培训内容如图 4 - 2 所示。

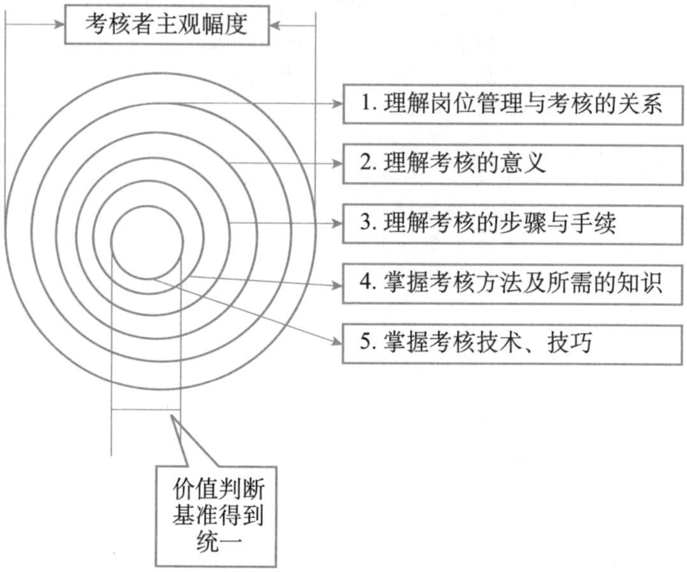

图 4 - 2 考核主体培训内容

考核主体培训要做到以下几点。

(1) 认真讲解考核内容及考核标准。在考核的实际操作中，无论考核内容在文字上组织得多么完美、量表设计得多么精确，也很难保证所有考核主体能从同一角度正确地去理解。因此必须解释清楚考核内容和维度分解的依据，以及每个考核标准的具体含义。在讲解时可以采用一些案例加以说明，还可以进行适当的模拟考核练习，以增强直观性，加深考核主体的理解。

(2) 提高考核主体的观察力和判断力。在考核中，考核主体总是依据自己对被考核者日常行为及工作表现的观察进行判断和评价。因此，这类培训要通过各种类型的模拟练习和教师的讲解来提高考核者观察被考核者行为表现的能力，以及依据有关信息进行判断的能力。

(3) 列举常见的考核误差。通过列举常见的考核误差，例如，首因效应误差、晕轮效应误差等，组织考核主体一起进行分析，从中吸取教训并接受培训教师的建议，以便在考核过程中有意识地避免这类错误。

(4) 加强对考核主体有关考核重要性的培训，使他们重视考核工作。考核主体不够重视考核工作是造成考核误差的重要因素。他们往往认为考核工作不是自己的责任或者怀疑考核结果是否有用，因而采取一种应付的态度。因此，要通过高层领导的动员以及人力资源管理部门的宣传和要求，引起考核主体对考核工作的充分重视。

2. 考核主体培训的方法

(1) 小组讨论法。国外学者莱温和巴特勒 (1952) 率先进行了有关改变主管的考核习惯的试验。他们将一个大型制造厂的 29 名主管分成两组。在第一组中他们给主管上课，详细讲述绩效考核的理论和技术，向主管解释他们以前考核中的问题以及每个主管应采取什么措施来纠正这些问题。在另一组中，主管开会讨论问题的性质以及解决问题的方案，领导者只充当主持人，避免掺入自己的观点，在提出了大量的想法后，小组达成了一个所有人都能接受的解决办法，即只将注意力放在员工履行工作职责的程度上。结果显示：讲课的方法对改变主管的考核方式没有实质性的影响，只有采用小组讨论的方法，让考核主体参与寻找解决问题才能成功地减少考核误差。

（2）专题讨论会。以韦克斯利早期在实验室中所做的工作为基础，莱瑟姆、韦克斯利和普瑟尔开发了一种专题讨论会的培训计划，帮助人们在观察和评价他人时将考核误差减至最小。专题讨论会的内容包括放映求职者的录像带，并根据录像带做一些练习。被培训者根据录像带中的管理者对求职者的评价，依据一个九级标度的考核标准对录像带中的管理者做出评价；他们还要对求职者本人做出评价。接下来就每个被培训者做出评价的原因进行小组讨论。这种方法使得被培训者有机会观察其他制造考核误差的管理人员，有机会积极参与到发现自己是否容易制造考核误差的过程中，有机会知道自己的考核行为所带来的结果方面的知识，有机会实践那些与考核相关的工作以减少自己正在制造的考核误差。从理论上讲，培训内容与实际考核工作的相似性有助于将所学知识运用到工作中。

（3）群体讨论法。群体讨论法也是由莱瑟姆、韦克斯利和普瑟尔提出的。在群体讨论的方法中，被培训者对每种误差都进行界定，并给出每种误差在绩效考核、选拔面试和下岗考核三种情况下的实例，这一步的目的是确保被培训者完全理解这些误差。然后将被培训人员分成几个小组，讨论他们在这三个方面的亲身经历，之后提出解决问题的方法。这些方法与专题讨论会上得出的方法相似。

与专题讨论会相比，群体讨论法的优点在于不那么正式，因此被培训者更容易放松。另外，还可以节省准备录像带和租用设备等方面的费用。

群体讨论法的缺点是被培训人员没有机会体验这些误差，或者没有机会实践那些减少误差的方法，他们可以从培训者及彼此身上学会对这些问题的理解，但却无法知道自己在处理这些问题方面的具体行为。

复习与思考题

1. 绩效考评委员会的职责是什么？应该由哪些人组成？

2. 人力资源管理部门在绩效管理过程中有什么职责？应该如何履行这些职责？

3. 直线经理指的是谁？在绩效管理中有哪些职责？如何履职？

4. 360 度考评反馈的含义是什么？怎么理解和实施？

5. 绩效考核中主要的误差有哪些？应该如何避免？

参考文献

1. 罗伯特·巴克沃．绩效管理：如何考评员工表现．北京：中国标准出版社，2005.

2. 琼斯．绩效管理．上海：上海交通大学出版社，2003.

3. 伯纳德·尼斯塔特．群体绩效：有效管理的基石．北京：人民邮电出版社，2013.

4. 蔡铭，林新奇．古代官员的360度评价．光明日报，2013-04-24.

5. 凯勒，普拉斯．超越绩效：组织健康是最大的竞争优势．北京：机械工业出版社，2012.

6. 吉姆·克莱默．高绩效管理者．深圳：海天出版社：2011.

案例分析

绩效考核直线经理唱主角

欧贝特卡公司给直线经理做了如何进行绩效面谈的培训，以所有的部门经理为试点，把他们作为考核对象，由大老板和他们做绩效面谈，同时有专门的人力资源管理顾问来指导。在平均2小时的面谈中，公司对直线经理的指导非常精心，甚至连座位怎么坐都告诉他们，比如建议经理和下属面谈时不要对面而坐，而是并肩挨着坐，让员工感觉像谈心一样。这种模拟演练让直线经理充满了信心。

欧贝特卡公司现在形成的绩效管理体系是一层一层进行的。在上一年的绩效考核过程中，形成每位员工下一年需要达到的几个最重要的目标。“实际上每个员工的考核都是不一样的，”公司人力资源及行政总监张鹏说，“由于公司分工非常细，每个员工从事的工作和其他人都不一样，或者不同员工面对的都是不同的客户，如果用同样的条条框框去框每个人的话，实际上对于他们也不公平。所以，每个岗位的标准都不一样，相同岗位上的不同员工的考核标准也不一样。正因为考核标准因人而异，所以考评时没有人会说这条不适合我。”

在具体制定员工的每一条考核标准时，直线经理和其下属都是在沟通中协商进行的。直线经理会向员工询问：“我现在给你定这些标准，你自己会有哪些评价?”公司吸取了过去的教训，以前是公司给员工硬性规定标准，员工会说“你是老板，我没办法反驳你，但我知道这条我做不到”，最后导致工作懈怠。人力资源部也不能定标准，因为人力资源部对具体部门的工作并不是很了解，员工可能会觉得定出来的目标都是小菜一碟，不用努力就能达到。“所以我一直就在想，人力资源部是否要主导绩效管理?”张鹏说，“思考的结果就是，人力资源部只是定系统，最后的实施应该是由员工和他的直接上级来完成。因为员工对自己有了解，他的直线经理对该员工的业务、能力以及公司的大环境都有了解。”

直线经理在日常工作中都会记录下属的工作情况。曾经有一个技术岗位的员工找到张鹏说：“我觉得我的能力不被我的领导看重，我有能力，但他不让我去做。”于是，张鹏找到该员工的直线经理，查看了直线经理对该员工的工作情况表单，一列是其任务，一列是其完成的状态，还有最后的结果。“我一看就明白了，员工可能是自恃过高了。他对事情的推动都没有跟进，所有的事都喜欢做，但都是无果而终。因此，直线经理说不能把重要的任务交给他。”张鹏表示，直线经理量化的考评价值正体现在这里，“如果没有的话，员工来找我，我也会无话可说。这样就避免了一些主观判断的偏差。”

资料来源：林新奇．绩效管理．2版．北京：中国人民大学出版社，2016.

问题：

1. 直线经理在绩效考核中应该发挥什么作用？
2. 直线经理和人力资源管理人员在绩效考核工作中应该如何分工？

第 5 章 目标管理法及其应用

学习目标

学完本章后，你应该能回答如下问题：

◎ 什么是目标管理法，它与目标设置理论有哪些联系？

◎ 目标管理法有哪些特点，其优点和缺点是什么？

◎ 在实践中应该如何克服目标管理法的缺点而发挥其优点？

◎ 目标管理法的操作流程是什么？

扫一扫

目标管理

开篇引例

有个学生举手问老师："老师，我现在从事保险行业的工作，目标是在 1 年内赚 100 万元！请问应该如何计划我的目标呢？"

"我们来看看你要为实现自己的目标做出多大的努力。根据提成比例，100 万元的佣金大概需要 300 万元的业绩。一年 300 万元，一个月就是 25 万元，一天就是 8 300 元。"老师说。"一天 8 300 元业绩，大概要拜访多少客户？"

学生回答："大概要 50 个客户。"

老师问："一天 50 个客户，一个月 1 500 个客户，一年就需要拜访 18 000 个客户。"

老师接着问："你现在有没有 18 000 个 A 类客户？"

学生回答："没有。"

老师说："如果没有，就要进行陌生拜访。平均一个人要谈多长时间？"

学生说："至少 20 分钟。"

老师说："每个人谈 20 分钟，一天谈 50 个人，也就是说你每天要花 16 个小时与客户交谈，还不算路途时间。请问你能不能做到?"

学生说："不能。老师，我懂了。目标不是凭空想象的，是需要凭着一个能达成的计划而定的。"

第 1 节　目标管理法的诞生与发展

一般认为目标管理法源自彼得·德鲁克于 1954 年在《管理实践》中最先提出的"目标管理"概念。彼得·德鲁克认为，"凡是工作状况和结果直接、严重地影响企业的生存和发展的部门，目标管理都是必需的"，其后又提出"目标管理和自我控制"的主张。

彼得·德鲁克指出，并不是有了工作才有目标，而是相反，有了目标才能确定每个人的工作。所以"企业的使命和任务，必须转化为目标"，如果一个领域没有目标，这个领域的工作必然会被忽视。因此管理者应该通过目标对下级进行管理，当组织最高层管理者确定了组织目标后，必须对其进行有效分解，转变成各个部门以及个人的分目标，管理者根据分目标的完成情况对下级进行考核和奖惩。

彼得·德鲁克还认为，目标管理就是先由企业制定在一定时期内期望达到的理想总目标，然后由各部门和全体员工根据总目标确定各自的分目标，并积极主动设法使之实现的一种方法。

目标管理法是建立在目标设置理论（theory of goal-setting）的基础上的。

从 20 世纪 30 年代起，心理学家就开始了对目标的研究。梅斯（Mace，1935）是研究不同类型目标对任务绩效的影响的第一位学者，但他的研究被人们忽视了，只有瑞安（Ryan）和史密斯（Smith）在其工业心理学教材中引用了梅斯的研究。洛克（E. A. Locke）在前人研究的基础上，在 1968 年正式提出了目标设置理论。瑞安指出："人类行为受有意识的目标、计划、意图、任务和喜好的影响。"[①] 此后，基于瑞安的"有意识的目标影响行为"这一观点，大量学者进一步研究了目标和任务成绩水平之间的关系，使目标设置理论的内容日趋丰富，体系日趋完善。[②]

目标设置理论认为：明确而具体的目标能够提高工作绩效；困难的目标，一旦被人们接受，会比容易的目标带来更高的工作绩效；有反馈比无反馈能够带来更高的工作绩效。

目标的具体化本身就是一种内在的推动力，如要用"将销售量提高 10%"而不是"努力提高销售量"。而且，在可能的情况下，还应有一个执行目标的时间

① Ryan T A. Intentional behavior. New York：Ronald Press，1970.

② 杨秀君．目标设置理论研究综述．心理科学，2004，27（1）.

限制，如“在6周内，降低3%的成本”。

目标应具有挑战性并可能达到。如果目标被接受，那么困难目标比简易目标会带来更好的绩效。相反，如果员工发觉目标无法达到，他们就不会接受这些目标。追求一个永远达不到的目标，员工也不会获得成就感。对自信心或能力不足的员工应给予其比自信心和能力强的员工更容易达到的目标。

还应该确保反馈。管理人员必须保证为员工提供精确的反馈，以便员工了解他达到目标的程度以及存在的差距，并按此调整努力程度或策略。最近的研究表明，反馈是促进工作的必要条件，而不仅仅是充分条件。定期反馈的一种有效方法就是通过图表描绘出某一时间的工作情况。

目标管理概念提出后，在美国迅速流传。时值第二次世界大战后西方经济由恢复时期转向迅速发展时期，企业急需采用新的方法调动员工积极性以提高竞争力，目标管理应运而生，并很快为日本、西欧国家的企业所仿效，在世界管理界大行其道。20世纪70年代初，美国白宫引入目标管理，使这种新兴技术步入了公共管理领域。在日本，20世纪60年代，日本电信电话公社、十条制纸、住友金属矿业等企业就引入了这一管理制度。在经历了1965年、1975年两次目标管理热之后，1990年日本又掀起了目标管理的新热潮。中国认识目标管理的时间相对较晚，20世纪80年代目标管理才引入中国企业。

第2节　目标管理法的内容和特点

即时案例

佳能（中国）公司同总公司一样，实行目标管理制度，该制度用于进行公司绩效计划与员工组织贡献绩效评价。不同于其他在华日资企业，佳能（中国）公司的绩效管理时间段是每年的1月1日到12月31日，目标是建立透明、公开的绩效体系。

佳能（中国）公司绩效考核目标的制定依据是自身的全球战略目标。公司每年均制定全球战略目标，之后是区域目标、分公司目标、部门目标、科室目标，最后是个人目标。员工的个人目标由上一级领导帮助设立或者参照科室目标自行设立，并且需要与公司战略相互关联。

所有目标的制定都遵循SMART原则，同公司战略目标、部门目标相符，并取得上下级双方共同认可，不能存有争议。

目标管理法不仅仅是关注组织中员工个人绩效的管理过程的一个通用名词。通常，它是一个目标设定的过程，可以通过这个过程为组织、部门、部门经理及员工建立目标。目标管理法不是一种员工行为的衡量工具；它只是试图衡量员工的有效性，或其对组织成功和目标实现的贡献（Campbell et al.，1970)。目标管理法只不过是一门技术，该技术有助于管理者与员工针对企业目标进行交流和沟通，也可以设定个人及企业的目标，同时可以通过它建立一个有效的薪酬和激励系统以及监督反馈系统（John A. Sinpson，MAI，1993）。

目标管理法的定义有很多种。在回顾主要目标管理法专家的著作后，麦康基（McConkie，1979）认为，目标管理法一般可定义为：它是一个管理过程，即为了追求相互认可的目的和目标，由上级和下属参加的协商和确立组织目标的过程；这些目的和目标是明确的、可衡量的、有时间限制的，并且要融入行动计划；进步和目标的实现在绩效考核阶段是可衡量和可监控的，这个阶段应集中于共同确定的绩效标准。理查德·斯蒂尔斯（Richard Steers）在《组织行为导论》一书中将目标管理法定义为：目标管理法是一个过程，在这个过程中，综合性组织的员工协力工作，确立共同的目标并互相协调以实现这些目标。

具体而言，所谓目标管理法，乃是一种程序或过程，它使组织中的上级和下级一起协商，根据组织的使命确定一定时期内组织的总目标，由此决定上下级的责任和分目标，并把这些目标作为组织绩效考核及考核每个部门和个人的绩效产出对组织所做贡献的标准。

彼得·德鲁克认为，任何组织的目标和部门以及个人的目标必须步调一致。虽然企业每个成员所做的贡献各不相同，但是他们的努力必须全都朝着同一方向，他们的贡献必须融成一体，以产生整体的业绩。与其他管理模式相比，目标管理法具有以下特征：

（1）目标管理法是参与管理与自我控制相结合的管理形式。在管理过程中，目标的实现者即目标的制定者，通过上下协商，制定出企业各个部门乃至每个员工的分目标；员工参与了目标制定过程，而且承诺实现目标的同时被授予了相应的权力，这无疑调动了员工的自我控制性和工作主动性。

（2）从目标管理法的整个实施过程来看，它要求注重“统一”。一方面，它强调工作和人的统一。管理者要不断挖掘员工本身所具有的自我实现的欲望，让员工从工作中获得生存的价值，更好地达成目标。另一方面，它强调个人目标和组织目标的统一。

（3）注重成果第一的方针。目标管理法注重以制定目标为起点，并且以目标实施的最终考核为终结，工作成果是评定目标完成情况的标准。由于目标管理法在一开始就制定了一套完善的目标考核体系，因此能够按照员工的工作成果如实地评价一个人。[①]

第3节 目标管理法的操作流程

彼得·德鲁克在1954年出版的《管理的实践》一书中提出了“目标管理和

① 戴维·帕卡德．惠普之道：比尔·休利特和我是如何创建公司的．北京：新华出版社，1995.

自我控制”的主张，认为“企业的目的和任务必须转化为目标。企业如果无总目标及与总目标相一致的分目标，来指导职工的生产和管理活动，则企业规模越大，人员越多，发生内耗和浪费的可能性越大”。概括地说，目标管理法就是让企业的管理人员和一般员工亲自参与工作目标的制定，在工作过程中实行“自我控制”，并努力完成工作目标的一种管理机制与制度，其主要原则如下。

（1）企业的目的和任务必须转化为现实可操作的目标，并且要由单一目标评价变为多目标评价。

（2）必须为企业各级各类人员和部门制定目标。如果一项工作没有特定的目标，这项工作就不会做好。

（3）目标管理的对象要包括从领导者到员工的所有人员，大家都要被目标控制与管理。

（4）实现目标与考核标准的一体化，即按实现目标的程度实施考核，由此决定升降奖惩和工资的高低。

（5）强调充分发挥各类人员的创造性和积极性。每个人都要积极参与目标的制定、展开和实施。领导者应允许下级根据企业的总目标设立自己参与制定的目标，以满足自我成就的需求。

（6）任何分目标都不能离开企业总目标而自行其是。在企业规模扩大和进行部门重组时，不同部门有可能会片面追求各自的目标，而这些目标未必有助于实现满足用户需要的总目标。企业总目标往往是摆好各种目标的位置，实现综合平衡的结果。

从本质上说，目标管理法要求管理人员与每位员工共同制定一套便于衡量的具体工作目标，定期与员工审查目标完成情况。要想建立一套实用的目标管理计划，你需要与下属员工一起制定目标，并定期向他们提供反馈。目标管理法是一种复杂的、涵盖整个组织的目标设立和评价体系。

要想实施目标管理法，必须执行以下流程：

（1）制定组织目标。为整个组织制定一年的工作计划，确定组织相应的目标。

（2）制定部门目标。接下来，各部门负责人在了解组织的目标（比如将利润率提高20%）之后，与上级共同制定本部门的工作目标。

（3）讨论部门目标。部门负责人就本部门的目标与下属人员展开讨论（一般是在全部门的会议上），并要求员工初步订立自己的个人目标。换言之，部门中的每位员工都要考虑：自己如何才能为本部门目标的实现做出贡献？

（4）界定预期成果（制定个人目标）。部门负责人与下属人员共同制定短期的个人绩效目标。

（5）绩效审查。部门负责人对每位员工的实际工作绩效与他们事前制定的员工个人工作目标进行比较。这一步骤能让考核者找出为什么未能达到既定的绩效目标，或为什么实际达到的绩效水平远远超出预先设定的绩效目标。这一步骤不仅有助于决定对于培训的需求，还有助于确定下一绩效考核周期的各级绩效指标。

（6）提供反馈。部门负责人与下属员工一起讨论和评价在目标实现方面所取得的成就，并制定新的绩效目标，以及为达到新的绩效目标可能采取的新战略。凡是已成功实现其绩效目标的被考核者都可以参与下一考核周期新绩效目标的设置过程。而那些没有达到既定绩效目标的被考核者，在与其直接上级进行沟通、判明困难的出现是否偶然现象、找出妨碍目标达成的原因并制定相应的解决办法和行动矫治方案后，才可以参与新一轮考核周期绩效目标的设置。①

前四个步骤实际上是上下级共同确定各个层级所要达到的绩效目标。在实施目标管理的组织中，通常是上级考核者与被考核者一起制定目标。目标主要指所期望达到的结果，以及为达到这一结果所应采取的方式、方法。

目标管理法的操作流程如图 5－1 所示。

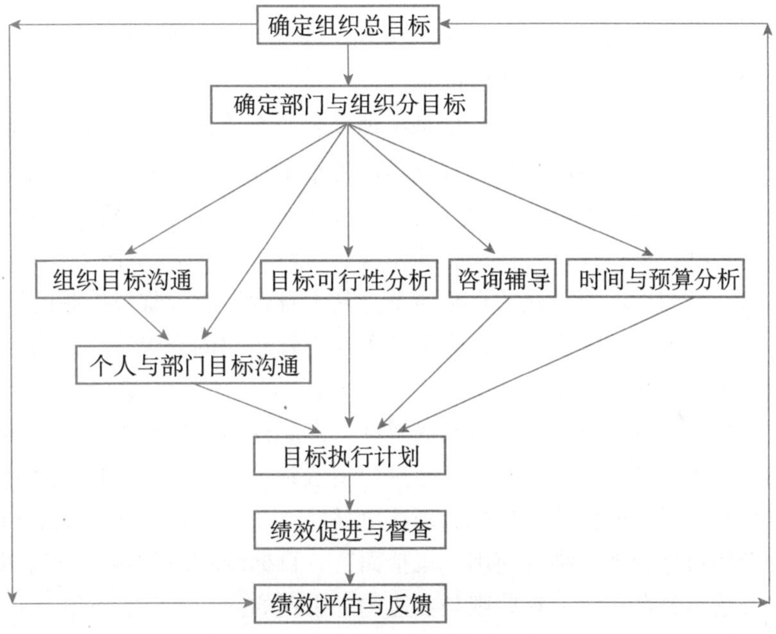

图 5－1　目标管理法的操作流程

第 4 节　目标管理法的实践评价

目标管理法具有如下优点：

第一，目标管理法使组织各级主管及成员都明确了组织的总目标、结构体系、组织的分工与合作以及各自的任务。这些方面职责的明确，使得主管人员也知道，为了完成目标必须给予下级相应的权力，而不是大权独揽，小权也不分

① 加里·德斯勒．人力资源管理：第 10 版：中国版．北京：中国人民大学出版社，2007.

散。另一方面，许多着手实施目标管理法的公司或其他组织，通常在目标管理法实施的过程中会发现组织体系存在的缺陷，从而帮助组织对自己的体系进行改造。一旦各部门及员工知道他们需要完成的目标是什么，就可以把时间和精力投入到能最大限度地实现这些目标的行为中去。

第二，目标管理法对组织内易于度量和分解的目标会带来良好的绩效。对于那些在技术上具有可分性的工作，由于责任、任务明确，目标管理法常常会起到立竿见影的效果。

第三，目标管理法调动了员工的主动性、积极性和创造性。由于强调自我控制、自我调节，将个人利益和组织利益紧密联系起来，因而提高了士气。目标管理法实际上也是一种自我管理的方式，或者说是一种引导组织成员自我管理的方式。在实施目标管理法的过程中，组织成员不再只是做工作、执行指示、等待指导和决策，而是成为有明确目标的单位或个人。一方面组织成员参与了目标的制定，并取得了组织的认可；另一方面，组织成员在努力工作实现目标的过程中，如何实现目标是自己能决定的事。

同时，目标管理法本身也是一种控制的方式，通过目标分解后的实现最终保证组织总目标实现的过程本身就是一种结果控制的方式。实行目标管理法并不是目标分解下去便没有事可做了，事实上组织高层在目标管理过程中要经常检查、对比目标，进行评比，如果有偏差就及时纠正。从另一个方面来看，一个组织如果有一套明确的可考核的目标体系，其本身就是进行监督控制的最好依据。

此外，目标管理法还促进了员工及主管之间的意见交流和相互了解，改善了组织内部的人际关系。

同时，目标管理法也有其局限性。由于目标管理法的一些局限性和实际操作的成功率不高，很多组织在实施过程中遇到了很多困难，因此运用目标管理法的组织并不多，即使运用目标管理法也是经过改进后再使用。更流行的是将平衡计分卡和目标管理法结合使用。概括而言，目标管理法的局限性有以下几个，有些是方法本身存在的，有些则是在运用中出现的。

第一，对目标管理法的理论及其应用环境认识不够。目标管理法看起来简单，但要有效地付诸实施，则要了解目标管理法的整个体系：目标管理法是什么；它怎样发挥作用；为什么要这样做；它在评价管理工作成效时起什么作用；参与目标管理法的人能得到什么好处等。

第二，容易出现目标不明确的情况。目标管理法中制定明确的目标是关键，这个明确的目标不是一个遥不可及的梦想，而是可以做到的。制定目标时要遵守SMART原则，目标还要细分到每个职能部门、每个人，现实中的情况是很多组织实行了目标管理法，组织成员却对目标没有清晰的认识，仅仅停留在口号上，没有明确的努力方向。

第三，目标管理法实施过程中往往沟通不足。沟通是有效执行目标管理法的前提，但现实中这个环节往往被管理者忽视，尤其是与下属的沟通，管理者很少把时间用在跟一线员工的沟通上。比如英国的一家面包店实施目标管理法时，由于缺乏与底层的沟通，使得包装设备落后于生产设备，产生了瓶颈效应，导致实施目标管理法并没有提高产量，后来了解到事情的真相后，首席执行官决定将与一线人员谈话列入每个星期的日程安排中。

第四，目标的短期性。现在考核的周期一般都很短，几乎所有实行目标管理法的组织中，所确定的目标都是短期的，很少有超过一年的，常常是一季度的甚至更短。强调短期效应容易导致管理者和员工为了达到目标而损害组织的长期利益。

第五，不灵活的危险。目标管理法要取得成效，就必须保持其明确性和肯定性，如果目标经常改变，就难以说明它是经过深思熟虑和周密计划的结果，这样的目标是没有意义的。但是，计划是面向未来的，而未来存在许多不确定因素，这又使得必须根据变化了的实际对目标进行修正。然而修订一个目标体系与制定一个目标体系所花费的精力相差无几，结果可能迫使主管人员不得不中途停止目标管理法的实施。

第六，片面关注财务指标，缺乏非财务方面的指标。现代企业的发展不仅应关注财务上的增长，而且应关注非财务方面的发展，如社会贡献度、员工满意度、客户满意度等，而目标管理法缺乏对这些方面的强调。

第七，目标管理法比较费时间。订立目标、衡量员工在目标实现方面的进展状况、向员工提供反馈等，这些工作会导致评价者每年必须在每一位员工身上花费不少的时间，而这通常超出了以前在对员工的工作绩效进行评价时所花的时间。

复习与思考题

1. 什么是目标管理法，它与目标设置理论有哪些联系？
2. 目标管理法有哪些特点，其优点和缺点是什么？
3. 在实践中应该如何克服目标管理法的缺点而发挥其优点？
4. 你能描述出目标管理法的操作流程吗？

参考文献

1. 林新奇．绩效考核与绩效管理．北京：清华大学出版社，2015.
2. 拉西姆，洛克，黄燕．目标设置理论．企业管理，2000（9）.
3. 博瑞森．卓有成效的目标管理．北京：中国商业出版社，2006.

案例分析

惠普公司的目标管理法

虽然目标管理法的实施原理是相通的，具体到每个公司却有着质的区别。惠普公司目标管理法的特点是“知易行难”，主要是在工作过程中培养员工的领导力，其具体内容如下。

（1）了解并信任每一位员工，这是实行目标管理法的必要前提。基于企业文化，惠普公司要求经理都要信任、尊重每个员工，并根据员工的胜任力与他们共同设定适当的目标，以最终达成企业目标。通过信任每一位员工，给予他们实现个人目标的适当权力，真正激发员工的主动性、积极性和创造性。

(2) 用 SMART 原则设定企业和员工目标。设定目标本身是一件充满挑战性的工作，正确、有效的目标在惠普公司内是采用 SMART 原则设定的。SMART 原则仅仅是设定目标的出发点，惠普公司在目标设定的过程中还会考虑到：

首先，一个好的目标要具有关联性。在企业内部，每一个目标都要具备上下关联性，为企业的整体目标服务。

其次，一个终期的目标需要由几个阶段性目标组成。通过这种方式，可以及时发现问题，进而解决问题。

最后，不能只有结果目标，还要有过程目标。对企业来说，同样重要的还有考虑包括销售平均定额、效率衡量、员工满意度、客户满意度、企业公民行为等在内的过程目标。

(3) 实践目标管理法的三要素：数据、GAP 分析和激励。任何目标的实现，都需要配套的、有效的数据采集系统，用于说明过程目标的完成情况，用来评价阶段性目标和过程目标。定期的 GAP 分析与检查是实现目标管理法的利剑。所谓 GAP 分析，就是站在某一时点上，通过分析现状和预期之间的差距，及时发现目标可能无法按时实现的风险，进而做出中肯的分析，重新找到达成目标的方法。要根据 GAP 分析与检查的结果，在每一个过程目标实现后，激发员工的主动思考能力。表现出色的要给予奖励；对没有完成任务的员工，应帮助其分析原因，激励其克服困难、迈开脚步，更好地完成工作。

惠普公司目标管理法的主要步骤有四个：

(1) 目标设定。目标的内容要兼顾结果与过程，这是根据岗位职责和公司整体目标，由主管和团队成员一起讨论确定的。

(2) 计划制定。在此过程中，主管只是对团队成员进行鼓励，不会越俎代庖；而团队成员将充分发挥创造力和想象力，对终极目标进行阶段性分解，选择最佳工作方法，并征得主管的认同。

(3) 进展总结。由主管、员工和相关团队一起，定期分析现状与预期目标的差距，找到弥补差距、完成目标的具体措施。

(4) 绩效评价。在目标任务终止期进行总体性的绩效评价：如果没有达成目标，要检讨原因；如果超出预期，或者达成了当初看上去难以完成的目标，则要分析成功的原因，并与团队分享经验。

惠普公司在实施目标管理法的过程中，要求主管始终努力创造一种氛围和机会，调动员工的主动性和潜力，激发员工追求卓越和创新的精神。主管不仅要具有足够的勇气，给员工尝试、创新的机会，同时要有敢于承担失误、承受风险的勇气，更重要的是，还必须了解每一个员工的特点，具备对时机、风险、分寸的把握和判断的能力。惠普公司的目标管理法在公司以及每个员工的发展过程中均起到了十分重要的作用。

首先，惠普公司的目标管理法有效地提高了公司的执行力。惠普公司目标管理法的过程以及每位主管在整个过程中所精心考虑的问题，使得双方可以更为准确地了解企业和自己的目标，即使员工在目标实现的过程中发现偏差，也可以得到最快的矫正，双方能在愉悦的气氛中完成自己的使命，确保每项目标的顺利实现。这样，不管是公司主管还是普通员工，都能在保证沿着公司制定的战略目标前进的同时，得到自我提升，同时也能保证公司每项决策的执行力度。

其次，目标管理法也增强了企业的凝聚力和亲和力。惠普公司的目标管理法正好与“惠普之道”密切相关，尊重员工，信任员工，使员工可以参与到企业的日常管理中，更大程度地激励员工紧密关注公司的发展，同时也减少了领导与员工的距离感。惠普公司的目标管理法也有效培养了员工的领导力。惠普公司给员工提供的是一个宽松和谐的工作环境，即使是普通员工，也必须和主管一起制定自己的目标，提出实现目标的方法，与团队和经理实时沟通，分析现状与预期的差距，找出解决方案，这样在不知不觉中就为企业培养了生力军。

最后，惠普公司的目标管理法在实践中可以真正做到不流于形式，正是这种管理模式使每位员工都充分发挥了工作主动性，在一次次解决问题的过程中培养起独立判断、自主解决问题的能力，在无形之中提升了员工的领导力，进而增强了企业的核心竞争力，实现了企业的可持续发展。

资料来源：综合网络相关资料改编而成。

问题：

1. 惠普公司是如何克服目标管理法的缺点而发挥其优点的？
2. 惠普公司导入目标管理法的指导原则是什么？
3. 你如何评价惠普公司实施目标管理法的过程和结果？

第 6 章

平衡计分卡的发展与应用

学习目标

学完本章后，你应该能回答如下问题：

◎ 平衡计分卡是如何诞生的？经历了哪些发展阶段？

◎ 如何理解平衡计分卡出现的时代背景及其意义？

◎ 平衡计分卡的主要内容是什么？应该如何理解四个维度？

◎ 应该如何理解平衡计分卡各维度之间的关系？

◎ 如何理解战略地图的概念？

◎ 应该如何分解平衡计分卡的各个维度及其指标？

◎ 实施平衡计分卡的要点有哪些？应该重点注意什么？

◎ 为什么说实施平衡计分卡的好处主要在于实施的过程之中？

扫一扫

个人平衡计分卡

开篇引例

可口可乐瑞典饮料公司（CCBS）采纳了卡普兰和诺顿的建议，从财务、客户和消费者、内部经营流程以及组织学习与成长四个方面来测量其战略行动。

在构造公司的平衡计分卡时，高层管理人员设法强调保持各方面平衡的重要性。为了达到该目的，CCBS 使用的是一个循序渐进的过程。

第一步，阐明与战略计划相关的财务措施，然后以这些措施为基础，设定财务目标并且确定为实现这些目标应当采取的行动。

第二步，在客户和消费者方面也重复该过程，在此阶段，初步的问题是：“如果打算完成财务目标，客户必须怎样看待我们？”

第三步，明确向客户和消费者转移价值所必需的内部过程。CCBS 的管理层问自己的问题是：自己是否具备足够的创新精神？自己是否愿意为了让公司以一种合适的方式发展而变革？

经过这些步骤，CCBS 能够确保各个方面达到平衡，并且所有参数和行动都会导致朝同一个方向的变化。但是，CCBS 认为在各方达到完全平衡之前有必要把不同的步骤重复几次。

在 CCBS，强调的既不是商业计划，也不是预算安排，同时也不把平衡计分卡看成一成不变的；相反，对所有问题的考虑都是动态的，每年都要不断地进行检查和修正。按照 CCBS 的说法，在推广平衡计分卡概念的过程中最大的挑战是，既要寻找各层面不同测量方法之间的适当平衡，又要确保能够获得所有将该概念推广下去所需要的信息系统。此外，要获得成功，重要的一点是每个人都要确保及时提交所有信息。信息的提交也要考虑在业绩表现里。

第 1 节　平衡计分卡的诞生与发展

平衡计分卡改变了以前绩效考核只是从财务指标入手的片面做法，而是从多个方面去关注企业的绩效：财务收益维度、市场客户维度、内部流程维度、学习成长维度等。过去的研究主要集中在如何给这四个方面设定具体指标、不同行业可能的考核指标、指标权重的差异等。今天的平衡计分卡已经发展到将战略置于中心地位，将公司的总体战略目标分解为不同的目标，并为之设定具体的绩效考核指标，通过将员工报酬与测评指标联系起来的办法促使员工采取一切必要的行动去达到这些目标。

一　传统指标的缺点

在平衡计分卡产生之前，传统的考核指标就已经存在重大的缺陷。纵观人类历史上的绩效考核，不管是古代中国的考绩与考课制度，还是近代欧洲的绩效考评与考核（从工业化开始），都侧重从某个角度去考察某个人的绩效。在平衡计分卡产生之前的 20 世纪 80 年代，各国的大公司都发现，采用传统的以财务为单一衡量指标考核企业和个人经营绩效的方法已经不能适应现代社会竞争日益激烈的环境。传统的财务指标已经妨碍了企业的进步，具体表现在以下三个方面。

（1）依靠传统的财务指标提供的信息不再能向企业高层提供切实可靠的信息。仔细研究不难发现，企业的经营绩效受很多因素的制约，仅仅依靠财务指标对人们产生了很多误导。结果人们把所有精力都放在了节约成本，然后想办法增加利润的层面。结果却事与愿违，利润不是在稳步提升，而是在不断枯竭。

（2）无形资产的地位提升和日益受到重视，大大削弱了单一财务指标作为衡量企业绩效的代表性。现在企业财务指标已经将无形资产纳入指标体系，但在当时，财务指标更多地侧重有形资产的考核和管理。

（3）企业自身的发展与社会的发展相对应。一开始，企业的首要任务就是搞好生产，以求低成本、大批量地供应产品，满足巨大的社会需求。因此，那时的企业是以生产为中心的。随着形势的发展，企业不仅需要提供高质量、低成本的产品，还需要注重销售问题，企业的中心也就由一个变为两个。

到了20世纪末，企业面对的是全球性的竞争，顾客的要求也更挑剔、更多样，这就要求企业关注需求分析、产品创新设计、生产制造、市场营销、售后服务等各方面的问题。为了与企业的职能变化相适应，企业的组织结构也随之改变。也就是说，企业的职能范围越来越广，企业的组织结构也越来越复杂，构建于简单企业基础之上的管理控制体系越来越力不从心。此外，精益生产、准时生产、制造资源计划、世界级制造、全面质量管理等先进管理技术的发展对管理控制体系也提出了更高的要求。在这种情况下，客观环境要求我们去寻求一种更好的考核方法。摆在我们面前的问题是：如何用一种新的方法，比单一财务指标更有效地去考核企业和个人绩效？

1992年，卡普兰和诺顿在对绩效测评方面处于领先地位的12家公司进行了为期一年的研究之后，在《哈佛商业评论》上发表第一篇关于平衡计分卡的论文——《绩效考核：平衡计分卡方法》，正式提出了平衡计分卡这一概念。平衡计分卡是一种将传统的财务指标与非财务指标相结合来评价组织绩效的方法，因其可以给管理者提供更广泛、更丰富的管理及决策信息，实际上还是一种战略管理工具。

调查表明，截至2004年，《财富》世界1 000强企业组织中超过55%开发了平衡计分卡系统。2005年3月，平衡计分卡的创始人卡普兰来到中国“布道”平衡计分卡，掀起了一股平衡计分卡旋风，许多组织对平衡计分卡产生了浓厚的兴趣。目前，大多数管理咨询公司在指导各类组织的战略实施及绩效提升的过程中，普遍使用平衡计分卡的理论及分析框架。

二 第一代平衡计分卡

20世纪80年代末卡普兰和诺顿发现，企业单纯依靠财务指标进行绩效考核存在很多问题，过度关注财务指标会引发企业的短期行为，进而损害企业的长期利益，甚至给企业带来毁灭性的打击。因此，他们在1992年发表在《哈佛商业评论》的文章中提出了平衡计分卡的概念。他们建议从多个角度来审视企业的绩效，强调绩效考核既要看结果，更要注重过程，即设置均衡的衡量指标体系。

在这个阶段，卡普兰和诺顿建立了平衡计分卡的逻辑框架，即从财务指标和非财务指标两个方面来综合衡量绩效。该方法从四个维度关注企业绩效：财务收益维度、市场客户维度、内部流程维度、学习成长维度，然后选择那些与具体的战略目标相连的指标来组成整个测量体系。因此，整个平衡计分卡体系实际上反映了多种平衡关系：短期和长期目标、财务和非财务指标、滞后和前置指标、外部和内部业绩视角。但是他们并没有对什么是平衡计分卡进行清楚的定义。这时平衡计分卡是作为一种绩效评价的改进工具来使用的，以弥补传统目标管理法在业绩指标体系设计方面的弊端。

早期的平衡计分卡关注战略和愿景，但是没有说明如何有效设计和使用平衡计分卡。因为组织中的指标纷繁复杂，卡普兰和诺顿没有说明在设计平衡计分卡时如何进行指标的过滤（也就是选择一小部分具体的指标来进行测量）和分类（也就是决定如何把测量指标分成维度）。当时他们仅仅建议“设计考核指标要以企业战略和愿景为导向”，并给出了一些提示性的问题供企业参考，如“为了让客户和股东满意，我们要完善和做好哪些业务流程”等，但没有具体提出一套具有可操作性的方法和工具来提炼衡量指标。显然，这种方式缺乏系统性和可操作性，不利于平衡计分卡在企业中的应用。很多企业在设计平衡计分卡时陷入迷茫，这对平衡计分卡的适用性提出了很大的挑战。

三　第二代平衡计分卡

针对平衡计分卡难以操作的缺陷，卡普兰和诺顿对平衡计分卡进行了第一次重大改进。

这次改进的一个关注点是因果联系。由于早期关于平衡计分卡内部因果联系的阐述不足，卡普兰和诺顿在 1996 年发表了两篇文章，分别阐述了测量指标之间以及战略目标之间的因果联系。当时，他们建立了“战略联系模型”（在他们 2004 年的文章中称为“战略地图”）来展示和阐述战略目标之间的联系，帮助企业识别需要进行考核的行为和结果，要求根据战略目标来确定一系列指标体系中的关键指标。这导致平衡计分卡的设计流程发生了重大改变，对如何进行指标过滤和分类的问题提供了指导。同时，由于强调指标之间的因果关联性，不同部门的指标有所不同，使平衡计分卡体系由此成为一个有机整体。经过这次发展，平衡计分卡从“改进的测量系统”发展成为“核心管理系统”（core management system）。

同时，在这次改进中，卡普兰和诺顿为了强调平衡计分卡对组织战略管理的支持，提出平衡计分卡是战略管理系统的核心要素，战略是衡量指标体系的灵魂。他们强调绩效衡量指标应该反映企业特有的战略意图，企业应设置具有战略意义的衡量指标体系。战略地图是一种能够帮助企业明晰战略、沟通战略的有效工具。

四　第三代平衡计分卡

有学者认为，第一代平衡计分卡关注的是指标选择的过滤问题，第二代平衡计分卡关注的是指标选择的分类问题。但在实践中，很多开发平衡计分卡的组织发现在测量指标的选择和目标设定，以及如何理性地由较高层次的平衡计分卡推衍出较低层次的平衡计分卡方面存在严重问题。很多企业的管理流程都存在缺乏一致性的问题，管理体系分散，没有整合成一体化的管理体系，导致战略难以落地。

卡普兰和诺顿对平衡计分卡再一次进行了重大改进。这次改进主要体现为设计方法上的重大变化。详细说来，就是对模型本身以及各种指标进行重新确认和定义，有了这些具体明确的陈述，管理者可以据此来进行选择与发展，不必参考其他指标。

在第三代平衡计分卡中，卡普兰和诺顿提出了目标陈述（destination statement）的概念，作为选择战略目标、测量指标和进行目标设置的出发点。目标陈述是一种描述，包括对组织在未来应是什么样的量化和细节的描述。通过目标陈述，战略目标的选择、因果假设的阐述都变得更加容易，管理团队也能更迅速地达成一致。

通过这次改进，平衡计分卡上升为战略性绩效管理体系，成为战略执行的工具。它强调企业应建立基于平衡计分卡的战略管理体系，帮助公司统一管理思想和战略执行方向，调动企业所有的人力、财力和物力等资源，集中起来协调一致地去达到企业的战略目标。

综上所述，第一代平衡计分卡提出了平衡计分卡的逻辑框架，主要作为一种绩效评价的改进工具。第二代平衡计分卡用战略地图建立了战略目标之间的因果联系。第三代平衡计分卡提出了目标陈述的概念，将平衡计分卡发展成为一种战略执行工具。虽然平衡计分卡在内容上发生了很大的变化，但是卡普兰和诺顿最初提出的平衡的理念始终没有变化。

五 第四代平衡计分卡

卡普兰和诺顿在对战略执行明星企业进行研究的过程中发现，企业的价值来源于企业具体的协同过程，通过跨部门运作产生协同效应，通过财务收益、市场客户、内部流程和学习成长四个维度内部和之间的协同，来实现企业的战略。

因此，第四代平衡计分卡强调通过组织内外的协调创造企业合力，即用平衡计分卡帮助企业澄清战略，并把公司的战略重点同各业务和职能单位、董事长、关键客户、关键供应商以及联盟合作伙伴做有效沟通。企业的平衡计分卡为企业高层提供一整套治理框架，并帮助企业挖掘组织协调所产生的价值。

第 2 节　平衡计分卡的结构及内容

平衡计分卡以企业战略为基础，将各种衡量方法整合为一个有机的整体，既包含财务收益指标，又包含市场客户、内部流程、学习成长等业务指标，使得企业能够一方面追踪财务结果，另一方面密切关注能使企业提高能力并获得未来增长潜力的无形资产等方面的进展，这样就使企业既具有反映“硬件”的财务指标，同时又具备能在竞争中取胜的“软件”指标。

平衡计分卡是使企业战略落地的工具。它最突出的特点就是将企业的愿景、使命和发展战略与企业的业绩评价体系联系起来，把企业的使命和战略转变为具体的目标和测评指标，以实现战略和绩效的有机结合。

即时案例

苹果公司设计的平衡计分法使高级管理层的注意力集中到一个能使讨论范围不再局限于毛利、股权报酬率和市场份额的战略上。一个对苹果公司管理层的战略思想十分熟悉的小型指导委员会，从5个方面——选择应当集中的测评类型，并在每种类型中确定若干种测评办法。在财务收益方面，苹果公司强调股东价值；在市场客户方面，苹果公司强调市场份额和客户满意度；在内部流程方面，苹果公司强调核心能力；在学习成长方面，苹果公司强调雇员态度。

一 平衡计分卡的基本结构

发展到现在，平衡计分卡的基本指标体系大体如图6-1所示。

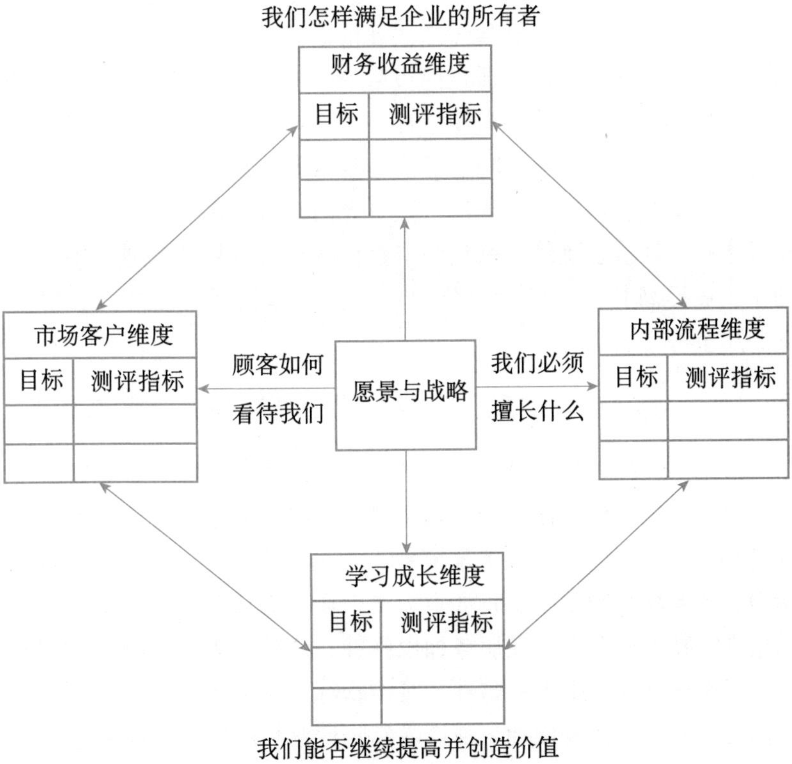

图6-1 平衡计分卡的基本结构

（一）财务收益维度——我们怎样满足企业的所有者

作为市场主体，企业必须以盈利作为生存和发展的基础。企业各个方面的改善只是实现目标的手段，而不是目标本身。企业所有的改善最终都应该归于财务目标的达成。平衡计分卡将财务方面作为所有目标评价的焦点。如果说每项评价方法都是综合绩效评价制度这条纽带的一部分，那么因果链上的结果还是归于提高财务绩效。其他三个维度只是实现目标的手段，而不是目标本身。财务收益维度包括各种利润指标，如资产收益率、销售增长率、现金流量等。

（二）市场客户维度——顾客如何看待我们

企业为了获得长远的财务业绩，就必须创造出让客户满意的产品和服务。平衡计分卡给出了两个层次的绩效评价指标：一是企业在客户服务方面期望达到绩效而必须完成的各项目标，主要包括市场份额、客户保有率、客户获得率、客户满意度等。二是针对第一层次各项目标进行逐层细分，选定具体的评价指标，形成具体的绩效考核量表，包括提供给顾客的产品和服务等。平衡计分卡在该维度提供如下指标：顾客满意度、顾客保持力、顾客反应时间、市场份额等，并针对这些指标进行逐层分解以形成具体的绩效考核量表。

（三）内部流程维度——我们必须擅长什么

这是平衡计分卡突破传统绩效评价框架的显著特征之一。传统绩效评价虽然加入了生产提前期、产品质量回报率等，但是往往停留在单一部门绩效上，仅靠改造这些指标，只能帮助组织生存下去，却不能形成组织独特的竞争优势。平衡计分卡从满足投资者和客户需要的角度出发，从价值链上针对内部的业务流程进行分析，提出了四种绩效属性：质量导向评价、基于时间的评价、柔性导向评价和成本指标评价。这使平衡计分卡在传统绩效考核的基础上有了很大的提升，有助于企业提高其独特的竞争优势。具体指标包括产品开发、售后服务、生产效率、质量等方面。

（四）学习成长维度——我们能否继续提高并创造价值

这个方面的观点为其他领域的绩效突破提供手段。平衡计分卡实施的目的和特点之一就是避免短期行为，强调对未来投资的重要性，同时并不局限于传统的设备改造升级，更注重员工系统和业务流程的投资。例如，注重分析满足需求的能力和现有能力的差距，将注意力集中在内部技能和能力上，这些差距将通过员工培训、技术改造、产品服务加以弥补。该维度为其他维度的提高提供保障，也突出了平衡计分卡平衡的特性。具体指标有员工素质、信息系统、组织程序、应变能力、新产品开发周期、新产品销售比率和流程改进效率等。

二　平衡计分卡的四个平衡

与传统的绩效考核工具相比，平衡计分卡强调实现以下四个平衡：

第一，财务与非财务的平衡。要求既从财务又从非财务的角度去思考企业战略目标及考核指标。

第二，短期与长期的平衡。要求既关注短期战略目标与绩效指标，也关注长期战略目标与绩效指标。

第三，前置与滞后的平衡。平衡计分卡提供了一个从上而下的时间思考维度，既关注那些能反映过去绩效的滞后指标，也关注能反映、预测未来绩效的前置指标；既要明确目前的财务指标在很大程度上是上一周期公司行为的结果，又要明确公司现在采用新技术后，财务指标又将是下一年度经营效率的目标和经营行为的结果。

第四，内部与外部的平衡。关注公司内外的利益相关方，有效实现外部（例如，客户和股东）与内部（例如，流程和员工）之间的平衡。一方面，一个好的内部流程对于任何公司都非常重要，它可能与公司外部没有太多联系；另一方面，公司在市场上建立的客户形象和客户关系也非常重要。这两个方面都反映在平衡计分卡中。

在企业实践过程中，平衡计分卡的思路主要集中在财务收益、市场客户、内部流程、学习成长这四个维度在各行各业的运用上，其重点设计领域包含三个方面：（1）这四个维度的权重如何设置？（2）这四个维度之下应该分设哪些指标？（3）分设指标的权重应该如何安排？

三　平衡计分卡的不断发展

在平衡计分卡的最初发展过程中，大家关注的视角主要局限在平衡计分卡的四个维度上，指标标准化问题一直没有得到重视。同时，不同行业有不同行业的特色，对不同行业，专家和学者都提出了一套平衡计分卡。在不同阶段，各企业采用的平衡计分卡千差万别，运用的方式也各具特色，这就使得平衡计分卡种类样式繁多，没有一个统一的模式，不利于进一步的总结、推广与研究。因此，平衡计分卡的标准化势在必行。阿特金森（Atkinson）等意识到了这一点，提倡把进一步研究平衡计分卡的重点放在确定那些关系到平衡计分卡成败的关键因素上。哈特姆·艾尔-希希尼（Hatem El-Shishini）也认为有必要对某些平衡计分卡的指标达成共识。也就是说，需要对环境、企业以及平衡计分卡本身做深入研究，在此基础上挖掘出比较全面的、基础的、具有普遍性的、与企业业绩紧密相关的、得到广泛认可的关键指标。这些指标是从普遍现象中抽象出来的，不针对任何特定的国家、行业或企业，却是一个标准的平衡计分卡体系的基石。这一时段的研究没有实质性的突破，阿特金森等人的努力其实就是在百家争鸣的所有研究中去挖掘共性，现在看来，这种挖掘还在不断进行，因为各国的不同行业在指标设置上不可能完全相同，相同行业企业的指标权重也不完全一致。

在这之后，平衡计分卡又经历了一次质的飞跃。首先是职能上的延伸，主要表现在两个方面。一方面是要求根据战略目标来确定一系列指标体系中的关键指标，这导致平衡计分卡的设计流程发生了重大改变。在企业的实践表现为：要运用平衡计分卡，必须先明确企业的战略，然后再结合非战略的其他因素，根据实际设定适合本企业的平衡计分卡体系。在这一阶段，平衡计分卡不再仅仅是一种绩效考核工具，而是有了另外一个职能——战略落地的工具。同时，工作分析势必与平衡计分卡紧密联系。虽然平衡计分卡是战略落地的工具，但是平衡计分卡本身却不能直接将战略落地，工作分析就成为平衡计分卡将战略落地的工具。也就是说，在实际操作中分解企业战略的制度层面是依赖工作分析的。另一方面，专家和学者不再孤立地对待平衡计分卡的四个维度，而是进行了大量的指标间的关联研究。由于强调指标之间的因果关联性，虽然不同部门的指标有所不同，但平衡计分卡体系由此成为一个有机整体。经过这次发展，平衡计分卡不再仅仅用于管理控制（或者说业绩考核），同时成为一种战略控制工具。

平衡计分卡不仅仅是一种绩效考核工具，更是一种战略管理工具，因此应该在高层管理人员承诺和支持以及强有力的领导之下，将其提升到战略管理高度加以实施。

平衡计分卡通过绩效考核四个方面的指标之间的因果驱动关系共同描绘组织战略的实施轨迹，并且通过绩效考核的计划—实施—管理过程契合组织战略的制定—实施—修正过程，使绩效考核与战略管理实现统一。平衡计分卡中每一项指标都是一系列因果关系中的一环，通过它们把相关部门的目标同组织的战略联系在一起；而驱动关系则反映了各方面指标所代表的业绩结果与业绩驱动因素的双重含义，也就是通过指标之间的前馈指导与后馈控制关系，实施战略管理。

第 3 节　平衡计分卡的设计和操作

基于平衡计分卡的指标体系一般都是针对企业整体的，也就是说其评价的对象是企业而非企业内的某个部门或岗位。但是平衡计分卡不能只停留在企业整体层面，而应该分解到各部门以及各岗位。否则，企业的战略就只是企业高层管理者的战略而已，难以真正落实到各部门以及各岗位，因此完整的平衡计分卡指标体系应分解为三个层次：企业层次、部门层次和岗位层次。

一　将企业级的绩效指标分解到各个部门

目前做这项工作的方法有两种：一种是把各部门看作一个个虚拟的企业，分别为每个部门单独制定出平衡计分卡四个维度的绩效指标。例如，对于人力资源部，财务收益指标是该部门的费用率等；市场客户指标是各部门对其满意度等；

内部流程指标是招聘流程、培训流程等；学习成长指标是内部年人均培训时间、部门内员工满意度等。另一种是由不同的部门来分别承担企业级平衡计分卡不同维度的不同指标，例如，财务收益指标由销售部门和服务部门承担，内部流程指标由生产部门承担，学习成长指标由人力资源管理部门承担等。

将企业级平衡计分卡合理分解到各部门的正确做法是，在企业级平衡计分卡各维度的绩效指标设计好之后对每一个指标进行分析，然后将它们分成三类：企业通用指标、部门通用指标、部门专用指标。企业通用指标的特征是企业内部各部门皆对其负有或多或少的责任，例如财务收益维度中的收入指标和利润指标、市场客户维度中的客户满意度指标、学习成长维度中的员工满意度指标和人均利润指标等。部门通用指标的特征是某两个或多个部门对其负有或多或少的责任，例如内部流程维度中的质量指标、学习成长维度中的关键员工保持率等。部门专用指标的特征是某个部门对其负有全部责任。将已划分好的企业通用指标、部门通用指标和部门专用指标分别归入与其相对应的部门，便可得到每一个部门的部门级平衡计分卡。

二　将部门级的绩效指标分解到各个岗位

部门级各维度的绩效指标设计好之后，要对每一个指标进行分析，然后将它们分成三类：部门通用指标、岗位通用指标和岗位专用指标，然后再把已划分好的这些指标分别归入与其相对应的工作岗位，便可以得到每个岗位的平衡计分卡。

根据平衡计分卡的四个维度，常见的指标如图 6－2 所示。

三　实施平衡计分卡的步骤

第一，明确企业的使命、愿景和战略。明晰企业的愿景，有助于管理者就企业的使命和战略达成共识，确定企业的平衡计分卡（包括财务收益、市场客户、内部流程、学习成长四个维度）。

第二，进行战略目标沟通，使各级经理在组织中就战略要求进行上下沟通，并把企业战略目标与各部门及个人的目标联系起来。即将企业基于战略分解的平衡计分卡目标落实到各部门的平衡计分卡中，再落实到关键经理和关键员工层面。

第三，进行基于战略的业务规划。经理们利用平衡计分卡所制定的雄心勃勃的目标作为分配资源和确定先后顺序的依据，采取能推动企业实现长期战略发展目标的措施，并注意协调。

第四，在企业、部门和个人层面建立反馈机制、绩效考核和能力发展模型，赋予公司战略性的战略学习能力。

第五，建立浮动薪酬的绩效激励系统，与企业、部门和个人层面挂钩，激励

财务收益维度	市场客户维度
• 利润率 • 现金流量 • 收入增长 • 项目效益 • 毛利率 • 回款率 • 税后净利润 • 净现值	• 市场份额 • 用户排名调查 • 新客户的增加 • 客户保有率 • 客户满意度 • 品牌形象/识别 • 服务差错率
内部流程维度	**学习成长维度**
• 产品（服务）质量 • 产品开发创新 • 事故回应速度 • 安全与环境影响 • 劳动生产率 • 设计开发周期 • 生产周期 • 生产计划 • 预测准确率 • 项目完成指标 • 关键员工流失率	• 新服务收入所占比例 • 员工满意度 • 改善提高效率指数 • 关键技能的发展 • 继任计划 • 领导能力的发展 • 人均创收 • 员工建议数 • 新产品上市时间 • 新产品收入所占比例

图 6－2　平衡计分卡四个维度常见指标举例

员工发挥积极主动性，将自己的目标与公司战略保持一致，更好地执行企业战略，使企业获得长期发展。

归纳起来，要想成功实施平衡计分卡，其决定性因素如下：

（1）最重要的一条是最高管理层的决心、支持和推动。平衡计分卡是一个战略管理系统，不只是一个人力资源管理项目。

（2）人力资源管理部门的地位需要提升到战略高度，使之成为企业高层管理者的合作伙伴。

（3）要设定与企业战略相连接的合适的目标、指标、行动计划和任务，特别是关键要素和行为流程。

（4）要整合并理顺相关的组织结构和流程，强化跨部门团队合作，实施有效的信息技术系统，减少行政干涉。

第 4 节　平衡计分卡的实践困境

信息时代企业的成功，依赖于对知识资产的持续投资和管理，依赖于从职能专业化向基于顾客的流程运作的转变。顾客需求的日趋个性化和多样化，要求不断提高系统的柔性、快速响应能力、创新和优质服务水平。产品与服务的创新和改进将日益取决于员工职业化技能的提高、先进信息技术的应用和组织内部关键流程的协同作用。当企业实施这一转变时，其成功（或失败）是不能用传统的、短期性的财务指标衡量的，由此产生了建立平衡计分卡的必要性。

在 1992 年卡普兰和诺顿在《哈佛商业评论》上发表了第一篇关于平衡计分卡的论文以后，平衡计分卡开始受到企业界的关注。在谈到绩效测量时，企业界和学术界都围绕着平衡计分卡来讨论，平衡计分卡似乎已作为一种完美、成熟的绩效测量工具普遍使用。的确，据 2003 年平衡计分卡合作协会调查统计显示，在世界范围内有 73%的受访企业正在或计划实施平衡计分卡。但是，几乎所有应用平衡计分卡进行绩效测量的企业都因在实施中遇到很大阻碍而迷惑不解。通过深入研究绩效测量的本质与平衡计分卡在绩效测量方面的能力，我们发现了造成这些困难的一些深层次原因。

平衡计分卡发明人卡普兰教授 2003 年 3 月在上海做讲座时特别提醒中国的企业管理者：平衡计分卡这一工具的好处不只在于它给公司带来的商业成果，更在于它实施的过程。平衡计分卡的实施需要公司所有中高层管理者的参与：全体经理人同心一致，共同制定公司的经营战略，从财务收益、市场客户、内部流程以及学习成长四个领域全面考虑企业经营的方方面面。

发展到现在，由于企业面临的外部环境日趋复杂，推行平衡计分卡不再像以前那样得心应手，具体表现在以下几个方面。

（1）不同行业的绩效考核维度有所差异，某些 KPI 可能不属于那四个大的维度，于是企业选择增加某些维度，这时一定要谨慎。因为如果增加不当就会使人觉得平衡计分卡只是将组织所有的指标进行了综合和分类，这有悖于发明平衡计分卡的强调战略和关键成功因素的初衷。

（2）现在，平衡计分卡不是简单的指标汇集，其指标可分成前置指标和滞后指标两种类型，这两种指标反映了手段与目的或者原因和结果的关系。如顾客满意是财务业绩的前置指标，又是及时送达的滞后指标。但是在实际应用中可能由于因果链太多使指标间的关联过于复杂，使得这种表达方式并不完美，开发人员在顾客是否满意上总是可以发现某些争议。平衡计分卡的指标，一部分可能适用于每个经营单元，一部分则可能是某个经营单元所独有的。这些独有的指标相当重要，因为它们反映了相应经营单元的特有战略。然而，进行多部门评价的管理者常常会低估甚至忽略这些特别的指标。这种认识上的局限，会极大地降低平衡计分卡在抓住经营单元特性方面的卓越潜力。

（3）将目标转换成可以计量的业绩指标，对管理者来说具有挑战性。要求这些指标必须是可控的和完整的，即应当抓住业绩的重要方面，而要做到这一点是不容易的。指标应当反映部门的真实情况，但是在大多数情况下这种理想是不能实现的，因为总是存在一些不可控的因素。完整性和可控性常常是矛盾均衡的需要。当两个或者更多的下属经营单元相互依赖时，这时的绩效就比较难衡量，因为相互依赖使追踪每项决策的成本和相应的效益比较困难。

在实际操作中，一个企业尤其是大的集团公司内的绩效考核往往是各种考核方法的结合：以目标管理法为出发点，以平衡计分卡为考核框架，以关键业绩指标来细化具体指标。

(4) 目前成功实施绩效管理的组织的特性还不是很清楚，还有待于进一步深入研究在大型/综合性组织、那些有潜力获得最多利益的组织中阻碍采用先进的绩效管理系统的因素，进一步明确阻碍成功实施平衡计分卡的因素，更好地完善平衡计分卡系统。

(5) 平衡计分卡在实际应用中样式繁多，没有统一的标准化模式。如何在不同的国家、不同的行业、不同规模的企业中成功引入和实施平衡计分卡仍然具有很大的发展空间。目前已经有很多学者开始关注如何在IT行业、高校、研发部门等知识导向的行业和部门中以及医疗保健等非营利组织中开发、改进和实施平衡计分卡。而且，如何对平衡计分卡进行标准化，以不变应万变也成为学者们研究的一个焦点。

(6) 平衡计分卡已经由最初的绩效考核工具发展成为一种战略管理工具，它的应用范围已经不仅仅局限于绩效管理领域。如何进一步拓展平衡计分卡的应用范围，将平衡计分卡植入组织管理环节的方方面面，在组织管理的整个过程及核心竞争力的获取和维持方面发挥作用也成为平衡计分卡未来发展的一个重要方向。

(7) 从平衡计分卡最初提出到现在，全球经济环境以及组织环境已经发生了很大的变化。随着知识经济的到来，组织的内外环境更加复杂，组织所面临的竞争也更加激烈，组织考核的方式以及目标正在发生巨大的变化。因此平衡计分卡如何更好地应对知识经济的挑战也成为学者们关注的一个热点问题。

(8) 平衡计分卡的实施难度大，要求企业具有明确的组织战略，高层管理者具有分解和沟通战略的能力和意愿，中高层管理者具有指标创新的能力和意愿。同时，平衡计分卡的工作量极大，除了要有对于战略的深刻理解，还需要消耗大量精力和时间把它分解到部门和岗位，并找出恰当的指标。最后，值得指出的是，平衡计分卡也许不一定完全适合对个人的考核。相比成本和收益，没有必要把平衡计分卡应用到个人层面。对于个人而言，绩效考核要求易于理解，易于操作，易于管理。

复习与思考题

1. 分析平衡计分卡诞生的背景，简述其发展历程。

2. 平衡计分卡的指导思想是什么？基本内容是什么？有何联系？

3. 平衡计分卡的操作要点是什么？它在企业中应该怎样实施？

4. 为什么说平衡计分卡的好处“不只在于它给公司带来的商业成果，更在于它实施的过程”？

5. 分析平衡计分卡与其他绩效管理技术方法之间的关系。

参考文献

1. 卡普兰，诺顿．平衡计分卡战略实践．北京：中国人民大学出版社，

2009.

2. Niven. 平衡计分卡演进：一种动态的战略执行方法．北京：人民邮电出版社，2016.

3. 尼文．平衡计分卡实用手册：第 2 版．北京：清华大学出版社，2013.

案例分析

万科公司的平衡计分卡

万科公司平衡计分卡的具体内容有四个方面。

(1) 财务层面。财务报表体现公司的经营结果，但平衡计分卡的财务层面不仅如此。万科用净利润、集团资源回报率考核各一线公司，这只是一个方面；同时，各一线公司还要证明在上述财务指标之外，实现了价值的增值，这些价值不以实际利润的形式存在，但能影响一段时期的收益。财务层面的具体考核指标详见表 6-1。

表 6-1　财务层面考核指标

考核目的	具体考核指标
实现项目预期利润	项目净利润
提高项目盈利能力	集团资源回报率、项目销售毛利率、项目销售额、销售均价
控制成本费用，优化成本结构	土地成本比重、单方建安成本、单方管理费用、单方销售费用
提高项目资金利用率，保证资金平衡和现金畅通	土地储备周转率、单位开发面积的资金成本、应收账款回收期、商品达到可销售状态时间、每年可销售商品房数量

(2) 客户层面。客户是企业利润的根本来源，理应成为企业关注的焦点。平衡计分卡客户层面的核心就是向客户提供所需的产品和服务，从而满足客户需要，提高企业竞争力。“客户是我们永远的伙伴”被列在万科价值观的第一条，是对万科平衡计分卡客户层面的总结性阐释。万科成立了万客会会员俱乐部，以此增进同客户之间的关系，该俱乐部被誉为“万科的第五专业”的客户关系中心。同时，万科每年定期举行万科社区业主运动会——万运会，不仅体现了万科“全心全意全为您”的服务理念，同时提高了现有客户的满意度与忠诚度。客户层面的具体考核指标详见表 6-2。

表 6-2　客户层面考核指标

考核目的	具体考核指标
了解目标市场与客户	目标与区域市场占有率、产品结构合理性
提供客户满意的产品与服务	客户满意度、客户推荐购买率、客户忠诚度
提升企业形象，增加产品附加值	媒体宣传覆盖率、品牌认知度与影响力
创造良好外部关系	合作方满意度

(3) 内部流程层面。确定经营优势及核心竞争力是内部流程层面的核心。房地产企业理应选出具有最大影响的业务程序(包括影响项目进度、质量、服务和开发效率的各种因素),创造自身的核心竞争力,根据业务流程在企业的各管理环节中设立具体指标,形成测评体系。这一点上,万科侧重于对产品、市场和客户的把握,不断进行创新设计,努力实现产品差异化战略带来的经济效益。内部流程层面的具体考核指标详见表6-3。

表6-3 内部流程层面考核指标

考核目的	具体考核指标
提高项目设计水平	市场与产品的把握能力、出图时间、设计创新
加强项目开发能力与业务拓展能力	业务区域拓展、土地储备率
明确合理的开发节奏与计划,有效降低风险	开工、开盘、入住时间,抵押贷款,提供融资抵押物、资金解决方案
缩短工程周期,提高工程质量,实现资源整合	竣工时间、现场管理组织架构、工程合格率、企业资源共享度

(4) 学习成长层面。保证企业的持续发展是学习成长层面的核心内容。企业的成长与员工能力素质和企业竞争力的提高息息相关,从长远来看,企业唯有不断学习与创新,才能实现长远的发展。万科的运作与管理系统、职业经理人和企业文化构成了万科平衡计分卡的这一层面。学习成长层面的具体考核指标详见表6-4。

表6-4 学习成长层面考核指标

考核目的	具体考核指标
提高人才储备管理水平	员工培训比率与周期、储备人才比率
优化人力资源配备	主要职位合格人数比率、主要岗位人才满意度
创造和谐的工作氛围,支持战略执行	员工满意度、员工岗位交叉培训度

问题:

1. 平衡计分卡与传统的绩效评价方法有何区别?
2. 结合案例解释,运用平衡计分卡进行绩效评价存在哪些优点?
3. 如何构建平衡计分卡为企业绩效评价服务?
4. 房地产企业在应用平衡计分卡设计绩效评价系统时存在哪些问题?

第 7 章 KPI 的概念与应用

学习目标

学完本章后，你应该能回答如下问题：

◎ 什么是 KPI，它的含义是什么，你是怎样理解的？
◎ 你认为什么样的指标可以看作 KPI？
◎ KPI 体系有什么特点？它的设计思路有哪些？
◎ 应该如何实施 KPI 体系？主要有哪些步骤？
◎ 在 KPI 体系设计过程中，应该遵循什么样的原则要求？

扫一扫

绩效考核指标

开篇引例

KPI 是平安公司内使用频率最高的一个词。不仅公司高层讨论问题、制定决策少不了 KPI，总公司、专业公司及各分支机构的月度经营检讨会更是专门围绕 KPI 展开，KPI 已经深入到平安经营管理的各个方面。KPI 的设计决定绩效考核的科学合理性。平安鲜明的赏罚制度得以长期贯彻，很大程度上缘于 KPI 根据客观情况和经营管理的不同需要来调整，随着条件的变化不断更新。例如，市场竞争不规范、企业经营状况不理想、代理人市场管理不严等因素使得近年来保费应收率居高不下，给平安造成了较大损失，而且隐含了极大的风险，因此，保费应收率就要列入目前产险 KPI 体系，而在国外这一矛盾并不突出，保费应收率就不列为 KPI。

平安强调 KPI 设计对工作有指导性，即不但要知道 KPI 的状况，还要弄清形成这种状况的原因，从而对症下药去改善它。例如，某段时间产险的整体赔付率上升，接下来就要分析是哪几家机构的赔付率高、哪几个险种的赔付率高、哪类风险使赔付率升高等，从而提出有针对性的控制办法和改善策略。

平安注重 KPI 监测管理的时效性，发生问题后及时提出办法加以解决，减少损失。平安的 KPI 分析基本是根据财务、统计报表数据人工计算，本月数据往往在下月 15 天左右才可拿出 KPI 分析报告。这种时效性和分析手段显然是不足的，于是平安着力建立管理信息系统，逐步变滞后信息为即时信息，变完全依赖人工分析为主要指标电脑自动计算显示，变完全由报告人讲解分析为听报告人分析与有关人员随时查询相结合；同时，扩大 KPI 分析结果的享用范围，使 KPI 管理更有成效。

KPI 的考核结果与奖惩紧密挂钩。通过对 KPI 的监测、分析，把形成 KPI 各种状态的责任与有关人员的考核奖惩紧密挂钩，更有效地促进各级各类人员真正关心 KPI 状态，并想办法加以改善。KPI 管理的基础是“专业化分工”经营管理，建立以效益为主，运用业务创新、技术创新、服务制胜为主的战略机制。其最核心的是财务核算与监管制度的建立巩固，不但建立起突出保险业务总收入、人均保费、百元保费利润率、业务费用率、资金运用收益率和承保理赔管理的量化考核体系，同时健全财务综合分析制度，突出财务对业务发展的引导与约束作用。

第 1 节　KPI 的概念、特征与选择

一　KPI 的概念

对 KPI 这一概念的理解有广义和狭义之分。

按照狭义的理解，KPI 主要是通过对组织及个体 KPI 的设立，在层层分解量化的基础上，建立 KPI 体系，从而获得个体对组织所做贡献的评价依据，实现对组织重点活动及其核心效果的直接控制和衡量。

按照广义的理解，KPI 是通过提取组织成功的关键因素，并通过目标管理的方式，不断分解和传导到基层单位，从而确保组织战略目标实现的一种绩效管理方法。企业实施 KPI 的目的，是建立一种机制，将企业战略转化为内部管理过程和活动，以不断增强企业的核心竞争力和可持续发展的动力。由企业的宏观战略目标经过层层分解而产生可操作性的战术目标，这种战略与战术相结合的指标体系，既可以反映战略执行的效果，也可以对战略决策的执行效果进行监测，所以 KPI 在狭义的理解上是一种指标体系，在广义的理解上则是一种融合结果与过程的管理体系。

KPI 所体现的衡量内容最终取决于组织的战略目标，它是对组织战略目标的进一步细化和发展，并随着组织战略目标的发展演变而调整。总体上看，KPI 是从组织战略出发，以事实为基础，从最高目标向下层层分解，建立团队和个人的

绩效衡量指标体系，以制定并检查绩效计划、促进行动过程、实现绩效结果，使各个绩效链条朝预期方向发展，促进组织目标达成的一项绩效管理工具。所以，KPI 使绩效管理体系不仅成为一种激励约束的手段，更成为一种战略实施的工具。

二　KPI 的特征与选择

通常认为，区别于一般的绩效指标，KPI 必须具备如下几个基本特征：

（1）关键性。所选 KPI 必须对公司的整体价值和业务重点影响相对重大，即具有关键性。

（2）可衡量性。KPI 必须有明确的定义、计算方法、评分标准以及数据采集方法，易操作且不易产生歧义。

（3）可控性。KPI 的责任主体应对指标具有较强的控制能力，也就是说，员工能通过行动来影响指标结果，促使指标值朝着战略指引的方向发展。

关于 KPI 的特征，研究者提出了许多观点。比如戴维·帕门特（David Parmenter）认为[①]，KPI 应该具备以下几个特征：要被组织上下熟知；应该实时地被衡量，比如每天一次甚至每小时一次；员工应该明白绩效的衡量标准，而且必须清楚需要采取怎样的正确行动；与绩效指标相对应的责任要落实到团队或个人；对于企业而言非常重要；积极的行动会作用于许多其他指标，并且这些作用都是正面的。

韦恩·埃克森（Wayne Eckerson）提出了关于 KPI 的十个主要特征[②]，肯特·鲍尔（Kent Bauer）则提供了如何利用这十个特征来判别某一指标是不是 KPI 的思路。[③] 肯特·鲍尔的创新之处在于他在这十个特征的基础上构建了 KPI 选择矩阵，并运用供应链管理案例帮助我们理解如何运用这个矩阵。

肯特·鲍尔认为，从供应链管理领域提取 KPI 的最大挑战在于从中确认出重要的战略驱动指标，他在文章中介绍了供应链管理领域四个主要的候选 KPI。

（1）响应时间指标（时间维度）。

1）关注：减少供应链响应时间。

2）公式：完成整个产品供给循环所花费的时间（以小时计）。

3）描述：与公司的客户战略相匹配；有效的数据；战略驱动；具有层级性。

（2）可见性指标（过程有效性维度）。

1）关注：在供应链渠道中识别出产品和它们的位置。

2）公式：利用存货管理系统定位产品所花费的时间（以分钟计）。

3）描述：与销售/物流部门的战略相匹配，以增加产品透明度（主要是为了

---

① Parmenter D. Crunchy KPIs. Management，2004（12）.

② Eckerson W. Ten characteristics of a good KPI. [2017-07-30]. http：//www.gerke.com/documents/ten_characteristics_of_a_good_kpi_pd_dw.pdf.

③ Bauer K. KPIs：not all metrics are created equal. DM Review，2004（12）.

使产品能够被无线射频识别（RFID）① 技术识别出来）；有效的数据；功能驱动；不具有层级性。

（3）生产率指标（生产率维度）。

1）关注：在供应链运营中提高资源的利用率。

2）公式：运输每吨产品时用在仓库/物流/销售上的时间（以小时计）。

3）描述：与公司的生产战略相匹配；有效的数据；战略驱动；具有层级性。

（4）损失率指标（利润率维度）。

1）关注：减少由于盗窃和损坏造成的损失。

2）公式：产品的损失÷所有的运费。

3）描述：与销售/物流部门的战略相匹配，以减少成本；有效的数据；功能驱动；不具有层级性。

肯特·鲍尔认为，现在的主要挑战在于如何从上述建议的一系列自助餐式指标体系中挑选出适宜的KPI。为解决该问题，他构建了KPI选择矩阵，如表7-1所示。

表7-1 KPI选择矩阵

特征	候选的KPI			
	维度一	维度二	维度三	维度四
	减少供应链响应时间	提高产品在渠道中的透明度	提高员工的劳动生产率	降低产品损失率
	响应时间指标	可见性指标	生产率指标	损失率指标
战略价值驱动因素	YES	功能驱动	YES	功能驱动
由高管确定的	YES	功能性定义	YES	功能性定义
在组织上下形成层级结构	YES	NO	YES	NO
基于公司标准	YES	特定功能	YES	特定功能
基于有效数据	YES	YES	YES	YES
易于理解	YES	YES	YES	YES
总是恰当的	YES	YES	YES	YES
提供未来绩效的情境	YES	YES	YES	YES
让使用者充满动力	YES	YES	YES	YES
产生积极结果	YES	YES	YES	YES
结论：是不是KPI	KPI	普通指标	KPI	普通指标

资料来源：Bauer K. KPIs：not all metrics are created equal. DM Review，2004（12）；Bauer K. KPIs：the metrics that drive performance management. DM Review，2004（9）.

从矩阵的横向来看是四个候选的KPI，从矩阵的纵向来看则是韦恩·埃克森

① RFID是一种非接触式的自动识别技术，它通过射频信号自动识别目标对象并获取相关数据，识别工作无须人工干预，可用于各种恶劣环境。RFID技术可识别高速运动的物体并可同时识别多个标签，操作快捷方便。短距离射频产品不怕油渍、灰尘污染等恶劣的环境，可在这样的环境中替代条形码，例如用在工厂的流水线上跟踪物体。长距射频产品多用于交通，识别距离可达几十米，如自动收费或识别车辆身份等。

提出的KPI所应具备的十个主要特征。

从上面的KPI选择矩阵中我们可以发现，可见性指标和损失率指标更加关注过程，并且是物流/销售部门所特有的，而不是整个公司的，即它们不完全具备KPI的十个主要特征，所以不属于KPI。与之相反，响应时间指标和生产率指标关注战略层面，并且与整个组织战略相匹配，因此是KPI。其实不管对于哪一种候选的KPI，肯特·鲍尔认为，都可以很方便地通过上面的矩阵来判断其是不是KPI。

KPI还可以形成KPI库。KPI库指的是一个公司、单位或部门所有KPI的集合，但它并不是一个简单、随机的组合。好的KPI库应该具备如下特征。

(1) 系统性。KPI库中的指标组合应能全面、完整地反映公司或部门及各职位的战略目标和业务重点。同时所有职位的KPI都应包含在KPI库中，没有遗漏。

(2) 唯一性。KPI库中的各个指标是唯一的，不能有两个同样的指标出现在同一个库中。同时，每一个KPI应能独立地反映一项战略目标或业务重点的全部或某一方面。

(3) 关联性。KPI库的各指标之间应具有一定的关联性，而不是孤立地存在，指标之间应具有承接或支持关系。例如，在一个公司的KPI库中，如果仅有订单保障率而没有产品库存成本是没有意义的。

KPI体系的构成有两个特征是必须认真把握的：一个是指标的关键性；一个是分层分类。人们一般都比较关注其关键性特征，而往往忽略了其分层分类的特征。

所谓分层分类，是指KPI在不同的层级和类别，其具备的特征和意义是不同的。根据组织层级与业务类别或人员类别的不同，应该设计相对应的KPI。比如一个企业往往有总公司层级、子公司或分公司层级、基层一线单位层级，也有高级领导部门、中级管理部门、具体业务岗位，各岗位也有其等级划分；有经营领导型的工作类别，也有职能管理型的工作类别，更有制造、研发、市场营销等一线业务工作类别。所有这些类别与层级，因其特征与意义不同，KPI的设计便具有了分层分类的要求，而不能简单地上下对应和左右附和。

表7-2是某公司指标库中关于人力资源管理的指标体系表。

表7-2 某公司指标库中关于人力资源管理的指标体系表

序号	指标	指标定义	功能	考核依据
1	员工增加率	(本期员工数－上期员工数)/上期员工数	检测周期内员工增加的比例	
2	员工结构比例	各层级员工的比例分配状况	检测人力资源结构的合理性	
3	关键人才流失率	一定周期内流失的关键人才数/公司关键人才总数	检测公司关键人才的流失情况	

续表

序号	指标	指标定义	功能	考核依据
4	工资增加率	（本期员工平均工资一上期员工平均工资）/上期员工平均工资	检测工资增加情况	
5	人力资源培训完成率	周期内人力资源培训次数/计划总次数	检测人力资源管理部门培训计划的执行情况	
6	部门员工出勤情况	部门员工出勤人数/部门员工总数	检测部门员工的出勤情况	
7	薪酬总量控制的有效性	一定周期内实际发放的薪酬总额/计划预算总额	检测人力资源管理部门在薪酬总额控制方面的有效性	
8	人才引进完成率	一定周期实际引进人才总数/计划引进人才总数	检测人力资源管理部门的招聘计划完成情况	
9	考核工作完成的及时性、准确性	公司绩效考核完成是否及时、准确	检测人力资源管理部门在绩效考核方面的有效性	
10	其他（略）			

三　KPI 体系举例

图 7－1 至图 7－5 举例介绍了实践中所形成的总公司层级、职能部门层级、具体工作岗位的 KPI 体系，供研习参考。

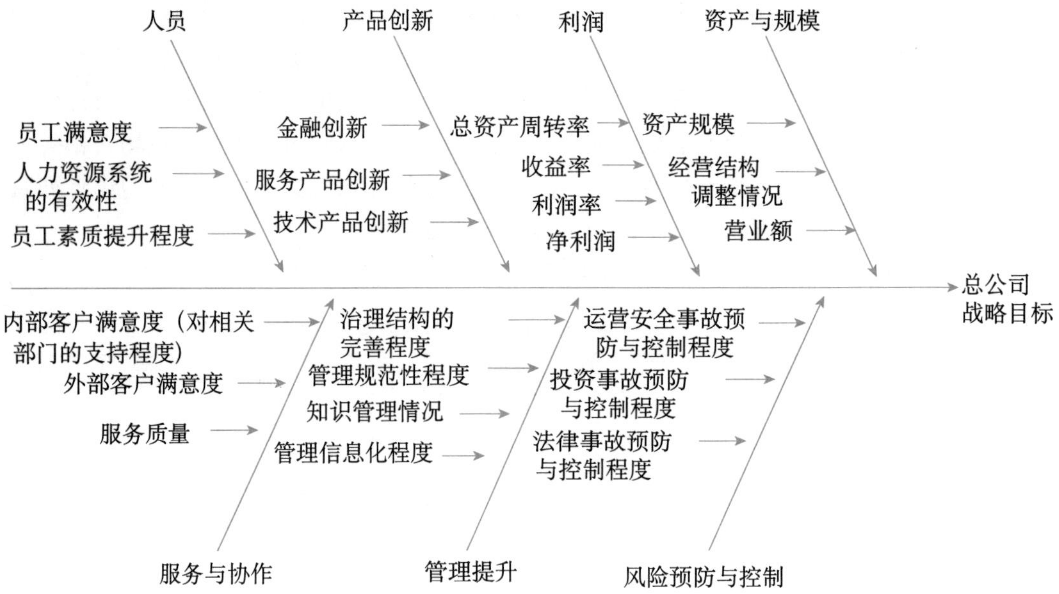

图 7－1　某集团总公司层级战略 KPI 体系

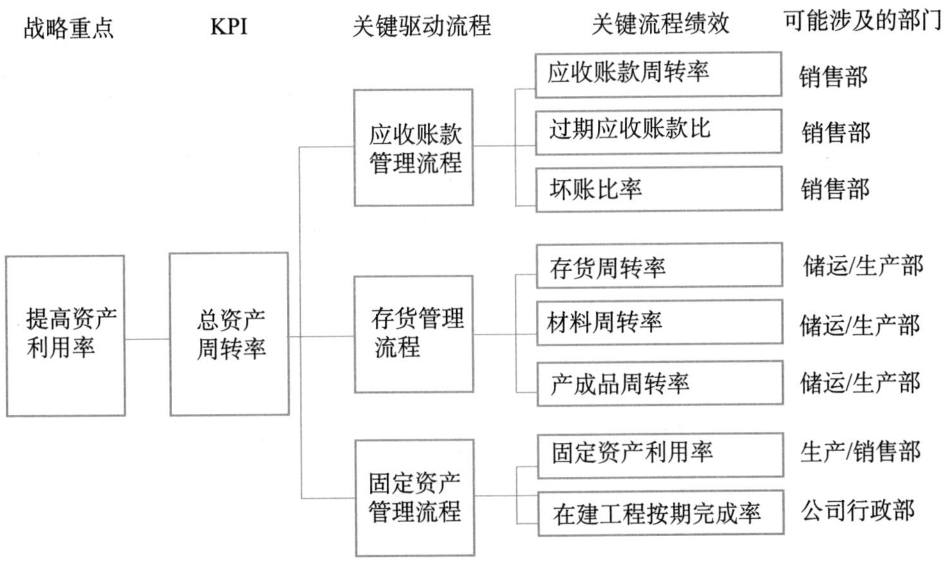

图 7－2　某公司关键流程 KPI 分解示例

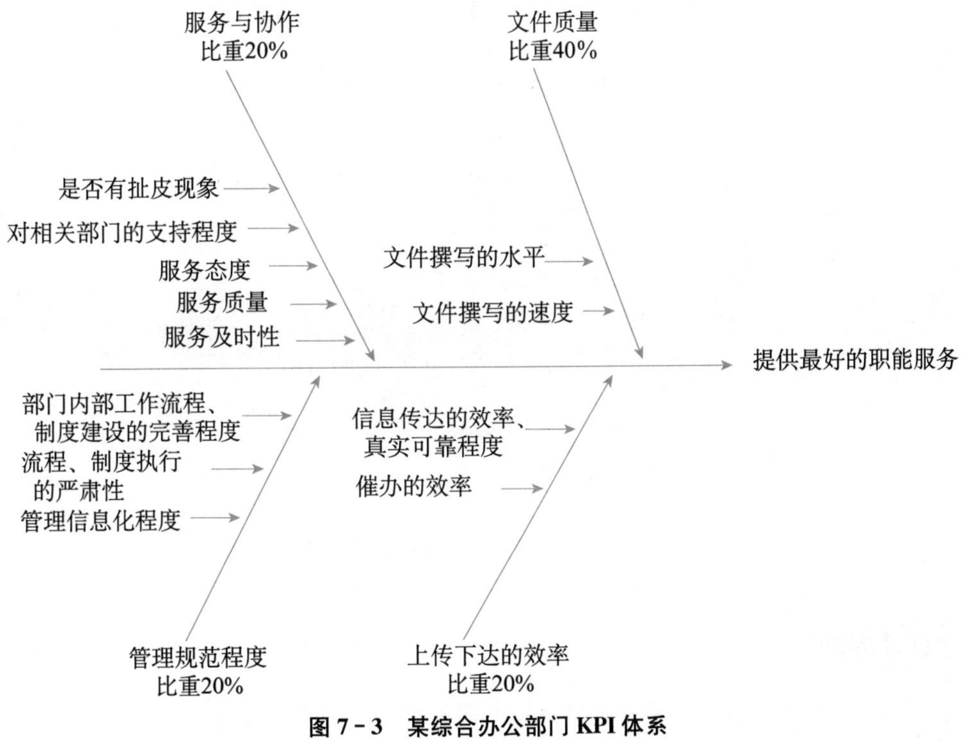

图 7－3　某综合办公部门 KPI 体系

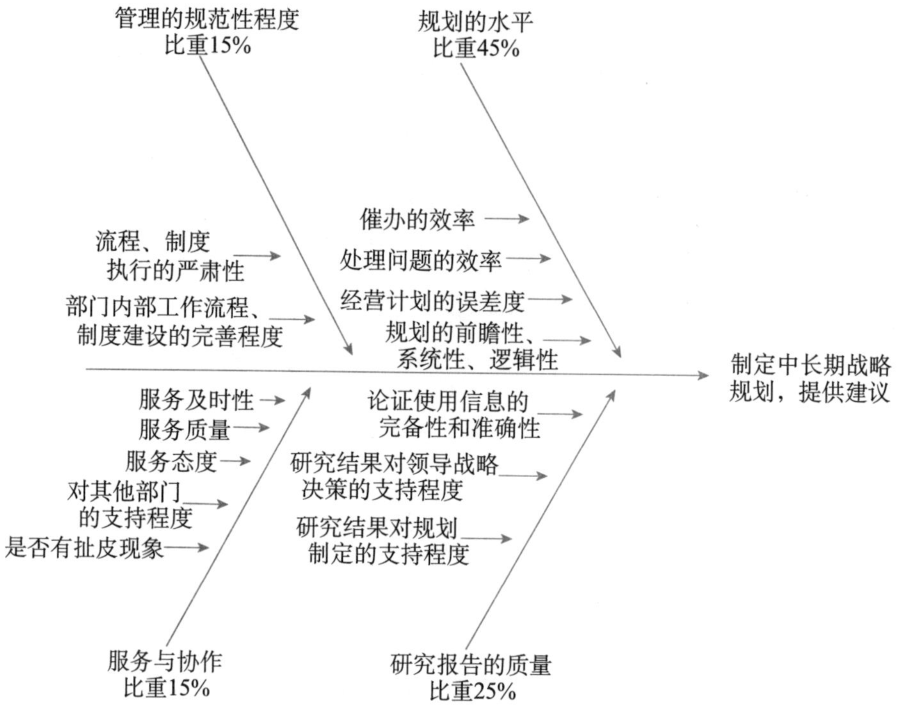

图 7－4　某研究规划部门 KPI 指标

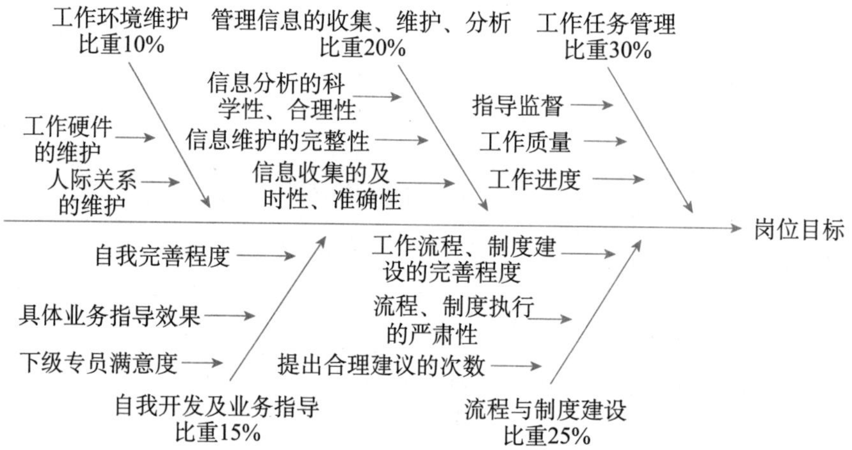

图 7－5　某业务主管岗位 KPI 指标

即时案例

大众汽车公司基于集团公司内部的管理，设置了最核心的 9 项 KPI，这些指标来自集团的战略目标，分别是：

(1) 客户交付 (deliveries to customers)。

(2) 销售收入 (sales revenue)。

(3) 经营业绩 (operating result)。

(4) 营业收入 (operating return on sales)。

(5) 汽车事业部研发比 (research and development ratio (R&D ratio) in the automotive division)。

(6) 汽车事业部资本投资与销售收入的比率 (capex/sales revenue in the automotive division)。

(7) 汽车事业部净现金流 (net cash flow in the automotive division)。

(8) 汽车事业部的流动性净额 (net liquidity in the automotive division)。

(9) 汽车事业部的投资回报率 (return on investment (ROI) in the automotive division)。

第2节 KPI体系的设计思路

肯特·鲍尔指出[①]，KPI是衡量公司运营情况是否良好的指标体系，可以此来确保处于公司不同层级的每一个人都能步调一致地向着共同的目标和战略前进，而且KPI也提供了在整个公司范围内全体员工合作和协调的焦点。

肯特·鲍尔认为，选择和设计KPI并不像听起来那么容易。在目前的市场环境下，任何时候要引进企业资源计划、供应链管理、客户关系管理和绩效管理等系统，公司管理人员都将面临如何从众多指标中选出15～20个KPI，如何从这些看似普通的指标当中区分出KPI，如何确保这些选择出来的KPI就是公司运营的重要驱动因素等问题；而且，还要考虑如何平衡长期目标和短期目标，以及是否有数据来支持这些指标等难题。

因此，肯特·鲍尔认为，在寻求如何回答这些问题的过程中，我们应该首先对KPI的基本定义有深刻的理解。他认为KPI是一些可以计量的指标，用来衡量组织在实现目标过程中所产生的绩效。KPI反映的是战略价值驱动因素，而不是仅仅衡量那些无关紧要的商业活动和过程。KPI涵盖了组织的所有层级（企业级、部门级和个人级），而且每个层级都有非常明确的目标体系与衡量标准以跟踪组织的运行过程。同时，KPI也确保了公司中每个人都在为实现共同的目标而努力。任何绩效管理计划能否成功，关键是看公司是否选择了正确的KPI。因此在脑海中形成这样的观念是非常重要的：所有的KPI都是指标，但并非所有的指标都是KPI。

公司管理人员必须意识到，“KPI只用来衡量那些非常重要且监控组织运行状况是否良好的少数活动和过程”；同时，在设计KPI的过程中还要关注以下几个方面的问题，多做一些深入的思考：

(1) 需要衡量什么？

---

① Bauer K. KPIs: the metrics that drive performance management. DM Review, 2004 (12).

(2) 需要设计多少个指标?

(3) 需要多久衡量一次?

(4) 什么可以解释这些指标?

(5) 这些指标的复杂性应该达到什么程度?

(6) 如何使这些指标规范化?

(7) 如何保证这些指标能够对公司战略目标的实现起到积极的推动作用?

公司在选择和设计 KPI 时必须确保这些指标反映了公司的战略驱动因素,并且始终与组织的愿景和目标保持一致。换句话说,KPI 必须源于组织的愿景(见图 7-6)。

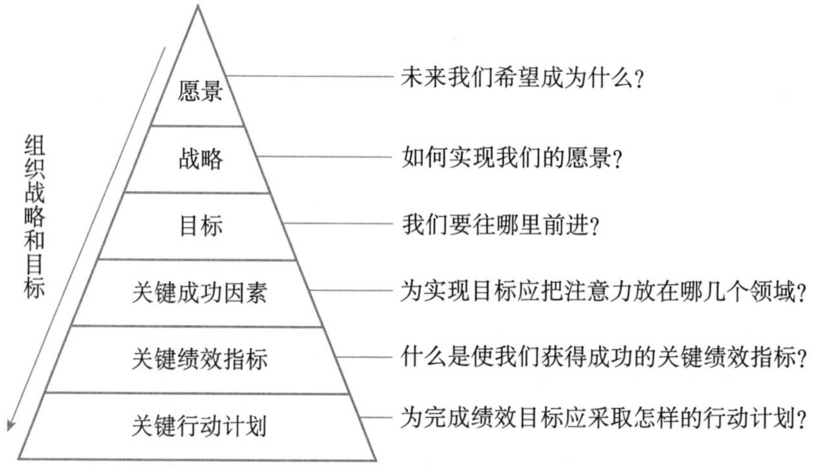

图 7-6 KPI 的设计思路

从图 7-6 我们可以看到,要把公司的愿景转化为 KPI 和关键行动计划,必须经过一系列的中间步骤——确定公司的战略、目标和关键成功因素。仅仅知道要往哪里前进并以此为依据来选择相关的 KPI 是不够的。未来的愿景(使命)必须得到战略、目标、关键成功因素、KPI 和关键行动计划的支持。

由于 KPI 体系要涵盖组织的每个层级,因此在构建 KPI 体系时,首先要找出企业级 KPI,接着各部门主管需要根据企业级 KPI 建立部门级 KPI,然后各部门主管再将 KPI 进一步细分,分解为各具体岗位的 KPI,最后还要为 KPI 体系设立相应的衡量标准。

此外,在设计 KPI 时还应该注意以下几点:

(1) KPI 不是设计得越多越好。戴维·帕门特认为一个组织设计 10～20 个指标就足够了。史蒂夫·费尔托维奇(Steve Feltovich)也指出,在设计 KPI 时,限制 KPI 的数量是很有必要的,这样才能确保组织中的每个人都能够把焦点集中在实现共同的目标上。

(2) KPI 并不能使公司收到立竿见影的效果,而且它们往往是公司管理过程中经常被忽略的重要因素。史蒂夫·费尔托维奇特别指出:其实管理人员可以充分利用 KPI 作为“胡萝卜”来激励员工,使他们能够如期完成整个公司框架之内的预定目标。

(3) KPI只是公司取得成功的重要因素之一，而不是全部。这一点史蒂夫·费尔托维奇特别做了说明。他认为不要指望设计好了KPI就万事大吉，就一定能够实现预期的目标，还必须有一个非常清晰、现实的战略和一支优秀的管理团队来维系公司的成功。①

那么在具体的设计过程中，什么样的指标才能成为KPI?

韦恩·埃克森指出②，一个KPI一定是一个指标，但是一个指标并不一定就是一个KPI。它们之间的主要区别在于KPI反映的是组织战略驱动因素，而普通指标可能仅仅是任何一项商业活动的衡量指标。

我们必须时刻清楚KPI需要同时具备十个不同的特征，而一个普通指标可能只具备其中的几个。因此在设计KPI时要注意它们是否具备以下十个特征。

(1) 反映了战略价值的驱动因素。KPI反映和衡量的是公司战略价值的主要驱动因素。有效的驱动因素意味着这样的行动：如果它们被正确地执行下去，就能够确保公司未来获得成功。有效的驱动因素能够使组织朝着正确的方向前进以实现规定的财务目标和组织目标，比如有效的驱动因素可能是较高的顾客满意度、较好的产品质量等。

但是在很多情况下，KPI并不是一些财务指标。确切地说，KPI反映了对公司财务状况影响最大的几个领域内的运行状况。KPI往往是关于公司财务绩效方面的一些领先而非落后指标。相反，大部分财务指标（尤其是那些出现在公司的月度报告或者年度报告中的）多半是落后指标。

(2) KPI是由高层管理者确定的。在公司召开的计划会议上，高层管理者往往会决定组织短期和长期的战略方向，并以此为依据来确定衡量组织绩效的KPI。

(3) KPI在组织上下形成一个层级结构（企业级、部门级、个人）。在每个组织的每个层级中的每个小组都要由一些管理者来管理，他们需要召开战略计划会议来确定小组中关键的驱动因素、目标和计划。在一些相对较低的层级上，这些驱动因素、目标和计划往往是更高层级的驱动因素、目标和计划的传递和分解。

(4) KPI是建立在公司标准的基础之上的。

(5) KPI是基于有效数据的。很多高层管理人员发现，为关键的价值驱动因素设计KPI非常容易。事实上，很多组织也已经建立起一套衡量组织未来成功的指标体系。遗憾的是，知道衡量什么与实际会衡量什么往往是两码事。在高层管理人员最终确定KPI之前，他们需要向技术分析人员询问能否利用当前已经获得的数据计算出指标值以及这些数据是否已经准确到可以传递有效的结果。但技术

① Parmenter D. Crunchy KPIs. Management，2004 (12)；Feltovich S. The power of KPIs. ABRN，2005 (9).

② Eckerson W. Ten characteristics of a good KPI. [2017-07-30]. http：//www.gerke.com/documents/ten_characteristics_of_a_good_kpi_pd_dw.pdf.

分析人员给出的答案往往是不能！在这种情况下，高层管理人员就需要投入资金收集新的数据或者删掉那些无用的数据，甚至需要重新设计 KPI。

（6）KPI 必须是易于理解的。员工必须知道哪些是将要衡量的以及它们是怎么计算出来的，更重要的是，员工必须知道他们能做什么（或不能做什么）以积极影响 KPI。这就意味着仅仅公布一个评分表是不够的。管理人员必须让员工明白哪些绩效将被跟踪，并且要让员工经常得到反馈以保证他们能够理解并采取相应的行动。

（7）KPI 经常是恰当的。为确保 KPI 能够持续提高绩效，必须周期性地审核 KPI 来判断其是否有用和恰当。因为在多数情况下，KPI 都是有生命周期的。在最初引进的时候，它使员工在工作时充满旺盛的斗志，并且提高了绩效。但是过了一段时间，KPI 就失去了它的效用，这时可能就需要重新设计 KPI。目前一般是每季度重新审视 KPI 并加以修订。

（8）KPI 能够提供未来绩效的情境。普通的指标往往只提供一些反映绩效的数字，KPI 则把绩效放在一定的情境当中。它根据预期设定的目标来评价绩效的好坏。主要可以通过以下几种形式来表达未来绩效的情境：

1）门槛（可接受的绩效的上下限）。

2）目标（预先设定的目标，例如每个季度增加 10%的新客户）。

3）基准。大多数的 KPI 也指明了绩效的方向，或者是“上升”“下降”，或者是“不变”。

（9）KPI 能够让使用者充满动力。为使 KPI 有效，KPI 必须与奖金联系起来。目前将近 40%的公司在实施 KPI 的时候重新设计了奖金体系。此外，在 KPI 没有审核完之前千万不要与奖金挂钩。在 KPI 取得预期效果之前必须做适当修改或重新设计。

（10）KPI 能够产生积极的结果。最后，KPI 应该产生预期的结果——提高绩效。遗憾的是，许多组织让小组独立地设计 KPI，这使得各个小组之间的 KPI 可能发生冲突并对组织产生破坏性的结果。

韦恩·埃克森最后指出：一个组织可能会有成百上千个指标，但是只有少数的几个 KPI 能够使员工把注意力集中在那些为组织创造最大价值的关键活动上。KPI 实际上也是一种沟通工具，它们使高层管理者能够向员工传递组织使命和组织所关注的方面，并引起员工的注意。当 KPI 贯穿整个组织的各个层级时，就能确保层级上的每个人步调一致地沿着正确的方向前进并实现组织价值的最大化。

总体而言，KPI 判断中最重要、最需要把握的要点起码有如下几条：

首先，KPI 来自对公司战略目标的分解，是对重点经营活动的衡量，是对公司价值、利润影响很大的关键指标。

其次，KPI 是对绩效构成中可控部分的衡量，而且 KPI 的选择必须有明确的定义和计算方法，易于取得可靠和公正的初始数据，同时指标能有效进行量化和比较。

再次，KPI 在实际绩效考核中具有敏感性，即 KPI 应该能正确区分出绩效的优劣。

最后，KPI是一个完整的系统。在这个系统中，组织、经理和员工全部参与进来，经理和员工通过沟通，将企业的战略、经理的职责、管理的方式和手段以及员工的绩效目标等管理的基本内容确定下来，在持续不断沟通的前提下，经理帮助员工清除工作过程中的障碍，提供必要的支持、指导和帮助，与员工一起共同完成绩效目标，从而实现组织的愿景规划和战略目标。

战略导向的KPI体系与一般绩效考核体系的区别如表7-3所示。

表7-3　战略导向的KPI体系与一般绩效考核体系的区别

项目	战略导向的KPI体系	一般绩效考核体系
假设前提	假定人们会采取必要的行动努力达到事先确定的目标	假定人们不会主动（也不知道）采取行动以实现目标；制定和实施战略与普通员工无关
考核目的	以战略为中心，指标体系的设计和运用都是为战略服务的	以控制为中心，为了更有效地控制个人的行为
指标来源	来源于组织的战略目标与外部竞争的需要	来源于对过去行为和绩效的修正
指标产生	在组织内部自上而下对战略目标层层分解而产生指标	通常是自下而上根据个人以往的绩效与目标而产生指标
指标的构成和作用	财务指标与非财务指标相结合；关注长期发展，兼顾短期效益；指标传达结果，也传达产生结果的过程	注重财务指标，忽视非财务指标；注重对过去绩效的评价；绩效改进与战略需要脱节
价值分配体系与战略的关系	与KPI的值与权重相搭配，有助于推动组织战略的实施	与个人绩效密切相关，与组织战略关系不大

从表7-3可以看到，KPI体系特别强调其在企业战略中的重要作用。第一，作为公司战略目标的分解，KPI的制定会有力地推动公司战略在各单位、各部门得到执行；第二，KPI使上下级对职位工作职责和关键绩效要求有了更清晰的共识，能确保各层、各类人员的努力方向一致；第三，KPI为绩效管理提供了透明、客观、可衡量的基础；第四，作为关键经营活动的绩效反映，KPI可以帮助各职位员工集中精力处理对公司战略具有最大驱动力的问题；第五，通过定期测算和回顾KPI的执行结果，管理人员能清晰地了解经营领域的关键绩效参数，及时诊断存在的问题，采取行动加以改进。①

所以，KPI体系的出发点就是将指标作为牵引所期望的行为和结果的内在动力，成为激励产生所期望业绩的风向标，注重把企业战略有效地转化为企业的内部管理过程，尽量采用各种能有效量化的指标来反映最终结果，并转化为企业员

① 汪红丽．KPI体系的战略逻辑．企业改革与管理，2005（4）．

工的具体行动。KPI 体系不仅能够成为企业员工行为的约束机制，同时能够发挥战略导向的牵引作用。战略导向的 KPI 体系在评价、监督员工行为的同时，强调了战略在绩效管理过程中的核心作用。

第 3 节　KPI 的设计流程和步骤

一　KPI 设计原则

鉴于 KPI 体系的特点及其在企业战略中的作用，在设计 KPI 时应遵循以下原则。

（1）目标导向。KPI 必须是依据公司总体目标及上级目标设立的部门或个人的具体目标。

（2）可操作性。KPI 必须从技术上保证指标的可操作性，对每一指标都必须给予明确的定义，建立完善的信息收集渠道。同时，应简单明了，易被执行人理解和接受。

（3）目标的平衡性。涉及相关部门的配合和相互支持协助的目标，由相关部门结合流程共同协调制定。当然，很多指标之间是相关的、交叉的、重叠的，或对立的，指标既要全面、科学，更要聚焦、有效。

（4）具有控制力。被考核者应对 KPI 的达成具有相当的控制能力。在订立目标及进行绩效考核时，应考虑任职者是否能控制该指标的结果，如果任职者不能控制，则该指标就不能作为任职者的绩效衡量指标。

（5）执行原则。KPI 考核能否成功关键在于执行，企业应该形成强有力的执行文化，不断消除在实施 KPI 考核过程中的各种困难和障碍，使 KPI 考核真正成为推动企业管理创新和提升效益的有效手段。

（6）SMART 原则。KPI 指标的设定应遵循 SMART 原则，即具体的、可衡量的、可达到的、现实的、有时限的。

运用 KPI 方法进行公司关键指标的设立和分解，要遵循 SMART 原则。在对公司价值链进行分析的基础上，根据公司使命和战略目标确定公司的关键结果领域，针对每一个关键结果领域制定 KPI，对每一个 KPI 设计下一层 KPI，直至岗位 KPI，从而保证公司战略的层层分解和落实。要分析和构建各指标之间的逻辑关系，并对各指标进行属性测试，建立 KPI 辞典。

二　KPI 设计程序

应用于员工考核的 KPI 体系，其建立过程可分为两大部分。

第一部分：进行总体性指标分解。首先要明确企业的战略目标，利用头脑风暴法和鱼骨图分析法找出企业的业务重点，找出这些关键业务领域的 KPI，即企业级 KPI；接着，依据企业级 KPI 建立部门级 KPI，并对相应部门的 KPI 进行分解，确定相关的要素目标，分析绩效驱动因数（技术、组织、人员等），确定实现目标的工作流程；然后，将部门级KPI分解到各个岗位和个人，从而建立完整的企业KPI体系。

第二部分：进行个别性指标分解。要根据各岗位的关键业务活动，建立员工具体的绩效考核指标。

确立KPI体系的程序主要包括以下五个步骤。

（1）确定绩效指标。明确所辖部门和个人在一定时期内应该完成的职责和任务。对于绩效指标的确定应保证与组织目标相一致，并以客户需求为导向；绩效指标应尽量为某项活动的结果或关键行为。

（2）审核KPI。确定所选指标是否属于KPI，KPI是否能全面、客观地反映被考核者的工作绩效，以及是否适用于实际的绩效管理与考核操作。

（3）建立评价标准。KPI的建立既可以企业战略规划、业务计划或任务协议书为依据，也可以工作分析、工作说明书为基础，但均应选择最能反映被考核者应该完成的工作绩效的评价指标。这些指标应该有比较客观、可靠、全面的评价标准和依据。建立评价标准时应同时考虑基本要求与卓越指标，以区分员工的不同绩效表现。

（4）分配指标权重。指标权重的分配一般有两种方法：一种是将指标按照重要性原则进行排序，然后依据排序确定相应的权重；另一种是采用权值因子法，即运用权值因子判断表对各个指标进行两两比较并评估分值，以此确定相应指标的权重。指标权重的确定都必须符合下列原则：所有KPI的权重之和为100%；单个指标的权重最低不能小于5%；各指标的权重比例应呈现一定的差异性，避免平均分配权重。

（5）确定评价主体。根据360度考评反馈和责权对等原则，应该对不同的绩效指标安排相应的评价主体。没有合适、可靠的评价主体，再好的绩效指标设计也无法得到很好的执行。

三　KPI设计的常见问题

在企业实践中，应用KPI体系经常遇到的一个问题就是如何客观量化KPI。生产型或销售型的工作，比较容易设定客观量化的考核指标，也可以较为公正地进行考核；而对于那些职能部门、支撑型岗位或服务性工作来说，进行KPI的量化设计就比较困难。在引入KPI体系的过程中，还有如下一些常见的问题。

（1）绩效考核的结果并不是很清晰。通过智力劳动为公司做出贡献的知识型员工，他们做出的很多贡献并不是有形的产品，往往不知道工作的产出是什么，也无从知道工作是否完成得很好。而且由于互联网的广泛运用以及信息技术的快速发展，这部分员工的工作方式也与传统的工作方式不同，对其工作过程的监督与控制也变得困难起来。

（2）绩效指标的设计不能抓住关键。每位员工都可能会承担很多的工作目标与任务，有的重要，有的不重要，如果对所有的方面都进行考核，面面俱到，抓不住重点与关键，势必造成员工疲于奔命或出现迷茫，也就无法对其工作行为进行有效的引导。绩效考核必须从员工的工作中提取出关键成功因素，然后才能发现哪些指标可以有效监测这些成功因素，从而确立有效、量化的 KPI。

（3）在某些情况下，即使知道对工作绩效应该从什么方面进行衡量，也可能不知道该如何去衡量。并不是所有的事情都能轻易地通过数字来衡量，当面临诸如“创造性”等考核因素时，考核者往往无所适从甚至灰心丧气。

（4）对团队的绩效考核比较困难。团队是由许多个体构成的，对绩效的考核既要针对团队，又要考虑个体，这样就使考核的工作量成倍地增长。而且团队往往是跨部门的，其绩效考核体系很有可能会与组织绩效考核体系发生冲突。因此，如何建立既支持团队绩效指标，又彼此不发生冲突的个人绩效指标也是一件非常困难的事情。

（5）不注重对 KPI 体系的审核，导致考核指标及其标准无法与组织目标相一致，或者无法落实操作。在设计绩效考核指标时，由于设计者自身的水平有限，或因外部咨询专家对企业实际情况认识不足，特别是由于缺乏充分的沟通，都可能导致指标体系设计不合理、不科学和难以操作。在具体操作中，企业相关部门和员工往往忽视对 KPI 体系的审核，企业高层也经常对此缺乏足够的重视。

四 KPI 设计的注重事项

在建立以 KPI 为核心的绩效考核体系，或实施 KPI 体系时，应该注意把握好以下几个方面。

第一，必须专注于企业长期战略目标。为保证绩效管理在组织目标实现过程中发挥应有的作用，必须建立战略导向的绩效管理体系。在绩效管理指标的设立上，应追求长期战略目标，而不仅仅是取得和维持短期财务结果；应注重未来的发展潜力，而不仅仅是评价过去的业绩。企业战略是企业使命的具体化和对企业长远发展的一种规划，如果只重视对短期经营结果的评价与追求，势必助长员工的短期效应与近视眼光，这对于企业的长期发展是有害的。战略导向的绩效管理要求对战略发展的情况进行及时的评估与调控，要求考虑企业的长期利益与发展潜力，促进并保证所有员工对企业战略发展的关心。

第二，科学合理的指标设计是有效推进绩效考核与绩效管理的重要基础。绩效指标的设计应抓住关键。如果指标设计不合理，便不能够有效支持企业的目标和绩效，甚至会把企业带到错误的方向。例如，如果绩效指标基本上是以各个职能部门为单位设计的，各职能部门之间就可能为了本部门的利益而相互推卸责任，从而使企业陷入混乱和低效率。实际上，职能部门之间的空白地带往往是企业绩效改进的最大空间。同时，如果指标设计不合理，就不能适应企业管理对员工的支持及对其自身素质提高的要求，使通过绩效管理促进企业与员工共同成长的目标不能实现。

第三，KPI 的设计及其绩效考核并没有固定的模式，应该时刻保持管理优化的理念，重视 KPI 的创新。这是一个动态的管理过程，应根据战略与环境的变化、时间的推移和被考核者职责能力的发展，适时适当地调整 KPI。不同的企业、同一企业在不同时期，关注的绩效目标极有可能是不同的，设计的 KPI 也可能会不同。

第四，KPI 是对绩效构成中可控部分的衡量。企业经营活动的效果是内因与外因综合作用的结果。内因是各岗位员工可控制和影响的部分，也是 KPI 所衡量的部分。KPI 应尽量反映员工工作的直接可控效果，剔除他人或环境造成的其他方面的影响。例如，销售量与市场份额都是衡量销售部门市场开发能力的标准，而销售量是市场总规模与市场份额相乘的结果，其中市场总规模是不可控变量。在这种情况下，市场份额体现了岗位绩效的核心内容，适合作为 KPI。

第五，KPI 是对企业重点经营活动的衡量，而不是对所有操作过程的反映。每个岗位的工作内容都涉及不同的方面，高层管理人员的工作任务更复杂，但 KPI 只对其中对公司整体战略目标影响较大、对战略目标实现起到不可或缺作用的工作进行衡量。

第六，KPI 体系的设计应注重协调性、支持性和过程管理。KPI 体系的管理模式从战略管理、年度计划、系统论、工作流程或工作分析的角度出发，首先应确定企业级 KPI，然后将企业目标分解为部门目标并据此提取部门级 KPI，最后将部门的目标分解为员工的个人目标，并据此提取任职者个人的 KPI。KPI 要经过上下级之间充分的沟通、交流、协调后，以 KPI 管理协议的形式加以确认。在 KPI 管理协议中，要明确 KPI 的具体标准以及上级对下级的授权和资源支持。客观情况发生重大变化时，KPI 管理协议还要适时调整。KPI 体系的管理模式重视日常业绩管理数据的收集、鉴别和整理，强调日常工作中对下属 KPI 的全程跟踪和及时辅导。

第七，绩效管理的核心作用在于绩效的改善与提高，同时进行价值评价、价值分配和对员工进行有效的激励。价值分配只是绩效考核结果应用的一个方面。只有通过绩效管理使员工的能力不断得到发展，绩效不断提高，从而不断体验到成长和成功的乐趣，才能获得员工对绩效管理的认可，从而发挥绩效管理体系应有的作用。

第八，KPI 体系的实施应该以优化组织结构和流程，培育公平竞争的企业文化为前提。通过 KPI 体系的实施，将促进企业组织结构的集成化，提高企业的效率，精简不必要的机构、人员、流程和成本。所以，培育公平竞争的企业文化，是 KPI 体系成功的保障。为此，要建立相应的投诉与争议处理机制，使员工参与绩效考核由被动转为主动，同时对绩效考核中的不公正加以及时的制约。

复习与思考题

1. 什么是 KPI，它的含义是什么，你是怎样理解的？
2. 你认为什么样的指标可以看作 KPI？

3. KPI体系有什么特点？简述它的设计思路。

4. 应该如何实施KPI体系？主要有哪些步骤？

5. 在KPI体系设计过程中，应该遵循什么样的原则要求？

参考文献

1. 林新奇．绩效考核与绩效管理．北京：清华大学出版社，2015.

2. 帕门特．关键绩效指标：KPI的开发、实施和应用．北京：机械工业出版社，2012.

3. 马尔．关键绩效指标：管理者必知的75个技巧．北京：清华大学出版社，2015.

案例分析

朗讯科技（中国）的KPI设计

依托贝尔实验室的创新，朗讯科技（中国）有限公司（简称朗讯中国）致力于为中国信息产业的发展提供业界领先的综合解决方案以及涉及整个网络生命周期的专业服务，成为企业面对当前及未来市场挑战的可靠合作伙伴。朗讯中国在中国设有八个地区办事处、一个贝尔实验室分部、五个研发中心、多家合资企业和独资企业，员工总数近4 000名。

朗讯中国的业务主要集中在无线网络、无线市话（PHS）网络、光网络、数据网络、专业服务等在中国最具发展前景且最能发挥朗讯优势的领域。朗讯中国的综合解决方案目前已成功部署于中国电信、中国联通、中国移动等国内主要电信运营商的网络中，并发挥着重要作用。

“中国是全球最大的亮点，在中国取得成功是确保朗讯全球领先地位的关键。”朗讯董事长兼首席执行官（CEO）陆思博（Patricia Russo）的话表明了朗讯对待中国市场的信心与策略。为顺应中国市场环境的变化和电信市场新竞争格局，配合朗讯全球性战略调整，特别是面对中国加入世界贸易组织带来的全新挑战，朗讯中国已经形成了以客户为中心，集研发、生产、营销、服务等全部企业资源及优势于一体的全新的业务运营模式，以便向中国及全球的各服务供应商提供更快捷、更优质的服务。

注重研发是朗讯在华业务的主要特色。利用贝尔实验室在国际通信领域的突出地位和中国充裕的人才资源，1997年，朗讯在北京设立贝尔实验室中国分部，贝尔实验室基础科学研究院（中国）也随后成立。数年来，贝尔实验室中国分部和基础科学研究院（中国）取得了一系列重要进展，并积极参与和领导了多个前瞻性全球化产品的研发和基础研究课题。此外，贝尔实验室与中国科学院、清华大学、北京大学、复旦大学等院所共同组建的多个联合实验室，在光网络、无线网络、计算机技术以及下一代互联网等领域展开多项合作，取得丰硕成果，获得多项中国和美国专利，研发产品已经或正在向朗讯产品部门转化。贝尔实验室正在中国建立一套世界一流的完整的研发体系，立足通信发展的最前沿，为中国及全球的客户提供基于下一代网络的产品和解决方案。

2003年，朗讯中国的重点转向第三代（3G）移动通信以及下一代网络（NGN）的研发。2003年7月，朗讯中国建立南京3G研发中心，同先期在北京和青岛成立的研发中心一起，在中国进行3G全线产品包括WCDMA和CDMA 2000的核心网络、无线接入和应用平台的开发及研究，其中很多在中国完成的第三代移动通信技术研究成果出口到世界各地，应用到包括美国在内的许多国家的第三代移动通信网络中。同时，朗讯又在中国部署了IP多媒体子系统（IMS）的核心研发，在青岛成立了专门从事软交换研发的下一代网络研发中心，为朗讯全面参与中国3G移动通信和下一代网络的发展做好了充分准备，并为运营商的融合业务创造价值。

2005年7月，朗讯宣布再次加大对位于上海的子公司——朗讯科技光网络公司（LTON）的研发投入，同时将其研发范围从光传输设备进一步扩大到数据网和接入网设备领域，进一步增强和完善朗讯在中国的研发体系。

2005年，朗讯经历了和阿尔卡特的合并。阿尔卡特和朗讯合并后的新公司更名为阿尔卡特-朗讯，公司总部位于法国巴黎，同时于朗讯总部所在地美国新泽西州设立美国运营总部。股票同时在欧洲证券交易所和纽约证券交易所两地上市，交易代码为ALU。新公司成立后，原朗讯董事会主席兼CEO陆思博出任CEO，原阿尔卡特公司总裁丘鲁克（Tchuruk）担任新公司的总裁，但不直接管理业务。朗讯股东持有的朗讯股票按照每股朗讯普通股兑换0.195 2股阿尔卡特美国存托凭证，阿尔卡特-朗讯发行普通股共23.1亿股，价值15亿美元。合并后的新公司年营业额达到210亿欧元（约合250亿美元），市值高达360亿美元，且新公司将拥有通信业最大的全球研发机构之一。合并将为两家公司年均节省约17亿美元的成本，以年销售额计算，新公司一跃成为全球第一大电信设备巨头。

面对如此之快的发展速度，朗讯中国沉着应对。在这几年的发展过程中，公司的愿景与使命保持不变。朗讯中国以创新沟通方式、缔造多彩生活为愿景，并自始至终以卓越实力推动客户发展、壮大自身业务、丰富人们的沟通体验为使命在电信市场上攻城略地。在这个过程中，人力资源管理尤其是绩效管理做出了不可磨灭的贡献。

从朗讯中国的人力资源管理架构来看，从员工招聘入职开始到离职解聘结束，绩效管理在公司的人员管理中占据中心地位。它与培训、晋升、岗位轮值替换和薪酬奖励有着密不可分的关系。朗讯中国的绩效管理严格遵循目标化的原则。所谓目标化，是指朗讯中国在进行绩效目标管理时，明确了企业愿景和使命，分析了企业内外环境，确定了企业战略的重点，并将战略按照层次逐步分解，最后得出了各个部门的目标和具体到个人的任务。

基于上述愿景和使命，朗讯中国选取影响成功的关键绩效维度，并找出每个维度的关键成功因素，再将关键成功因素分解细分为各项指标，即KPI。朗讯中国运用平衡计分卡，得出了绩效管理四个维度的各项指标。在关键成功因素中，朗讯中国将盈利能力、市场地位、生产率以及员工的发展作为影响企业能否成功的重要因素。通过上述过程，朗讯中国成功地将其战略目标落实到各个部门，再由各个部门领导根据SMART原则，将任务具体分配到个人。

确定绩效目标后，朗讯中国的绩效管理流程中还有一个不可缺少的部分，即绩效面谈。通常来说，面谈有三个目的：(1) 将绩效考核的结果反馈给员工。管理者可以通过这种方式将考核结果真实地反馈给员工。(2) 与员工讨论考核的结果。管理者要与员工进行沟通，如果员工对结果有不满或不同的看法，要讨论到双方达成一致看法为止。对绩效不合格的方面，管理者要与员工讨论其原因，并制定绩效改进计划。(3) 制定下一个绩效考核周期的目标。在面谈时，还要对下一个周期的考核目标进行讨论和沟通，达成共同的目标。在朗讯中国的绩效面谈中，员工和管理者双方都要对自己做出评价。一方面，员工要进行成果摘要，总结过去一年的成就和目标，优秀之处要保持，对不足要提出改进计划。员工可以和管理者一道制定出具体的行动计划，管理者还要在合理的范围内给员工提供物质上的支持。这样一来，不仅员工自我评价的价值得到了体现，其事业兴趣和发展也得到了相应的帮助。另一方面，管理者要总结出员工过去一年来的成就及目标完成情况，即总结出员工的业绩概要和发展趋势。同时，管理者还必须给出相应的看法和建议。在肯定员工优点的时候，还不忘指出其不足之处，并提供力所能及的帮助。

朗讯中国的绩效管理有几个特别之处：

一是朗讯中国的考评周期。从传统意义上讲，大多数公司都奉行一年一次的绩效考核。而朗讯中国的做法是实行季度考核，以充分实现绩效管理的目的——将公司的目标进行到底。此外，在考评办法上，依照平衡计分卡的指标，上级管理者会根据标准相应地给下级打分。在此过程中，管理者按照强制分布的原则将下级进行分类。评分低者将遭末位淘汰。

二是朗讯中国对四类人员的绩效管理原则。这四类人包括子公司负责人、高层管理人员、职能部门人员和研发人员。

对于子公司负责人来说，由于他们分散在各个地区，可以说是企业的销售代表，子公司负责人绩效的好坏将直接关系到整个公司的利益。所以，为了充分发挥公司的整体效应，对子公司负责人的绩效进行定期的考核与管理就显得尤为重要。具体来说，这些原则包括：(1) 通过绩效管理促使子公司的经营活动与集团公司的战略方向保持一致；(2) 掌握子公司负责人的具体业绩，对出现的问题帮助解决；(3) 将绩效管理与薪酬相结合，发挥其激励作用，增强子公司负责人的工作积极性。

对于高层管理人员来说，他们的参与对企业能否获得并保持竞争优势有着不可替代的作用。他们站在企业总体发展战略的高度，参与制定各项决策。他们决策的正确与否将关系到组织战略能否实施。所以，对高层管理人员的绩效进行仔细的衡量和有效的管理对一个组织的成功是至关重要的。对高层管理人员的绩效管理，朗讯中国主要实行下列原则：(1) 通过绩效管理促使高层管理人员之间达成一致；(2) 使高层管理人员对目前的绩效有清楚的认识，从而发现差距；

（3）利用绩效考评结果进行奖惩，兑现承诺，激励其继续努力。

对于职能部门人员来说，尽管与业务部门相比，对职能部门的考核没有明确的业务指标，但对他们的绩效考核也是不容忽视的。对于这部分人员，朗讯中国的绩效管理原则是：（1）考核指标符合SMART原则，尽量细化、量化；（2）考核指标全面客观地反映被考核对象的绩效。

对于研发人员来说，他们所扮演的角色比较特殊。研发人员的绩效管理主要从两个方面考虑：研发部门和研发人员自身。针对这类人员，朗讯中国的原则是：（1）将结果考核与行为考核相结合；（2）依据项目的进展情况分阶段考核；（3）以市场导向为原则，制定出评价具体细则和实施方法。

三是朗讯中国运用绩效考核结果来决定薪酬和奖金的发放，以及个人的培训和晋升。但最重要的目的还是起到激励作用，让大家为公司的目标共同努力。尤其要提到的一点是，绩效考核的结果形成了一个矩阵。朗讯中国高层根据人员具体的考核情况，对高绩效人员分配给资源，帮助其在公司内部发展；而对低绩效人员，公司则暂且留用或予以辞退。

资料来源：根据网络资料改编而成。

问题：

1. 根据本章所学内容，理清朗讯中国构建KPI体系的思路。
2. 你认为这套体系有效吗？为什么？
3. 你觉得还存在哪些问题？应该如何改进？
4. 朗讯中国构建KPI体系的案例带给我们哪些启示？

第 8 章 OKR 的发展与实践应用

学习目标

学完本章后，你应该能回答如下问题：

◎ OKR 是如何产生的？

◎ 如何理解 OKR 的概念及其特点？

◎ OKR 有什么优势？

◎ 实施 OKR 需要什么环境？

◎ OKR 与 KPI 的联系和区别是什么？

扫一扫

OKR

开篇引例

脸书（Facebook）实施的目标与关键结果（objectives and key results，OKR）主要有四个特点：

(1) 关注对团队与个人有重大影响的事项。在脸书，制定员工个人的目标、团队的目标以及公司的目标时，十分关注对团队和个人有重大影响的事项，以结果为导向或者以影响力为导向。脸书会在每个季度开始之前让员工进行思考，从影响力的角度来说有哪些事情是值得做的，有哪些事情是自己想做的，然后取两者的交集，再举出若干有一定概率（通常建议是 2/3）能达成目标的手段。

(2) 制度更为宽松。脸书没有强制要求全公司上下均执行 OKR，但在工具上是支持 OKR 的，在实际执行时其思想也是目标驱动的，只是大多数团队都不使用专用 OKR 工具来管理目标，而是随便找个 Wiki 之类的列举目标和以不那么严谨的方式跟踪目标。实际上，脸书执行的是非常宽松的制度。

(3) 使用同僚审查 (peer review) 来进行绩效考核。脸书同样把绩效考核的事情交给同僚审查，一般每 6 个月做一次，主要分成四个部分：自评、同事评价、直接上级评价和老板评价。员工可以决定评价是否对外开放、考核结果谁能看到。在脸书，85%左右的员工会选择开放。这是一个很“恐怖”的数据，可以说基本上大家之间都是开放的。

(4) 绩效考核结果与奖金、股票激励挂钩。索玛立方块实验告诉管理者，在人才管理和激励问题上需要避免犯的最大错误之一是夸大并依赖物质激励的作用。考核和奖励像是咖啡因，能带来短期效应爆发，却难以持续，会破坏人才工作的长期积极性。但是，这就能表明企业和员工不需要咖啡因的刺激了吗？答案是否定的。脸书每年 6 月底、12 月底分别会做一次个人绩效评估，经理要通过绩效校准会议对同僚审查的结果进行修正。6 月底的绩效评估对奖金、股权、晋升有一定的影响，不过主要还得看 12 月底的绩效评估。此时除了现金还有股权的追加。不分级别，只要是工程师，公司都会给你相应的股票，年底的绩效评估将决定追加多少股票。奖金浮动范围为 10%～25%，越到上面越高。然后乘以个人绩效系数，0 表示没有奖金，一般在 1.25 左右，4.5 则很高。最后乘以公司绩效系数，公司高层对公司绩效打分，如果做得很不错，所有人的薪水都会增加。

脸书的 OKR 案例给我们的启示是：新的考核思想、工具并执行相对宽松的考核制度（不要为了考核而考核），再加上优秀的企业文化，人力资源管理人员所期望的绩效管理最佳效果——员工达到“心流”状态并非不可能。

第 1 节　OKR 的概念及特点

一　OKR 介绍

小资料

安迪・格鲁夫被认为是 OKR 之父。作为英特尔的前 CEO，他居功至伟，将英特尔带成了全球电脑微处理器行业的霸主。格鲁夫对于德鲁克的目标管理法推崇备至，将其引入英特尔的关键管理中，并对模型做了一些修改，把它转变成今天绝大多数人所看到的框架。

在格鲁夫看来，一个成功的目标管理系统要回答两个问题：

(1) 我想去哪里 (objectives)？

(2) 我如何调整节奏以确保正往那里去？

回答了第 2 个问题，实际上就开创了一场变革，后来它变成人们熟知的关键结果 (key results)，附加到目标中，成为 OKR 的一部分。

格鲁夫在英特尔推行的 OKR 有四个特点：

（1）限制目标的个数。

（2）频繁设定OKR，基于季度甚至是月度，目的是快速响应外部变化，同时也把快速反馈的文化带到组织内部。格鲁夫坚持认为，员工提出的OKR不应被视作白纸黑字的“正式文件”并限制员工的发挥，不能以此单一评判员工绩效。OKR仅是员工绩效的一个输入。

（3）兼顾自上而下和自下而上两种方式。格鲁夫认为，员工主动参与可以培育出良好的自我管理能力并提升动机水平。

（4）在OKR中强调目标要具有挑战性。

OKR的全称是目标与关键结果，是在传统绩效管理基础上进行升级改造后形成的一种有效的现代绩效管理手段。1976年左右，英特尔意欲实现从存储器向处理器的转型，希望找到一个方法，同步工作重心、统御工作目标，实现“上下同欲”。当时，作为德鲁克忠诚信徒的安迪·格鲁夫，扛着“HOM”（high output management）的大旗，发明、推行了OKR。约翰·杜尔（John Doerr）当时在英特尔效力，对这个工具深以为然。同一时期，甲骨文（Oracle）的创始人拉里·埃里森（Larry Ellison）在甲骨文推行了MOKR。1999年，已经是知名风投机构KPCB（一家投资了无数知名科技企业的极负盛名的机构）合伙人的约翰·杜尔，作为谷歌的董事把这套流程带给了谷歌的拉里·佩奇（Larry Page）和谢尔盖·布林（Sergey Brin）。经过几个季度的尝试和纠结，OKR在谷歌终于得以实施。后来，谷歌在所有投资的企业都专门进行OKR系统的培训和实施。由于在谷歌成功实施，OKR方法被其他知名IT企业借鉴，包括领英（LinkedIn）、Zynga等，逐渐受到越来越多IT企业的认同。

随着现代企业管理理念的不断发展，企业的绩效管理工作产生了一定变化。新型绩效管理理念开始对比不同的工具。在此过程中，人们所熟知的绩效管理工具KPI受到了一定的质疑，新型绩效管理工具OKR大有替代它的趋势。但也有许多多年从事人力资源管理工作的人员认为，在进行绩效管理的过程中，切忌盲目地追随一种模式，而是要结合自身企业的实际要求选择适用的方法。因此，对比KPI和OKR的实施流程，有利于企业做出合理化、科学化的选择。

OKR可以对所制定的绩效目标进行跟踪，并对目标的完成状况进行了解与分析。这种新兴的绩效考核工具能够让企业将宏观目标的关键结果进行分解，有利于其实施。企业在开展目标管理的过程中，OKR无疑能对其管理系统进行简化，将目标管理彻底执行到每个部门或岗位。对于企业发展过程中的某个项目，设定合理的目标非常关键，这个目标甚至是未来企业发展的决定性因素。OKR具备以下几个方面的特征：（1）简捷。这里所指的简捷体现在每个参与考核者的目标不会超过5个，同时每个目标中所要体现的关键结果也会控制在4个之内。如果过多，会让整个操作更加杂乱，重点有所迷失。（2）直接。在进行目标设定时，每个关键结果需要形成一定的对应，而且其目标必须靠自身来实现。（3）公开。顾名思义，公开就是将最后的评估对整个企业公开。这能让团队的目标统一化，方便团队之间的合作，体现评估的公平性，还能对员工形成一定的激励。

二　OKR 与传统绩效管理的主要区别

OKR 根植于传统绩效管理，但有区别于传统绩效管理的特点。

1. 绩效指标由绩效实施者设计，绩效督导者只负责把关

在传统绩效管理中，绩效指标的设计和选取主要是由绩效督导者根据企业战略目标的分解制定的，包括绩效指标权重、数据处理规则、计分规则等都由绩效督导者确定，初步完成后再与绩效实施者沟通和确认。而在 OKR 中，绩效实施者承担绩效指标制定的主要工作，绩效督导者只负责把关。

在 OKR 中，绩效目标制定以后，绩效实施者根据绩效目标设计出 3～5 个关键结果指标。这些关键结果指标的要求有二：一是必须全部量化，指标原始数据采集方便，更容易评估；二是必须相对于目标体现出关键性，也就是说必须能够有效反映出目标的达成情况。

绩效实施者拟定好关键结果指标后，由绩效督导者把关。绩效督导者在把关时主要注意两个方面：一是确定绩效实施者所提关键结果指标的关键性；二是确定绩效实施者所提关键结果指标的目标值是否合理，是否能够支撑绩效目标。如果绩效实施者的这些方面存在不足，绩效督导者要与绩效实施者进行沟通和调整。

由于 OKR 多用于团队工作环境，因此在指标制定阶段还可能出现某位绩效实施者所提出的关键结果指标与其他绩效实施者所提出的关键结果指标相同的情况。在这种情况下，绩效督导者一般会进行沟通，在充分尊重绩效实施者意愿和平衡绩效目标达成的原则下进行调整。

除此之外，关键结果指标中各指标的权重、计算方式等与传统绩效管理中的操作方式大致相同。

2. 绩效评估结果更多代表工作情况，不再应用于薪酬管理

在传统绩效管理中，绩效评估结果作为绩效实施者绩效工资的发放依据是绩效评估结果一个非常重要的应用，在绩效评估阶段有些企业甚至将绩效评估结果在薪酬管理中的应用作为唯一应用。在 OKR 中，绩效评估结果不再直接应用于薪酬管理，绩效实施者的绩效工资与奖金通过同僚审查来确定。由于在整个企业中都透明，每个人都可以方便地获得别人的 OKR 记录，因此在 OKR 中，绩效评估结果及相关记录更多代表绩效实施者曾经的工作经历，除了在绩效管理体系中的应用，如用于绩效改进等，还会应用在人才评估测评等方面。

3. 100%地完成不是最好，完成率在 60%～70%才算优秀

在传统绩效管理中，绩效实施者与绩效督导者所追求的是保证绩效目标 100%实现，甚至是超额实现。在 OKR 中，关键结果指标主要由绩效实施者制定，当 100%地完成关键结果指标时，往往会被认为是其指标目标值设置过低而造成的，说明绩效实施者所设定的目标值没有挑战性。当然，如果绩效实施者的目标值完成过低，如在 40%以下，则绩效督导者就会与绩效实施者一起研究其中的原因。一般来说，绩效目标值被绩效实施者完成 60%～70%时，往往被认为是最理想的情况。

4. 工作中的满意度已是重要的激励手段，薪酬激励变成辅助手段

OKR 与传统绩效管理最核心的区别，或者说观念层的区别是员工激励理念的改变。

在传统绩效管理中，人们认为薪酬福利是激励员工最重要的手段之一，所以绩效评估结果的一个重要应用就是影响绩效实施者的薪酬福利。激励逻辑是：当绩效实施者取得好的绩效评估结果时，就提高其薪酬或奖金；当绩效评估结果不理想时，则降低其薪酬福利。即通过绩效实施者对薪酬福利的敏感性、薪酬福利与绩效评估结果的关联性实现对绩效实施者的激励，这种做法可能导致效果并不如想象中的那样好。

在 OKR 中，绩效实施者在绩效目标实现过程中所获得的工作满意感已经成为重要的激励手段，在绩效目标达成的激励中薪酬已变成辅助手段。

（1）绩效实施者在绩效指标制定时能够自己选择，并设置目标值。这就使得其在绩效管理中的参与度增加，与传统绩效管理中的被动接受相比，其对绩效指标与绩效目标具有更高的认可度。同时，由于绩效指标与绩效目标是自己提出来的，因此自己更愿意也会更加努力地去实现。其中的原理在心理学上能找到答案，总之，绩效实施者在这个过程中获得了较高的满意度。

（2）绩效实施者所得到的绩效评估结果更多地用于证明绩效实施者的工作经历和能力等方面，一般情况下，多数绩效实施者会非常注重自己的能力。因此绩效实施者完成或达到大家认可的绩效目标，就代表其拥有能力，故能获得极高的满意度。

（3）绩效实施者的绩效薪酬通过同僚审查的方式获得，同僚审查所评价的更多是在绩效目标实施过程中，协作方对绩效实施者表现的满意度等方面，而这些方面对于绩效实施者绩效目标的达成更多是辅助性的。所以薪酬激励变为辅助性的。

三 OKR 与传统绩效管理的相同之处

除了以上差别，OKR 很多地方实际上都与传统绩效管理保持一致，或者说得到延续。

1. 企业战略目标仍然是自上而下地分解

在绩效管理体系服务于企业的战略管理方面，OKR 虽然做得比传统绩效管理更彻底，但其仍然保留了通过自上而下地分解企业战略目标以获得各级绩效目标的方法，从而与传统绩效管理一样，确保企业各管理层级的绩效目标能够很好地支撑企业的发展战略。

2. 仍然是完整的绩效管理体系

OKR 与传统绩效管理体系一样，具有完整的绩效管理体系。两者都有绩效管理体系的四个方面、四个阶段、绩效评估结果应用和相应的管理文件。在绩效评估结果应用中所不同的是，OKR 的绩效评估结果不再应用于绩效实施者的薪酬管理。

3. 绩效评估结果在企业中完全透明

在传统绩效管理中，绩效督导者完成绩效实施者的绩效评估并得到双方的认可后，也要将绩效评估结果进行公开，以增强整个绩效管理工作的公信力。在 OKR 中，绩效实施者的评估结果乃至关键结果指标和目标值等文件全方位公开，以方便相关人员了解绩效实施者的绩效情况。

4. 均借用 KPI 的思想

传统绩效管理现在更多地借用 KPI 的思想，在设计时采用更多的 KPI，同时结合一些定性指标，以确保绩效指标的关键性，但总数在 4～7 个为宜。在 OKR 中，关键结果指标的要求则为 4～5 个，同时要求指标不能多。两者都借用了 KPI 的思想。

第 2 节　OKR 的先进之处

与传统绩效管理体系相比最突出的一点是，OKR 更能有效保障企业战略目标达成和绩效管理实施过程更为和谐，原因有以下几方面：

（1）绩效实施者能够更加专注于自己的绩效目标和绩效工作，绩效目标的达成更有保证。首先，在 OKR 中，关键结果指标与指标目标值都是绩效实施者自己设置的，绩效评估结果更容易得到绩效实施者的认可，更能代表绩效实施者的能力。绩效实施者为了证明自己的能力会更专注于自己的工作。其次，OKR 中的绩效指标设置过程更能体现对绩效实施者的尊重，因而绩效实施者的积极性更高，整个绩效管理工作开展起来也更加和谐。最后，由于绩效评估结果并不与薪酬挂钩，因此绩效实施者更能放手专注于自己的工作，从而使绩效目标实现更有保障，绩效实施者对绩效评估结果也更加理性和客观，可以避免一些不必要的麻烦。

（2）传统绩效管理的三大隐患都能有效避免，因此绩效目标有效达成的风险更小，也更能有效地防止绩效主义产生。首先，OKR 下的绩效评估结果并不应用于薪酬管理，所以绩效实施者不会主动去做一些仅仅有利于自己绩效评估结果的事情，如作弊。对大部分绩效实施者来说，主要的作弊动力已经没有了；同时，高度透明的绩效管理会让作弊更容易曝光，因为任何人都可以详细研读绩效实施者的绩效记录。传统绩效管理中的作弊行为在 OKR 中能得到最大限度的避免。其次，绩效指标设计偏差或者是绩效实施者不主动发现或选用有难度的绩效指标问题也能得到很好的解决。在 OKR 中，由于没有绩效评估结果与薪酬挂钩的后顾之忧，绩效实施者更倾向于挑战自己，以证明自己的能力，所以会积极主动地发现绩效指标中存在的问题，选用更具说服力的绩效指标，只有这样才说明自己具有一定的能力。

第 3 节 OKR 的实施流程

OKR 需要具有规范的实施流程，以保证操作的规范化和标准化，其主要步骤分为以下几点：明确项目及项目目标；量化关键评估结果，就完成目标以及未完成目标的相关措施进行明确；全体成员通过协同合作实现目标；结合项目进度对目标进行评估。具体如下：

1. 设定目标：基于战略确定年度目标、季度目标

德鲁克认为，无论是最高层的管理者，还是基层的员工，组织各个层面的人员都必须有内容明确、方便操作的工作目标。这些目标应包括一些具体内容，如实现什么样的绩效、要求管理者做出什么样的贡献等。进行目标管理的首要问题是设定目标。

要对企业各个层面的问题系统考虑，包括企业的现状、未来的发展状况以及整个行业的发展态势。还要考虑可能出现的风险、各种机遇。主要目标必须涵盖企业的主要领域，而且要清晰明确，并提供能对实际工作做定期检查的基础和平台，以及进一步改进的措施。

制定完战略目标，再进行战略目标分解。一般战略规划是三年期的，要分解成年度目标。要说明先做什么再做什么，以及如何发展。基于年度目标再细分到季度目标，从而将整个战略层层分解到具体措施。

2. 明确每个目标的关键结果指标：从季度目标到关键结果指标

既要有年度的关键结果指标，也要有季度的关键结果指标：年度关键结果指标统领全年，但并非固定不变，而是可以及时调整，调整要经过批准；季度关键结果指标一旦确定就不能改变。要切记可以调整的是关键结果指标，而不是目标。目标不能调整，措施和方法可以不断完善。同样，关键结果指标的设定也必须是管理者与员工直接充分沟通后达成共识。

3. 推进执行：从关键结果指标到行动计划

有了关键结果（期望的结果）指标后，就要围绕这个具体的目标分解任务。每项关键结果指标会派生出一系列任务，交给不同的人员负责。关键结果指标负责人就成了名副其实的项目经理，组织协调大家。因此，关键结果指标负责人应当是团队非常重要的成员，能够调度和影响企业资源。如果还不具备这个能力，就把权力赋予他。至少，项目经理和企业决策者之间应当保持绝对通畅的沟通。

4. 定期回顾

每个季度进行回顾。到了季度末，员工需要给自己的完成情况和完成质量打分。这个打分过程只需花费几分钟时间，分数范围在 0～1 之间，最理想的得分是在 0.6～0.7 之间。如果达到 1 分，说明目标定得太低；如果低于 0.4 分，则说明可能存在问题。

每个员工在每个季度初需要确定自己本季度的 OKR，一个季度结束后需要根据自己这个季度的工作完成情况打分。每半年公司会进行一次绩效评估，主要是评估员工过去半年的绩效，并根据绩效评估结果变更业务职级和薪酬。值得一提的是，所有个人绩效评估结果的成就内容及级别都是全公司共享、公开的，一方面可以做到更为公平和透明，另一方面也给每位同事提供了更好地学习和成长的样本，激励大家在产品研发中更高质量地挑战和要求自己。

第 4 节　环境条件与适用对象

OKR 具有传统绩效管理所不具有的许多优点，但并不是所有企业都适合选用这种绩效管理工具，因为它对企业的环境有一定要求。

1. 对管理者的要求更高

OKR 需要一个比较开放和相对宽松的绩效管理环境，绩效实施者的自由度相对来说比传统绩效管理中要大，因此绩效实施者更难管理和协调。宽松意味着结果不好预测，这就需要管理者必须具备较强的管理能力，甚至要具备一定的领导能力，这样才能让绩效实施者在宽松的环境中发挥各自的特长，完成各自的绩效目标。

2. 更适合需要不断提出创意和创新的企业

从 OKR 的特点中可以发现，整个绩效管理体系更强调绩效实施者的主动性和创造性，因为绩效实施者需要根据不同的目标来设计相应的关键结果指标。在这样的绩效管理体系下，绩效实施者往往凭借自己的能力不断地解决各种各样的问题，所以 OKR 更适合需要不断提出创意和创新的企业。

OKR 的目标是相对模糊的，它更关注提出极具挑战性和追踪意义的方向。OKR 强调通过企业对自身业务、资源、外部市场、竞争对手的分析，找到能够让企业在竞争中制胜的方向，并持续聚焦在这个方向上，寻求突破。因此，OKR 倾向于在正确的方向上努力，通过激发员工的热情，得到超出预期的结果。相比于 KPI 关注有能力完成的指标，衡量 OKR 设计得是否理想的一条重要标准，就是目标是否具有挑战性和超越性。

OKR 的设计是一个多向互动的过程。从德鲁克的目标管理到格鲁夫的高产出管理，再到谷歌的 OKR，始终强调方向的一致性、员工的主动性和跨部门协作，这三个特征分别代表 OKR 在设计过程中的三种沟通模式。OKR 已在世界范围内推广，也有不少成功案例，但使用 OKR 的群体主要是互联网公司。这一现象主要是由互联网公司所面临的外部环境、人员结构、工作内容和管理模式决定的。

OKR 为互联网企业面临的一系列问题提供了一条可行的解决途径，是一种比 KPI 更加有效的管理工具。不仅是互联网企业，那些处于快速变化的环境中，需要通过不断创新和跨部门的有效协作来实现组织和个人绩效提升的企业，都可以视 OKR 为一种可采纳的工具。OKR 主要适用于：

（1）需要灵活应对市场不确定性的互联网等创新型企业。

（2）需要建立跨部门协作能力的业务转型企业。

（3）需要提高团队协作的知识服务型企业。

第 5 节　对传统绩效管理的启示

OKR 对传统绩效管理的启示主要体现在两点，这也是传统绩效管理的改进方向所在。

1. 降低绩效评估结果在薪酬管理中的影响力

OKR 正是因为去掉了绩效评估结果在薪酬管理中的应用，才成功解决了传统绩效管理的诸多隐患，使得绩效管理结果更有保障性，提高了企业绩效目标达成的可靠性。在传统绩效管理中，或者说在中国当前的管理环境下，还不能找到有效替代绩效评估结果在薪酬管理中的作用的工具，所以完全取消绩效评估结果在薪酬管理中的应用不太可能。因此一个可行的办法是降低绩效评估结果在薪酬管理中的影响力，具体力度需要企业在绩效管理实践中逐步摸索。

2. 让绩效实施者参与绩效指标制定

OKR 的另一个优点是通过绩效实施者主动制定关键结果指标来提高满意度与积极性，并借此促使绩效评估结果更具说服力，更能得到绩效实施者的认可。对于这一优点，传统绩效管理可以借鉴。在传统绩效管理中，绩效督导者也可以让绩效实施者围绕绩效目标设计绩效指标，提高绩效实施者的参与度和积极性，同时提高其对绩效评估结果的认可度。

需要说明的是，绩效评估结果如果没有完全与绩效实施者的薪酬福利剥离开，即使让绩效实施者自己制定绩效指标，也不会达到在 OKR 下的效果。因为绩效实施者在制定绩效指标时，还是会因为绩效评估结果会影响薪酬而出现传统绩效管理中的隐患。

绩效评估结果和薪酬的关联程度与隐患之间的关系是：绩效评估结果对绩效实施者的薪酬影响越大，传统绩效管理中的隐患就会表现得越明显；绩效评估结果对绩效实施者的薪酬影响越小，传统绩效管理中的隐患也就表现得越不明显。

第 6 节　OKR 与 KPI 的比较

一　OKR 与 KPI 的比较

从本质上分析，在绩效考核过程中，KPI 较为重视财务和非财务指标，目标完成与否对财务指标产生直接影响。KPI 以完成目标或者任务为主，对过程并不注重。OKR 这种工具主要采用对工作人员的工作态度以及工作进度进行管理的模式，对每名工作人员进行时时提醒，让其明白目前的任务以及今后的目标。这也反映出 OKR 的重点并不针对某个团队或工作人员。

通过对两种工具的分析发现，KPI 和 OKR 对目标结果都非常重视。KPI 的实施路径是以组织目标为切入点，然后将其分解为个人目标，之后对个人目标进行量化。OKR 在实施过程中主要以制定目标为主，然后以目标为依据对目标结果进行明确，之后对目标结果进行量化，最终对目标结果的完成情况进行评估。

通过 KPI 和 OKR 的实施流程对比发现，OKR 可以在一定程度上对 KPI 实施过程中的劣势进行弥补。值得一提的是，企业为了得到更好的发展，在选择这两种方法时，应该结合自身实际情况，寻找适用的绩效评估方式，从真正意义上促进企业的发展。

二　OKR 是 KPI 和 MBO 的结合

1. 与 KPI 相比 OKR 更加关注具体目标的达成

KPI 更加关注岗位与结果的关系，在没有具体的战略作为前提的情况下，KPI 仅对岗位的产出结果负责。传统企业在管理与生产上有着稳定的硬性要素与规则，必须达到的结果以 KPI 表示。互联网企业更偏向于项目化的运作模式，会针对用户以及市场的改变及时提出新的目标，以稳定的 KPI 来考核并不符合企业实际运作的规律。

2. 与 MBO 相比 OKR 更能体现公司的目标性

在管理上 MBO 力求目标简单明确，更多关注目标执行过程与产出结果的关系，也导致存在较多的管理条目。在关键结果指标上 OKR 强调不宜过多，过多则无法体现出关键性，会使企业陷入过大过全、精力分散的误区。关键结果指标不宜超过 4 个，这样企业可以将主要精力放于结果上。

复习与思考题

1. OKR 适合在什么企业使用？
2. OKR 与传统绩效管理的异同是什么？
3. OKR 有什么先进之处？
4. 实施 OKR 需要什么环境？
5. OKR 与 KPI 有什么区别？

参考文献

1. 林新奇．绩效考核与绩效管理．北京：清华大学出版社，2015.

2. 帕门特．关键绩效指标：KPI 的开发、实施和应用．北京：机械工业出版社，2012.

3. 马尔．关键绩效指标：管理者必知的 75 个技巧．北京：清华大学出版社，2015.

案例分析

谷歌员工的 OKR 考评

谷歌旗下风投机构 Google Ventures 的合伙人里克·克劳（Rick Klau）在谷歌负责管理博客平台 Blogger 时，每个季度都会制定几项目标，其中一个季度的目标是“增强 Blogger 的声望”——当时 Blogger 虽然规模很大，但份额正在被 Tumblr 等新兴平台蚕食。针对这一目标，克劳列出了 5 个非常容易衡量的关键结果指标，包括在 3 场业界大型活动上做演讲、协调 Blogger 十周年庆公关活动、创建官方推特账号并定期参与讨论等。

克劳还表示，谷歌既有年度关键结果指标，也有季度关键结果指标；年度关键结果指标统领全年，但并非固定不变，而是可以及时调整；季度关键结果指标一旦确定就不能改变。此外，谷歌从公司、团队、经理到个人都有不同层级的关键结果指标，这些指标共同确保公司按计划正常运营。

谷歌员工通常每季度会制定 4～6 个关键结果指标，目标太多会令人焦头烂额。到了季度末，员工需要给自己的关键结果打分——这个打分过程只需花费几分钟时间，分数在 0～1 分之间，最理想的得分在 0.6～0.7 分之间。如果达到 1 分，说明目标定得太低；如果低于 0.4 分，则说明工作方法可能存在问题。

在谷歌，上至拉里·佩奇，下至每一位基层员工，所有人的 OKR 都是对内公开的，所有人都能在员工名录上查到任何一位同事的当前 OKR 和以往的 OKR 评分。OKR 的公开化有助于谷歌员工了解同事的工作——例如，克劳负责 YouTube 网站主页时，有些同事可能想在 YouTube 上放一段产品推广视频，这时他们可以查看克劳的 OKR，了解他当季度的工作，从而判断该如何与 YouTube 团队协商这件事。

OKR 并不是决定员工晋升的一项指标，但是可以帮助员工关注自己取得的成绩。克劳表示，他为晋升做准备时，只需看一下自己的 OKR，就能对自己为公司做过的事情一目了然。

问题：

1. 谷歌是如何实施 OKR 的？
2. 谷歌的案例带给我们什么启示？

第 9 章

绩效指标设定的原则

学习目标

学完本章后，你应该能回答如下问题：

◎ 如何把握绩效指标设定的量化原则？

◎ 如何理解 SMART 原则？

◎ 三维确定法是如何操作的？

◎ 权值因子分析法是如何操作的？

◎ 如何设置大类指标权重？

扫一扫

如何设计绩效考核指标

开篇引例

解决问题的前提是界定问题。华为时间管理培训的一部分，就是让受训者清楚了解时间管理的两大误区。

误区一：工作缺乏计划

华为的时间管理培训指出，大量的时间浪费源于工作缺乏计划，比如：没有考虑工作的可并行性，结果使并行的工作以串行的形式进行；没有考虑工作的后续性，结果工作做了一半，却发现因有外部因素限制只能搁置；没有考虑对工作方法的选择，结果长期用低效率、高耗时的方法工作。

误区二：不会适时说“不”

在华为人的笔记里，有句话非常醒目——“时间管理当中最有用的词是‘不’。”

华为人认为，人们组织工作不当中最常见的一种情况就是不会拒绝，这特别容易发生在热情洋溢的新人身上。新人为了表现自己，往往把来自各方的请托都一一不假思索地接受下来，但这不是一种明智的行为。

量力而行地说“不”，对己对人都是一种负责。首先，自己不能胜任请托的工作，不仅徒费时间，还会对其他工作造成障碍。同时，无论是工作延误还是效果无法达标，都会打乱请托人的时间安排，结果“双输”。

所以华为一向强调，接到别人的请托，不要急于说“是”，而要分析一下自己能不能如期按质地完成工作。如果不能，要与请托人协调，在必要的时刻，要敢于说“不”。

第 1 节　指标量化与 SMART 原则

绩效考核的指标设置必须具有可操作性，符合企业的实际情况。如果定性指标过多，难免导致实际考核过程中出现主观随意性，使绩效考核丧失严肃性与有效性。所以，考核指标应该尽可能可量化或可实际观察。但是这种可量化指标也无须过多过繁，应尽量简洁，否则将导致考核工作量骤增，无法实行。同时，确定绩效考核指标时还要考虑企业的实际，建立符合企业自身特点和要求的指标体系。

指标量化问题是一大难点，也是大家普遍关心的问题。为此我们需要考虑以下几个问题：绩效指标一定要追求量化吗？是否都可以量化？如何量化考核指标？

根据作者在咨询实践中的体会与研究，绩效指标一定要追求量化，必须量化，而且都可以量化。可以说，没有量化，就没有指标，就没有科学的指标。但是，如何量化考核指标呢？

我们需要对量化这个概念重新进行科学的理解，即量化并不能想当然地简单等同于“数量化”，并为此千方百计地设计出许多麻烦的数字或比率。量化等同于“数量化+行为化”，客观的、规范的行为化也可以成为量化的组成部分。正因如此，SMART 原则就成了客观的、规范的行为化的重要工具。

SMART 是指 specific，measurable，attainable，realistic，time-bounded 这 5 个英文单词的首字母缩写。这是绩效指标设定必须遵守的 5 个重要原则。

（1）指标应该是具体的（specific）。指标必须是具体、详细、容易被相关考核者理解的，必须确保指标的定义用通俗、简单的语言描述，指标定义无歧义等。

有人说，我将来要做一个伟大的人。这就是一个不具体的目标。目标一定要具体，比如想把英文学好，那么就得制定一个目标：每天一定要背十个单词、读一篇文章。

（2）指标应该是可衡量的（measurable）。指标可衡量是要确保指标有明确可信的衡量标准，要明确指标是否可以量化，是否有稳定的数据来源来支持指标或数据构成。

比如你要建一栋房子，先要在心里有个底：房子要多大？是几层楼？需要多少间卧室？要用木头砌还是钢筋水泥？要多少平方米？坐落在哪里？预算是多少？有了这些明确的标准，才有可能顺利地建好房子。

(3) 指标是可达到的 (attainable)。指标可以达到，即通常所说的“跳一跳够得着”，主要是为了确保员工能够用行动来改进其绩效评估结果，并且明白应该采取何种行动才能对指标结果产生正面影响，确保指标考核结果是能够被基本控制的。不能因指标的无法达成而使员工产生挫折感，但这并不否定其应具有挑战性。

美国进行过一项成就动机的实验。15 个人被邀请参加一个套圈游戏。在房间的一边钉上一根木棒，给每个人几个绳圈套到木棒上，与木棒的距离可以自己选择。有的人站得太近，很容易就把绳圈套在木棒上，而且很快就泄气了；有的人站得太远，老是套不进去，也很快就泄气了；有少数人站的距离恰到好处，不但使游戏具有挑战性，而且他们也有成就感。实验者解释，这些人有高度的成就动机，他们通常不断地设定具有挑战性但可达到的目标。

(4) 指标应该是现实的 (realistic)。指标应该现实，可以观察；必须与部门或员工的工作内容和职责相联系，以确保每个指标的结果有直接的责任归属。

一位公司员工如果整天考虑的不是怎样做好工作，而是一直做着明星梦，不肯努力奋斗，不思进取，不努力提高，在一天一天的消耗中丧失学习、工作的能力，最终会被公司抛弃、被社会遗弃。

(5) 指标必须是有时限的 (time-bounded)。指标应该以时间为基础，有明确的时间要求，以确保战略任务按期达成。

实际的绩效考核指标设计过程是相当复杂的，但是对照以上标准，如果发现有违背的情况，那么无论如何也应该对指标予以改进，或者寻找替代指标；如果不能改进或者实在无法找到替代指标，则该指标应该被视为不合理的而取消。

该要求的一个变形是 FRAME (Whetten et al.，1994)：少数性 (F)、可行性 (R)、一致性 (A)、可衡量性 (M)、明确性 (E)。可以参考这些，也可以有不同的创新。

第 2 节 如何设定指标权重

实践运用

绩效评价指标权重的分配反映了每一种指标对绩效的不同重要程度。有效地分配绩效评估指标的权重是绩效评估中较为关键的一步，是对员工进行公正评估的保证。常用的确定绩效评估指标权重的方法有以下几种：

一是主观经验法。它是一种主要依靠历史数据和专家直观判断确定权重的简单方法，需要企业有比较完整的考评记录和相应的评估结果。决策者个人根据自己的经验、对各项评价指标重要程度的认识，或者从引导意图出发对各项评价指标的权重进行分配，也可以是集体讨论的结果。此法的优点在于决策效率高，成本低，容易为人所接受，适合专家治理型企业和规模比较小的企业；缺点是获得数据的信度和效度不高，而且有一定的片面性，对决策者的要求很高。

二是倍数加权法。该方法首先要选择出最次要（或最具代表性）的考评要素，以此为1，然后将其他考评要素的重要性与该考评要素相比，得出重要性的倍数，再进行归一处理。此法的优点在于可以有效地区分各考评要素之间的重要程度，但在参照要素的选择上容易出现依靠主观判断的情况。

三是层次分析法。将绩效评估指标分解成多个层次，通过两两比较下层元素对于上层元素的相对重要性，将主观判断用数量形式表达和处理，以求得绩效评估指标的权重。层次分析法最大的优点是实现了定量与定性相结合，精度高，能准确地确定绩效评估指标的权重，因而使绩效评估指标间的相对重要性得到合理体现，为公正、科学地进行绩效评估奠定了基础。但此法操作过于复杂，难以推广。

四是权值因子判断表法。它是指由评价人员组成评价专家组，由专家组制定和填写权值因子判断表，然后根据各位专家所填权值因子判断表来确定权重值的方法。

五是对偶加权法。此法既注重主观的专家意见，又考虑可能出现的主观偏差，采用次序量表、等距量表和正态分布表等方式进行过滤和修正，在对各考评要素进行比较的基础上，汇总比较结果，从而得出权重。

指标权重确定的常见方法有四种：直接判断法、重要性排序法、三维确定法和权值因子分析法。

一 直接判断法

直接判断法是指由指标设定者根据自己的经验和对各项考核指标重要程度的认识，或者从引导意图出发，对各项考核指标的权重直接进行分配。[①]

这种方法有效的前提是指标设定者对考核对象的工作和职责十分了解，如员工的直接上级等。这种方法的主要优点是：第一，简单易行，容易操作；第二，适合对规模比较小、绩效指标比较简单的企业进行考核；第三，节省时间，决策效率高。这种方法的主要缺点是：第一，基于个人的经验判断，主观性强；第二，个人色彩比较强，容易招致员工的不满和质疑。

---

① 冉斌．绩效指标词典．北京：中国经济出版社，2005.

二 重要性排序法

顾名思义，按重要性排序就是将考核指标按照其重要性依次排序，并赋予分值，最终根据每个考核指标的重要程度得分在绩效指标体系整体得分中所占比重来确定其权重。

这种方法同样是基于个人的经验判断，但相对直接判断法而言，它有以下优点：第一，允许多个指标设定者各自做出判断，在一定程度上消除了单纯个人的主观性；第二，将每个指标设定者对指标重要性的判断结果以定量的方式进行综合处理，更加科学；第三，简单易行，省时省力。这种方法的缺点在于其打分过程仍然在较大程度上受主观臆断的影响，其结果的客观性、准确性仍有欠缺。

三 三维确定法

三维确定法是一种定性与定量相结合的权重确定方法，也是企业在确定每一个指标权重时最常用的一种方法。三维确定法认为，决定一个指标权重的主要因素有三个：在现有资源配置和条件下该指标的可实现程度、重要程度和紧急程度。只有三者综合起来考虑才能得出合理的权重系数。

三维确定法的主要操作步骤如下：第一，将一组指标先按重要程度、紧急程度、可实现程度采用“五点打分法”分别打分；第二，将每个指标的重要程度得分、紧急程度得分和可实现程度得分相乘，得出该指标的综合分数；第三，将每个指标的综合分数相加，然后确定每个指标综合分数在综合分数中所占的比重；第四，最终得出每个指标的权重值。

四 权值因子分析法

权值因子分析法相对前三种方法而言是最科学但同时也是最复杂的方法，因而这种方法一般需要专业人员的参与，以确保其成功实施。

这种方法的步骤如下：

第一步，组成评价小组，包括人力资源管理专家、评估专家和其他相关人员，根据对象和目的的不同，可以确定不同的专家构成。

第二步，经专家讨论选取恰当的权值因子，制定权值因子判断表和权值因子统计计算表。

第三步，由专家填写权值因子判断表，填写的方法是将行因子和列因子进行比较。

第四步，对各位专家所填结果进行统计，填写权值因子统计计算表。

第五步，将统计结果折算为每个指标权重。

权值因子判断表和权值因子统计计算表样表如表 9-1 和表 9-2 所示。

表 9-1 权值因子判断表

序号	评价指标	评价指标						评分值
		指标 1	指标 2	指标 3	指标 4	指标 5	指标 6	
1	指标 1	×	4	4	3	3	2	16
2	指标 2	0	×	3	2	4	3	12
3	指标 3	0	1	×	1	2	2	6
4	指标 4	1	2	3	×	3	3	12
5	指标 5	1	0	2	1	×	2	6
6	指标 6	2	1	2	1	2	×	8

资料来源：秦杨勇．平衡计分卡与绩效管理．北京：中国经济出版社，2004.

表 9-2 权值因子统计计算表

序号	评价指标	评价者								评分总计	平均评分	权值	调整后权值
		1	2	3	4	5	6	7	8				
1	指标 1	15	14	16	14	16	16	15	16	122	15.25	0.254	0.25
2	指标 2	16	8	10	12	12	12	11	8	89	11.25	0.185	0.20
3	指标 3	8	6	5	5	6	7	9	8	54	6.75	0.112	0.10
4	指标 4	8	10	10	12	12	11	12	8	83	10.37	0.173	0.20
5	指标 5	5	6	7	7	6	5	5	8	49	6.12	0.102	0.10
6	指标 6	8	16	12	10	8	9	8	12	83	10.37	0.172	0.15
	合计	60	60	60	60	60	60	60	60	480	60.00	1.000	1.00

资料来源：秦杨勇．平衡计分卡与绩效管理．北京：中国经济出版社，2004.

第 3 节 大类指标权重的设置

大类考核指标一般是指考核指标体系中大维度的指标，如工作业绩、工作态度、工作能力等。大类指标权重设置的影响因素主要有以下几种。

一 考核目的

不同的考核目的决定了绩效考核具有不同的重点，因而在大类指标的设计方面也会有所不同，以突出考核重点，达到考核目的。针对奖金发放的绩效考核一般而言关注业绩，因而奖金就是企业对员工良好业绩的鼓励，这种考核中工作业绩的考核权重应该比较大。如果考核目的是确定薪金的晋级进等，即员工基本工资的增加，此时企业更关注员工的工作能力和职业忠诚度，因而绩效考核的重点就应该是员工的能力和态度，相关指标的权重应该加大。旨在确定员工晋升的绩效考核更注重员工的能力和素质以及价值观，也应加大权重。

二 职种职系

对于不同职种职系的员工来说，他们的工作方式、工作环境、工作内容都有很多不同，因而在大类指标设计上也会有很多差别（见表9-3）。

表9-3　员工绩效考核的一般权重（%）

	大类指标	现场人员	职能人员	管理人员
用于奖励	业绩考核	80	40	60
	态度考核	20	60	40
	能力考核	0	0	0
用于增加基本薪酬	大类指标	现场人员	职能人员	管理人员
	业绩考核	0	30	50
	态度考核	80	40	20
	能力考核	20	30	30
用于晋升	大类指标	现场人员	职能人员	管理人员
	业绩考核	20	30	50
	态度考核	60	20	10
	能力考核	20	50	40

三　职位等级

一般而言，职位等级越高则越侧重业绩的考核，因为职位等级越高，工作创新程度和重要程度也就越高，承担的责任越大，而我们并不能从表面的行为和态度观察和考核来引导员工的行为、提升绩效，因此对于高职位等级员工的考核一般注重结果导向，注重业绩考核。而职位等级比较低的基层员工工作大多比较专业化，容易观察，因而可以通过考核其行为和态度来达到控制其绩效的目的，相对而言，态度和能力的考核比重会高于高职位等级的权重（见表9-4）。

表9-4　业绩考核分值分配表（%）

职务级别	核定提薪资格			核定奖励资格			合计
	成绩	能力	态度	成绩	能力	态度	
六级	60	10	30	80	10	10	100
五级	50	10	40	70	10	20	100
四级	40	10	50	60	10	30	100
三级	30	10	60	50	10	40	100
二级	20	10	70	40	10	50	100
一级	10	10	80	30	10	60	100

四　企业文化

在绩效考核过程中究竟是应该侧重业绩还是行为、能力、态度，也要根据企业文化进行选择。

如果企业想要营造的是一种比较感性、和谐的文化氛围，更倾向于以人为本，那么在绩效考核方面一般而言会比其他企业侧重行为、能力、态度等关注绩效过程的考核指标，评估内容主要集中在员工工作过程中的行为、努力程度和工作态度。

注重工作的最终业绩的绩效考核是结果导向的，评估内容主要集中在工作的实际产出。它营造的是一种比较理性、任务导向的文化氛围。当企业面临较大的生存压力时，会倾向于采用这种考核方式。究竟是应该侧重业绩，还是应该侧重能力、态度，需要综合考虑企业所要营造、强化的核心价值观和企业的具体情况而定。

第 4 节 考核指标权重的设置

设置考核指标权重的过程实际上就是一个理清每项工作轻重缓急的过程。具体到每个考核指标权重的设计，也可以采用以上四种设置权重的方法。无论采取何种方法确定指标权重，都必须遵循以下原则：

第一，所有 KPI 或所有工作目标的权重之和为 100%。

第二，每个 KPI 的权重一般不高于 30%，过高的权重易导致员工“抓大头扔小头”，对其他与工作质量密切相关的指标不予关注，而且过高的权重会使员工考核风险过于集中，万一不能完成指标，则整年的奖金薪酬均会受影响。

第三，单个指标或目标的权重最低不能小于 5%。指标权重过小会成为无效指标，反映不出指标所要考核的内容。

第四，各指标或目标权重比例应该呈现明显差异，避免出现平均分配权重比例的状况。这样能够明确考核的重点，使被考核者明了关键的内容，从而对员工的行为起到引导作用。

除以上几条基本原则，设置每个考核指标权重时还存在以下重要规律：

第一，指标权重设计要贯彻企业战略导向，即由企业战略目标分解得出的目标以及对企业战略实施重要性大的指标或目标权重高。

第二，指标权重设计要突出部门或员工的重点内容和职责。对照部门或员工在该考核周期内所应该完成的重点工作内容与职责，凡是与这些重点内容和职责相关联的指标，权重应加大。

第三，被评价人直接影响且影响显著的指标或目标权重高。

第四，权重分配在同级别、同类型岗位之间应具有一致性，又兼顾每个岗位的独特性。

复习与思考题

1. 试就 SMART 原则的每一点举一例。

2. 试根据人力资源经理的工作说明书制定其绩效考核指标体系，要求遵循 SMART 原则。

3. 指标权重设计方法有哪些？

4. 指标的权重设计必须遵循哪些原则？

5. 企业文化是如何影响指标权重设置的？

参考文献

1. 易生俊．华为时间管理法．北京：电子工业出版社，2016.
2. SMART & 3+1：绩效管理的原则．中国总会计师，2005（10）.
3. 刘晓琴．绩效指标权重分配中的对偶加权法运用．人力资源管理，2009（Z1）.
4. 王雪．层次分析法在绩效考评指标权重设定中的应用．中国科技信息，2005（6）.
5. 倪少凯.7种确定评估指标权重方法的比较．华南预防医学，2002，28（6）.
6. 林新奇．时间管理：从效率到效益．企业管理，2006（9）.

案例分析

机关单位考核指标权重安排

在我国许多政府机关和事业单位等公共管理组织中，“德、能、勤、绩、廉”是对其工作人员进行年度考核的常用指标体系，已经实施多年。某政府部门及其部分下属事业单位人员年终考核民主测评时，沿用了这套指标体系，但不同于往年各指标采用相同权重的模式，对指标权重进行了调整。

从评价方法的角度看，该套指标体系权重基本符合设定指标体系时应遵循的原则，综合考虑了各指标重要程度、指标之间的独立程度、指标特点、局限性及实际使用效果等因素，具体分析如下。

（1）指标“绩”权重最高，占35%，其次是“能”，占25%，均超出平均权重（20%）。一方面标志着这两个指标的重要程度，鲜明地体现出务实和面向结果的绩效管理理念和导向（“能”可视为潜在和未来的“绩”）；另一方面是由于这两个指标的内涵比较明确、外在和客观，评判者（周围同事）对它们比较清楚，所掌握的信息比较全面和准确，指标容易判断，指标的区分度和信息可靠性较高，指标应用效果和利用价值较高。

（2）“勤”，占10%。“勤”与“绩”、“能”与“绩”之间存在相关性，“勤”和“能”是原因和过程，“绩”是结果。由于“能”“绩”的权重已经较高，“勤”的权重便不能再赋予高值了。另外，“勤”低，“能”“绩”高的局面可能也是为了体现面向结果、讲求效率的管理理念。目前“勤”“能”“绩”三个指标的权重合计达到70%，高于平均权重模式下三指标权重合计（60%），总体上看基本合理。

（3）“德”，占20%，属于平均权重。对于公共管理组织，该指标很重要，但由于该指标内涵比较模糊、内在和主观，评判者（周围同事）所掌握信息不够全面和准确，指标判断比较困难，指标区分度不高。因此，该指标虽然很重要，但权重并不很高，取平均值。

(4)“廉”，占10%，低于平均权重。与“德”相同的是，该指标对于公共管理组织非常重要。此外，该指标是非常严肃、内在、强调事实依据、法律性很强的指标，实践中，除非有极端情况出现，一般情况下绝大多数评判者（周围同事）不掌握此方面的信息，对该指标难以判断，指标区分度和信息可靠性不高。而且，对一个人“廉”的考核评价，必须通过其他更正规、更有效的方式来鉴别和处理（如纪检监察），仅凭同事之间模糊的指标打分是不够严肃和充分的。从综合评分的角度看，指标“廉”成为那种“道理上很重要、实际应用效果不好和利用价值不高”的指标。考虑到评价指标体系的完整性和评价考核活动的导向作用，保留此指标，但权重适当降低。此外，该指标除了参与综合评分，还具有调查和预警作用，如对于该指标得分极低的人，管理者可以重点关注。因此，指标“廉”权重虽低，并不表示该指标不重要，而是由于该指标的特点和局限，以及不能仅仅简单地将其用于计算总分。

此外，“廉”和“德”两指标之间存在相关性，“德”是因，“廉”是果，这两个指标的权重合计达到30%，虽然低于平均权重模式下两指标权重合计(40%)，但考虑到上述所分析的两指标的特点、局限和实际应用效果，总体上看基本合理。

当然，判断指标权重是否合理，还需要考察其实际应用情况，需要对评价数据及结果进行系统分析。

资料来源：评估指标权重设计方法与案例分析．[2014-02-04]. https://www.gaodun.com/guihua/51015.html.

问题：

1. 某政府机关调整后的考核指标权重有哪些问题？
2. 如果让你调整政府机关的考核指标权重，你将如何调整？

第 10 章 绩效考核的具体方法

学习目标

学完本章后，你应该能回答如下问题：

◎ 比较法有哪些？它们是如何操作的？

◎ 量表法有哪些？含义是什么？如何操作？优缺点是什么？

◎ 描述法的含义是什么？包括哪些类型？

扫一扫

绩效考核方法

开篇引例

安妮是公司的物流主管。物流主管负责将客户从海外运过来的货物清关并提出来，然后按照客户的需求运到客户那里，确保整个物流顺利运行。

这家公司很小，共有 20 位员工，只有安妮一人负责这项工作。物流工作除了她再没人懂。在进行完 1 月的考评后，2 月发生一件事情：安妮 80 多岁的祖母在半夜里病逝了。她从小由祖母养大，祖母的病逝使她很悲伤。为了料理后事，她人很憔悴，也病倒了。碰巧第二天客户有一批货从美国进来，并要求清关后当天下午 6 点之前准时运到客户处，而且这是一个很大的客户。安妮是怎么做的？她把家里的事放在一边，第二天早上 9 点准时出现在办公室。经理和同事看她脸色铁青，精神也不好，一问才知道家里出了事。但是，安妮什么话也没说，一直做着清关的手续，把货从海关提出来，并且在下午 5 点就把这批货发了出去，及时运到客户那里。然后，5 点她就下班走了，可公司是 6 点下班。她提前走了，回去处理祖母的丧事。

这是一个关键事件。如果这件事部门经理没有发现、不记下来，或者人力资源部也没有发现，那在其他员工的眼里，她5点就走了会被认为是早退。如果部门经理善于观察，发现了这件事，问清楚是怎么回事，会发现这是值得表扬的事。如果安妮的祖母没有去世，那么帮助客户快速处理货物是一个物流主管的正常工作，不会被记下来。不过，她首先考虑公司的利益，为了不让客户受损失，克服种种困难出现在办公室，提前完成了任务。这是可以加分的一件事情，应当把这件事情记录下来。

第1节 比较法

一 交替排序法

交替排序法（alternative ranking method）是指根据某些工作绩效评价要素将员工从绩效最好到绩效最差进行排序，分别列于第一位和倒数第一位，依次循环，直到将所有员工按各要素排列完毕。通常来说，从员工中挑选出最好的和最差的要比对他们的绩效进行绝对的评估容易得多，因此交替排序法是一种运用非常普遍的工作绩效评估方法。

二 配对比较法

这是把每一位员工与其他员工一一配对，按照所有的评价要素分别进行比较。每一次比较时，给表现好的员工记“+”，另一名员工就记“−”。所有员工都比较完后，计算每位员工“+”的个数，依此对员工的工作表现做出评价——谁的“+”多，他的名次就排在前面。在表10-1中员工E从工作数量来看是最优的，而员工D的工作质量是最好的。

表10-1 配对比较考评表

就“工作数量”所做的比较						就“工作质量”所做的比较					
对比对象	被评估员工姓名					对比对象	被评估员工姓名				
	A	B	C	D	E		A	B	C	D	E
A		−	+	−	+	A		−	+	+	+
B	+		+	+	+	B	+		+	+	+
C	−	−		−	+	C	−	−		+	−
D	+	−	+		+	D	−	−	−		−
E	−	−	−	−		E	−	−	+	+	
合计	2	0	3	1	4	合计	1	0	3	4	2

这种方法的优点是判断范围小，准确度高。缺点是如果被评估人较多，则工作量比较大。这种方法更适合工作绩效能够进行量化的岗位。

三 强制分布法

即时案例

腾讯的绩效考核分为 S、A、B、C 四个等级，依次对应为优秀、良好、合格、待改进四个等级，各等级的比例分布为 5%、40%、50%、5%。

对考核结果为 S 级的普通员工和基层干部，将授予“腾讯优秀员工”“腾讯优秀基层管理干部”荣誉称号。相应的激励方式包括通报表彰、召开表彰大会进行颁奖、发放奖金与奖品等。

对考核结果为 C 级且部门评估为不合格的普通员工，将进行辞退处理；对考核结果为 C 级且部门评估为待改进的员工，部门将制定强制的绩效改进计划，并根据情况给予培训、转岗、降薪等处理；同时，连续两次考核结果为 C 的，将进行辞退处理。

对考核结果为待改进的基层管理干部，将根据绩效差距制定绩效改进计划，并给予管理辅导和专项培养计划；同时，连续两次考核结果为待改进的，将根据情况建议给予免职处理。

根据正态分布的规律，先确定好各等级在总体中所占的比例，然后按照每个员工的绩效优劣程度，强制列入其中的一个等级。使用这种方法，要求事先确定被评估者的等级与各等级的分布比例。比如，评估者可按下述比例确定员工的工作绩效分布情况：绩效极优，10%；绩效优，20%；绩效中，40%；绩效差，20%；绩效极差，10%（见图 10－1）。

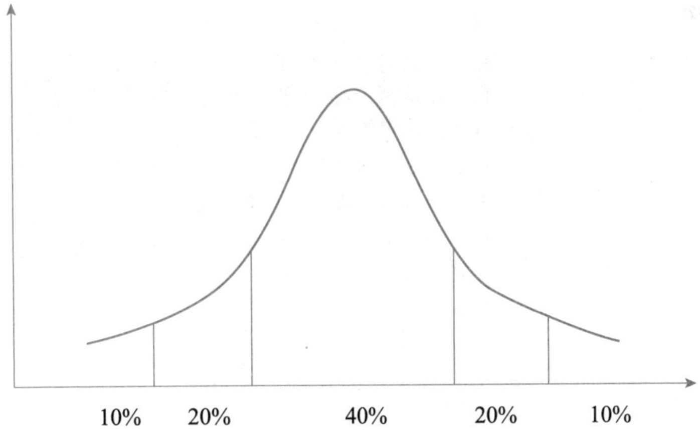

图 10－1 强制分布法图例

采用这一方法有助于避免考评者出现过分严厉或过分宽容的评估偏差，克服平均主义。具体实践中，在控制企业总体比例的情况下，具体到各部门比例可有所浮动。这一方法广泛运用于大企业的年终考评，其缺点是不适合在小范围内使用，因为如果一个部门只有三五个人，每个人都很努力，工作表现也不错，强行排列就会造成不公平的现象。员工也会不认可，认为没有如实反映绩效，会使员工之间关系紧张。

第 2 节　量表法

一　评级量表法

（一）评级量表法的含义

评级量表法是最古老也是用得最多的考核方法之一。它把员工的绩效分成若干项目，每个项目后设一个量表，由考核者做出考核。评级量表法之所以用得最多，是因为它极易完成，费时少，有效性也很高。评级量表法的具体示例如表 10－2 所示。

表 10－2　评级量表法

<table>
<tr><th>考核内容</th><th>考核项目</th><th>说明</th><th colspan="5">评定</th></tr>
<tr><td>基本能力</td><td>知识</td><td>是否充分具备现任职务所要求的基础知识和实际业务知识</td><td>10</td><td>8</td><td>6</td><td>4</td><td>2</td></tr>
<tr><td rowspan="4">业务能力</td><td>理解力</td><td>是否充分理解上级指示，干脆利落地完成本职工作任务，不需要上级反复指示</td><td>10</td><td>8</td><td>6</td><td>4</td><td>2</td></tr>
<tr><td>判断力</td><td>是否能充分理解上级意图，正确把握现状，随机应变，恰当处理</td><td>10</td><td>8</td><td>6</td><td>4</td><td>2</td></tr>
<tr><td>表达力</td><td>是否具备现任职务所要求的表达力（口头、文字），能否进行一般联络、说明工作</td><td>10</td><td>8</td><td>6</td><td>4</td><td>2</td></tr>
<tr><td>交涉力</td><td>在和企业内外的人员交涉时，是否具备使双方心悦诚服地接受或达成协议的能力</td><td>10</td><td>8</td><td>6</td><td>4</td><td>2</td></tr>
<tr><td rowspan="3">工作态度</td><td>纪律性</td><td>是否严格遵守工作规章，如不早退、不缺勤等，是否严格遵守工作汇报制度，按时进行工作报告</td><td>10</td><td>8</td><td>6</td><td>4</td><td>2</td></tr>
<tr><td>协作性</td><td>在工作中，是否充分考虑别人的处境，是否主动协助上级、同事做好工作</td><td>10</td><td>8</td><td>6</td><td>4</td><td>2</td></tr>
<tr><td>积极性与责任感</td><td>对分配的任务是否不讲条件，主动积极，尽量多做工作，主动进行改进，向困难发起挑战</td><td>10</td><td>8</td><td>6</td><td>4</td><td>2</td></tr>
<tr><td colspan="3">评定标准
10. 非常优秀，理想状态
8. 优秀，满足要求
6. 基本满足要求
4. 略有不足
2. 不满足要求</td><td colspan="5">合计分数</td></tr>
<tr><td colspan="2">评语</td><td colspan="6"></td></tr>
<tr><td colspan="2">考核人签字</td><td colspan="6"></td></tr>
</table>

评级量表法之所以能实现考核的目标，是因为它创造了一种量化考核。它把员工绩效的每一因素都加以反映，总考核成绩可以看作绩效增长或用作提升的依据。

除了表形式的评级量表，还有非表形式的评级量表。非表形式的量表通常有效性更强，因为它对量表上的每一点特征都做了简短的说明，而不是简单地标出高或低。正是由于对评级量表上每一水平的特征都做了精确的描述，考核者才可以给员工（被考核者）的绩效一个更精确的评价。在表形式的评级量表上，考核者只能主观地确定每个要素每一等级的水平。多数评级量表都是非表形式的，其考核内容与工作联系更紧密，更针对员工的表现。

每个测评单位可根据自己行业的特点，设计量表作为评价的依据。量表可以复杂些，也可以简单些，只要能测出不同的品质就行。

（二）评级量表法的优缺点

总的来说，评级量表既简单又省事。同时，评级量表可以测评很多考核目标，因为它给出了绩效的结果，这个结果可以用来调薪、调配工作等。

评级量表法也有缺陷。使用这种量表，考核者很容易产生晕轮误差和趋中误差。过于宽大或中庸的考核者，会把每个人的每个项目很快地评为高分或平均分。多数评级量表并不针对某一特别岗位，而是适用于组织的所有岗位，针对性不强。评级量表也容易使考核者的偏见或晕轮效应进入绩效考核中。

二 行为锚定等级评价法

（一）行为锚定等级评价法的含义

行为锚定等级评价法（behaviorally anchored rating scale，BARS）也称行为定位法，由美国学者史密斯（P. C. Smith）和肯德尔（L. Kendall）于 20 世纪 60 年代提出。

行为锚定等级评价法是一种将同一职务工作中可能发生的各种典型行为进行评分度量，建立一个锚定评分表，以此为依据，对员工工作中的实际行为进行测评的考评办法。

行为锚定等级评价法实质上是把关键事件法与等级评价法结合起来，兼具两者之长。行为锚定等级评价法是关键事件法的进一步拓展和应用，它将关键事件和等级评价有效地结合在一起。观察一张行为锚定等级评价表可以发现，在同一个绩效维度中存在一系列行为，每种行为分别表示这一维度中的一种特定绩效水平，将绩效水平按等级量化，可以使考评的结果更有效、更公平。行为锚定等级评价法的具体示例如图 10 - 2 所示。

行为锚定等级评价法的目的在于：通过一个等级评价表，将关于特别优良或特别劣等绩效的叙述加以等级性量化，从而将描述性关键事件法和量化性等级评价法的优点结合起来。其倡导者宣称，它比其他种类的工作绩效评价工具都具有更好和更公平的评价效果。

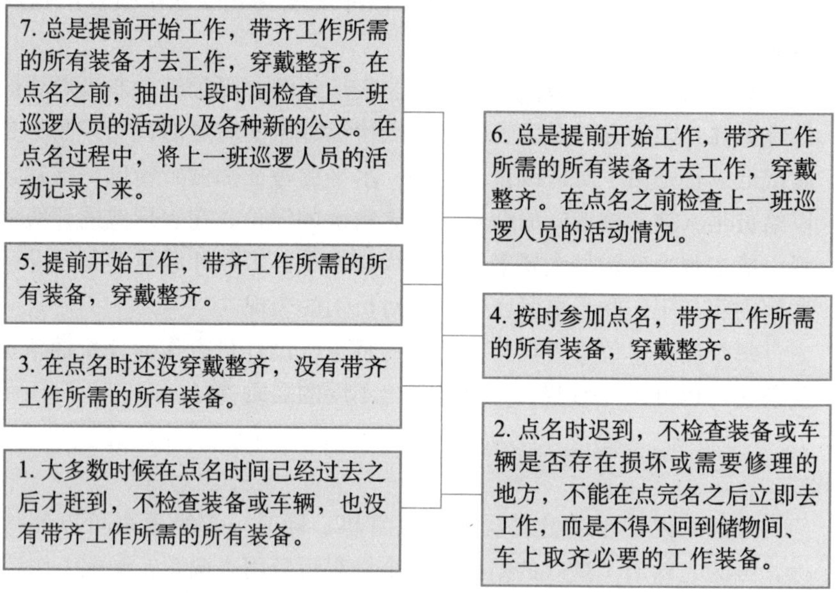

图 10－2　行为锚定等级评价法示例

（二）行为锚定等级评价法的具体工作步骤

行为锚定等级评价法通常要求按照以下五个步骤来进行。

（1）进行工作分析，获取关键事件，由主管人员做出明确简洁的描述。

（2）建立评价等级。一般分为 5～9 级，将关键事件归并为若干绩效指标，并给出确切定义。

（3）对关键事件重新加以分配。由另一组管理人员对关键事件做出重新分配，把它们归入最合适的绩效要素指标中，确定关键事件的最终位置，并建立绩效考核指标体系。

（4）对关键事件进行评定。审核绩效考核指标等级划分的正确性，由第二组人员将绩效指标中包含的重要事件由优到差、从高到低进行排列。

（5）建立最终的工作绩效评价体系。

（三）行为锚定等级评价法的优缺点

1. 优点

（1）对员工绩效的考量更加精确。由于参与设计本方法的人员众多，他们对本岗位熟悉，专业技术性强，因此精确度更高。

（2）绩效考评标准更加明确。评定量表上的等级尺度与行为表现的具体文字描述是一一对应的，或者说通过行为表述锚定评定等级，使考评标准更加明确。

（3）具有良好的反馈功能。评定量表上的行为描述可以为反馈提供更多必要的信息。

（4）具有良好的连贯性和较高的信度。使用本方法时对考评者使用同样的量表，对同一个对象进行不同时间段的考评，能够明显提高考评的连贯性和可靠性。

（5）考评的条理清晰，各绩效要素的相对独立性强，有利于综合评价判断。

2. 缺点

设计和实施的费用高，比许多考评方法费时费力；考核某些复杂的工作时，特别是那些工作行为与效果的联系不太清楚的工作，管理者容易着眼于对结果的评定而非依据锚定事件进行考核。

三　行为观察量表法

（一）行为观察量表法的含义

行为观察量表法也称行为观察比较法，是对各项评估指标给出一系列有关的有效行为，将观察到的每一项工作行为同评价标准进行比较，看该行为出现的次数、频率的评估方法。将每一种行为上的得分相加，可以得出总分。这种方法的优点是能够有一个比较有效的行为标准，可以帮助建立工作说明书；缺点是观察到的工作行为可能带有一定的主观性。行为观察量表法的具体示例如图 10－3 所示。

评价项目：工作的可靠性
1. 有效地管理工作时间。
几乎没有　1　2　3　4　5　几乎总是
2. 能够符合项目的期限要求。
几乎没有　1　2　3　4　5　几乎总是
3. 必要时帮助其他员工的工作以符合项目的期限要求。
几乎没有　1　2　3　4　5　几乎总是
4. 必要时情愿推迟下班并在周末加班工作。
几乎没有　1　2　3　4　5　几乎总是
5. 预测并试图解决可能阻碍项目按期完成的问题。
几乎没有　1　2　3　4　5　几乎总是
总分＝______
0～13 很差　14～16 差　17～19 一般　20～22 好　23～25 很好

图 10－3　行为观察量表法示例

（二）行为观察量表法的设计步骤

行为观察量表法包含特定工作的成功绩效所需要的一系列合乎希望的行为。运用行为观察量表，不是要先确定员工工作表现处于哪一个水平，而是要确定员工某一行为出现的频率，然后通过给某种行为出现的频率赋值，计算出得分。

在使用行为观察量表法时，评估者通过指出员工表现各种行为的频率来评定工作绩效。其步骤如下：

（1）将内容相似或一致的关键事件归为一组形成一个行为标准。例如，一个主管对工作做得好的员工进行表扬或鼓励。

（2）由在职员工组成分析小组将相似的行为指标归为一组，形成行为观察量表法中的一个考评标准。

（3）考评标准要一致，另一个人或一组人会根据工作分析得出的关键事件开发设计出相同的行为考评标准。

（4）检验行为观察量表法各个考评标准的相关性，或内容效度。检验内容效度的一种方法是：在关键事件分类前挑出10%的事件不参加分类，按照步骤（1）完成分类后，检查所挑出的10%事件是否还未出现。检验内容效度的另一种方法是：记录随着被分类的关键事件的增加而增加的行为指标的数目，如果对75%的关键事件分类后90%的行为指标已经出现，那么可以认定行为观察量表的内容效度是令人满意的。

（三）行为观察量表法的优缺点

1. 优点

（1）有助于员工对考评工具的理解和使用。该方法是从对员工所做的系统的工作分析中设计开发出来的，有助于员工对考评工具的理解和使用。

（2）有助于产生清晰明确的反馈。它鼓励主管和下属之间就下属的优缺点进行有意义的讨论。

（3）从考评工具区分成功与不成功员工行为的角度来看，行为观察量表法具有内容效度。考评者必须对员工做出全面的评价而不只是考评他们所能回忆起来的内容。

（4）行为观察量表法的关键行为和等级标准一目了然。由于行为观察量表法明确说明了对给定工作岗位上的员工的行为要求，因此其本身可以单独作为工作说明书或作为工作说明书的补充。

（5）该方法允许员工参与工作职责的确定，可以加强员工的认同感和理解力。

2. 缺点

（1）有时不切实际。

（2）要花费更多的时间和成本。因为每项工作都需要一种单独的工具（不同的工作要求有不同的行为），除非一项工作有许多任职者，否则为该工作开发一个行为观察量表将不具备成本效益。

（3）过分强调行为表现，这可能忽略了许多工作真正的考评要素，特别是对管理工作来说，应更注重实际的产出结果，而不是所采取的行为。

（4）在组织日趋扁平化的今天，让管理者来观察在职人员的工作表现似乎不太可能，但却是行为观察量表法所要做的。

四 混合标准量表法

（一）混合标准量表法的含义

混合标准量表法（mixed standard scales，MSS）又称混合标准尺度法，简称混合量表法，是与工作标准相比的一种绩效考核方法，由美国学者伯兰兹（Blanz）和吉塞利（Ghiselli）于 1972 年在传统评价量表的基础上提出。混合标准量表法的具体示例如表 10－3 所示。

表 10－3　混合标准量表法示例

<table>
<tr><td colspan="2">考评的三个维度</td><td colspan="2">绩效等级说明</td></tr>
<tr><td colspan="2">主动性；智力；与他人的关系</td><td colspan="2">高；中；低</td></tr>
<tr><td colspan="4">说明：请在每一项陈述后面标明员工的绩效是高于陈述水平的（填“＋”）、相当于陈述水平的（填“＝”），还是低于陈述水平的（填“－”）。</td></tr>
<tr><td>主动性</td><td>高</td><td>1. 该员工确实是一个工作主动的人，一贯积极主动地做事，从来不需要上级的督促。</td><td>＋</td></tr>
<tr><td>智力</td><td>中</td><td>2. 虽然这位员工可能不是一个天才，但是他确实比我认识的许多人更聪明。</td><td>＋</td></tr>
<tr><td>与他人的关系</td><td>低</td><td>3. 这位员工有与别人发生不必要冲突的倾向。</td><td>＝</td></tr>
<tr><td>主动性</td><td>中</td><td>4. 虽然通常来说该员工工作还是积极主动的，但是有时也需要上级督促来完成工作。</td><td>＋</td></tr>
<tr><td>智力</td><td>低</td><td>5. 尽管这位员工在理解问题的速度方面比某些人要慢一些，在学习新东西方面比别人要花更长的时间，但还是具有一般的智力水平。</td><td>＋</td></tr>
<tr><td>与他人的关系</td><td>高</td><td>6. 这位员工与每一个人的关系都不错，即使在与别人意见相左时，也能够与其他人友好相处。</td><td>－</td></tr>
<tr><td>主动性</td><td>低</td><td>7. 这位员工有坐等指挥的倾向。</td><td>＋</td></tr>
<tr><td>智力</td><td>高</td><td>8. 这位员工非常聪明，学东西的速度非常快。</td><td>＝</td></tr>
<tr><td>与他人的关系</td><td>中</td><td>9. 这位员工与大多数人相处得都比较好。只在少数情况下偶尔会与其他人在工作上产生冲突，这种冲突很有可能是要受到监督的。</td><td>－</td></tr>
</table>

（二）混合标准量表的设计步骤

混合标准量表的基本设计步骤如下。

1. 确定考评维度

考评维度往往是由设计者根据组织的实际需要和被考评者所从事工作的性质等因素决定的。伯纳丁和凯恩（J. S. Kane）提出，在业绩考评中最常用的六个维度为质量、数量、及时性、成本节约、监督的需要和人际关系。

若考评的维度较大，也可以在每一个维度下设几个子维度。如在对某一公司的产品营销人员进行考评的混合标准量表中，可以设七个维度，分别为团队合作、沟通能力、市场洞察力、工作主动性、责任心、纪律性和社交能力。在这些维度中，又可设子维度。如在团队合作这个维度中，又设大局观、分享知识、认同和影响力四个子维度。

2. 维度的表达

维度的表达就是为每一个考评维度的好、中、差三个等级拟出一条范例性陈述句。若维度中包含子维度，则对每一个子维度拟出好、中、差的范例性陈述句。

3. 设立每一个维度和子维度的权重

由于考评的角度和目的不同，每一个维度的重要性也就不同。如果是对产品营销人员进行考评，团队合作和市场洞察力就较为重要；相比较而言，纪律性就不那么重要。每一个子维度又是维度各个方面的分别体现，因此也可以因重要性而调整权重，但必须确保每组子维度权重之和为 1，维度权重之和也应为 1。

4. 打乱次序，掩盖评分等级

打乱每一个评估指标好、中、差行为的范例性陈述句的排列次序，使得每一个考评维度不易被人看出。这样就掩盖了评分等级，能确保考评者不会因为某一点的认同而肯定了被考评者的全部内容。可以说，打乱次序是混合标准量表法的最大特色，也是检验考评者是否有效、认真、可靠地进行评估的重要手段，对于提高考评的效度与信度起着非常重要的作用。下面讲述的逻辑有效性判断就是检验考评者打分是否有效的一个定量方法。

5. 求得最后分数

对所有有效的评价分数进行平均，就能得到该被考评者的分数。若是觉得其中的评价有主次之分，还可以加权平均得到最后的结果。

（三）混合标准量表的实施

在完成对整个混合标准量表的设计后，由人力资源管理部门或者相关的主管部门对所有考评者发放量表。为了使考评更加具有客观性，可以采用 360 度考评反馈。被考评者本人，其上级、下级以及同事都可以作为考评者参与考评。必要时，还可以外聘专家进行考评。

考评的过程，就是要求考评者针对被打乱的混合标准量表中的范例性陈述句对被考评者逐一进行评价，若是范例描述与被考评者的实际工作表现相符，则在此范例性陈述句后写上“＝”号；若是被考评者的表现优于范例描述，则在此范例性陈述句后写上“＋”号；若是被考评者的表现不及范例描述，则在此范例性陈述句后写上“－”号。

然后根据考评者所给的符号，对被考评者的表现做出评判，其具体实施步骤如下。

1. 逻辑有效性判断

首先把打乱了次序的范例性陈述句按照原先的维度分布重新进行排列。对于每一个维度或子维度的三种描述，考评者都会给出三种答案，这里有些回答是不符合逻辑的。比如，前面明明评估为优于“好的行为之表述”（给予“＋”号），后面评估时却认为在同一子维度指标中劣于“差的行为之表述”（给予“－”号），这就是说对同一个维度或子维度，优于优者、劣于劣者，显然不符合逻辑，应该视为无效。另外，可以用数字 1，2，3 来分别表示“＋”或“＞”（优于某一行为表述）、“－”或“＜”（劣于某一行为表述）、“＝”（等于某一行为表述）。

在整个混合标准量表中，若是某个考评者的无效率达到一定的程度（如大于30%），则舍弃该评价量表。

2. 求和，计算总分

对所有的逻辑进行组合，给出一个数字作为其分数。如最好的表现是第一种组合，优于优者，赋以最高分 7 分。然后依此类推。最差的表现是劣于劣者，赋以最低分 1 分。最后，由每一个子维度的分数乘以权重，得出维度的分数；每个维度的分数乘以权重，得出总分数。这就是一个考评者对被考评者的评价分数。

3. 求得最后分数

对所有有效的评价分数进行平均，就能得到该被评价者的分数。若是觉得其中的评价有主次之分，还可以加权平均得到最后的结果。

（四）对混合标准量表法的评价

1. 优点

（1）绩效考评的信度和效度高。这是混合标准量表法最突出的一个特点。所谓信度，就是绩效评价系统的一致性程度，它的一种重要类型是评价者的信度，包括内在一致性信度和重测信度。在用混合标准量表进行考评时，有效性检验就是一定程度上对重测信度的一种检验，通过检验，排除了短时间内前后不一致的情况。这一点是其他考评方法（如核查量表法、评价量表法）所不具备的。所谓效度，就是反映客观实际情况的程度和有效性。混合标准量表法通过一系列范例性陈述句，逐渐挖掘出考评者对被考评者的真实评价。好、中、差三个等级的评价能很好地起到提醒、激发灵感的作用，从而保证了绩效考评的效度。

（2）绩效考评的精度高。所谓精度，就是被考评者的绩效详细程度。对于每一个被考评者，他的得分来源，即绩效的表现，都可以从该混合标准量表中找到答案。混合标准量表的每一个维度及每一个子维度的范例性描述都为绩效的具体表现提供了参考依据。

（3）易于操作、适应性强。混合标准量表法的操作步骤简单，一旦制定出该混合标准量表，今后的考评都可以依此操作。所谓适应性，就是该考评方法的适用范围。混合标准量表法既适用于对一般工作人员的考评，也适用于对管理人员的考评，其适应性较强。

2. 不足

（1）这种技术与组织的战略之间有时不具有一致性。这种方法之所以会得到使用，是因为其开发比较简单，并且相同的评价方法（比如特性的清单、各种比较）适用于任何组织和任何战略。

（2）这种绩效评价方法常常只有模糊的绩效标准，因而可能会导致不同的评价者对于绩效标准做出不同的解释。正因为如此，不同的评价者有时会得出差异非常大的评价等级和绩效排序。

（3）在实际行为过程中，有各种复杂因素左右员工的行为，如人数的多少等，有限的几个维度描述难以表达其现实行为。这些不足之处，还需要结合其他评价方法加以弥补。

第3节 描述法

描述法是指考核主体用叙述性的文字来描述员工在工作业绩、工作能力和工作态度方面的缺点，以及需要加以指导的事项和关键事件等，由此得到对员工的综合考核。通常，这种方法是作为其他考核方法的辅助方法来使用的，因为它提供了对员工进行考核和反馈的事实依据。根据记录事实的不同，描述法可以分为业绩记录法、能力记录法、态度记录法和综合记录法。这里我们选择综合记录法中最具代表性的一种方法——关键事件法来进行具体解释。

关键事件法是由美国学者弗拉纳根（Flanagan）和巴拉斯（Baras）共同创立的，就是通过观察，记录员工完成工作时特别有效和特别无效的行为，依此对员工进行考核评价。

下面以通用汽车公司在1955年运用这种方法的过程为例，具体说明关键事件法是如何使用的。

通用汽车公司首先成立了一个委员会，专门领导这项工作。该委员会根据公司的实际情况，制定了以下考核目标："体制条件""身体协调性""算术运算能力""了解和维护机械设备的情况""生产率""与他人相处的能力""协作性""工作积极性""理解力"等。然后，要求工厂的一线领班根据下列要求对各自部下最近工作行为的关键事件进行描述：

（1）事实发生的背景。

（2）发生时的环境。

（3）行为的有效或无效事实。

（4）事实后果受员工个人控制的程度。

例如，一位领班对一位部下的工作"协作性"是这样记录的：

有效行为：虽然今天没有轮到杰克加班，但他还是主动留下加班到深夜，协助其他同事完成了一份计划书，使公司在第二天能顺利与客户签订合同。

无效行为：总经理今天来视察，杰克为了表现自己，不与同事协商，擅自加快工作进度，造成工作无法衔接。

通用汽车公司采用关键事件法后，出现了令人吃惊的结果：员工的有效行为越来越多，公司的效益也直线上升。正如委员会主任——人力资源部部长所称："大多数员工并不愿意做错事，如果领班能不厌其烦地指出员工的不足之处，员工就会设法纠正。"

复习与思考题

1. 强制分布法有哪些优点和缺点？应该如何看待这些优缺点？

2. 行为锚定等级评价法如何操作？有哪些优缺点？

3. 描述法中关键事件是什么含义？何时使用？

4. 请举例说明描述法如何操作。

参考文献

1. 迪克·葛罗特．强迫排名：让绩效管理奏效，找出未来领导人．台北：脸谱出版社，2006.

2. 林新奇．绩效管理．大连：东北财经大学出版社，2010.

3. 罗伯特·巴克沃．绩效管理：如何考评员工表现．北京：中国标准出版社，2002.

4. 凯勒，普拉斯．超越绩效：组织健康是最大的竞争优势．北京：机械工业出版社，2012.

案例分析

华为的末位淘汰制

华为总裁任正非曾在一次内部讲话中指出："每年华为要保持5%的自然淘汰率。"这在华为内部被称为末位淘汰制。末位淘汰制与裁员有着本质的区别：前者是为了激励员工，使他们觉醒，不要落后于时代；后者主要是为了摆脱包袱，企业迫不得已而采取的手段。前者过滤的是一些无法接受挑战或不愿做出改变的人；后者很多时候是一刀切。

给华为带来了活力

在华为，实施末位淘汰与要求员工保持强烈的危机意识，目的是一致的。"华为的危机以及萎缩、破产是一定会到来的"，任正非在他那篇著名的文章《华为的冬天》中如是说。而当觉察到这种萎缩就要到来时，保持每年5%的自然淘汰率比进行裁员更有利于华为的人员管理。任正非认为，通过淘汰5%的落后分子能促进全体员工努力前进，让员工更有危机感，更有紧迫意识。员工为了不被淘汰，就必须不断提高自己，调整自己，以适应公司的要求和发展形势。而这种能上能下、有进有出的竞争机制也给华为带来了活力。

任正非在文章《能工巧匠是我们企业的宝贵财富》中写道："由于市场和产品已经发生了结构上的大改变，现在有一些人员已经不能适应这种改变了，我们要把一些人裁掉，换一批人。因此每个员工都要调整自己，尽快适应公司的发展，使自己跟上公司的步伐，不被淘汰。只要你是一个很勤劳、认真负责的员工，我们都会想办法帮你调整工作岗位，不让你被辞退，我们还在尽可能的情况下保护你。但是我们认为这种保护的能力已经越来越弱了，虽然从华为总的形势来看还是好的，但入关的钟声已经敲响，再把公司当成天堂，我们根本不可能活下去。因为没有人来保证我们在市场上是常胜将军。"

对于被排在末位的员工、对于不能吃苦受累的员工，任正非的态度非常坚决——裁掉走人。在《迎接挑战，苦练内功，迎接春天的到来》一文中任正非写道："排在后面的还是要请他走的。在上海办事处时，上海的用户服务主任跟我说，他们的人多为独生子女，挺娇气的。我说，独生子女回去找妈妈去，我们送你上火车，再给你买张火车票，回去找妈妈去，我不是你爹也不是你妈。各位，只要你怕苦怕累，就裁掉你，就走人。"

有利于干部队伍建设

对于"老资格"的干部，华为同样实行严格的淘汰制度。任正非说："我们非常多的高级干部都在说空话，说的话都不落到实处，'上有好者，下必甚焉'，因此产生了更大一批说大话、空话的干部。现在我们开始考核这些说大话、空话的干部，实践这把尺子一定能让他们扎扎实实干下去，我相信我们的淘汰机制一定能建立起来。"

在任正非看来，末位淘汰制有利于干部队伍建设，可以让员工更有效地监督领导干部，使领导干部有压力，更好地运用权力，使清廉而有能力的干部得到应有的晋升。华为实行干部末位淘汰制，其目的也是在干部中引进竞争机制，增强干部的危机意识。作为一个庞大的集团，华为要想始终保持高速运转，就必须构建一支优秀的管理队伍。因此，在华为，不管员工以前做过多么大的贡献，都不会享受干部终身制，而是坚持干部末位淘汰制，建立良性的新陈代谢机制，不间断地引进一批批优秀员工，形成源源不断的干部后备资源；开放中高层岗位，引进具有国际化运作经验的高级人才，加快干部队伍国际化进程。

消灭泡沫，提高人均效益

有些人认为华为的末位淘汰制过于残酷，员工缺乏安全感，也不符合人性化的管理思想。但任正非认为，实行末位淘汰还是有好处的，是利大于弊的。在华为例会上，任正非说："事实上我们公司也存在泡沫，如果我们不去跟随泡沫当时就会死掉，跟随了泡沫未来可能也会死掉。我们消灭泡沫的措施是什么？就是提高人均效益。""队伍不能闲下来，一闲下来就会生锈，就像不能等到打仗时才去建设队伍一样。不能因为现在合同少了，大家就坐在那里等合同，要用创新性的思维方式来加快发展。军队的方式是一日生活制度、一日养成教育，就是要通过平时的训练养成打仗的时候服从命令的习惯和纪律。如何在市场低潮期培育出一支强劲的队伍，这是市场系统一道很大的考题。要强化绩效考核管理，实行末位淘汰，裁掉后进员工，激活整个队伍。""实行末位淘汰，走掉一些落后的员工也有利于保护优秀的员工，我们要激活整个组织。大家都说美国的将军很年轻，其实了解西点军校的军官培训体系和军衔晋升制度就会知道，通往将军之路就是艰难困苦之路，西点军校就坚定不移地贯彻末位淘汰的制度。"

一位已经离职的员工表示，"末位淘汰制"受到员工相当程度的诟病。为了达到5%的末位淘汰硬性指标，华为内部一些部门的确有可能利用公司规则漏洞淘汰一些根基不深的新员工。不过，一位在华为工作了6年的老员工刘先生（化名）表示，虽然离开华为已5年了，但他对末位淘汰制依然持肯定态度。刘先生说，裁掉的人一般有两种：一种人是无法接受华为的企业文化，没法适应快节奏、高压力、常加班；另一种人是在华为待的时间长了，工作的能力和积极性下降，工作效率达不到要求。

规避劳动纠纷的风险

需要注意的是，末位淘汰制有多种形式。如果末位淘汰的结果是将处于末位的劳动者调离某一职位，换一个岗位工作，或者对处于末位的劳动者进行培训后再工作，这样形式的末位淘汰制就不违反我国的劳动法律。如果根据考核排名结果直接把处于末位的员工从岗位上辞退，则是违反劳动法的。事实上，华为那些被淘汰的员工并不完全是被解雇，有一部分可以进入再培训，或选择内部创业。

《华为基本法》这样规定：利用内部劳动力市场的竞争与淘汰机制，建立例行的员工解聘和辞退程序。除此之外，《华为基本法》还规定：公司在经济不景气时期……启用自动降薪制度，避免过度裁员与人才流失，确保公司渡过难关。由此可以看出，华为虽然一直在执行末位淘汰制，但其原则正如任正非所言，目的在于提高人均效益，打造一支善于冲锋陷阵、无往而不胜的“铁军”。

问题：

1. 华为是如何实施末位淘汰制的?
2. 华为的末位淘汰制对企业有什么帮助？对我们有什么启示?

第 11 章 考核结果的调整与应用

学习目标

学完本章后，你应该能回答如下问题：

◎ 如何制定绩效改进计划？
◎ 绩效考核与招聘有什么关系？
◎ 绩效考核对培训有什么影响？
◎ 绩效考核与薪酬管理之间是什么关系？
◎ 根据绩效考核的结果可以做哪些人事决策？

扫一扫

绩效考核结果的运用

开篇引例

东风本田公司根据考核结果的等级划分，以及考核过程中所发现的问题，切实将结果运用到下一考核期的管理过程中，以真正发挥绩效考核的作用。首先是绩效改进计划。根据月度和年度绩效考核状况，找出全体员工实际绩效与期望绩效之间的差距，由人力资源部、直线部门经理和员工进行沟通反馈，发现绩效问题所在，然后制定切实的绩效改进计划和实施策略。在绩效改进计划实施过程中，人力资源部、部门主管需要进行监管、控制。其次是培训与发展计划。绩效考核结束后，对于存在绩效问题但仍有潜力改进、提高的，要及时制定培训与开发计划，并进行有力的培训管理，以保证培训与开发计划有效实施，从而使员工具备胜任工作的能力。这样做的目的是使员工在以后的工作中能改进和提高绩效，进而推动公司整体绩效提升。再次是晋升、降职或免职处理。按照绩效考核的结果与等级划分，对绩效不合格且完全没有改进可能的员工，及时予以处理——降职或罢免。对于超额完成绩效或者具有卓越绩效的员工除了要进行奖励外，具备胜任更高一层职位的及时予以提拔和晋升。具体实施计划由上层领导和人力资源部共同制定，同时结合员工个人的职业生涯规划，做到赏罚分明，以德才任人。最后是绩效奖金发放。实行绩效奖金的目的在于鼓舞员工的工作热情，激发员工的士气，奖励工作绩效卓越者，绩效奖金每月核定一次，定期发给。

第 1 节 团队/部门绩效与个人绩效挂钩

一 团队/部门绩效与个人绩效挂钩的意义

在一个组织内，团队/部门的良好绩效是全部门员工经过共同努力才得以实现的，每个人的绩效都是构成团队/部门绩效的一部分，员工个人除了尽力完成个人的绩效目标，还应该努力配合团队/部门同事的工作，实现团队/部门总体绩效的提升。个人的优秀只有转化为团队/部门的优秀，才能实现其最大价值。

因此，企业在制定绩效考核政策时，在对员工绩效考核结果的应用上应将其个人绩效成绩与团队/部门绩效成绩进行适当的挂钩。一方面，能促进团队/部门内部团队协作意识的培养，强化员工对本团队/部门的责任心和荣誉感；另一方面，也能保证团队/部门绩效考核结果与员工个人绩效考核结果的一致性。

二 团队/部门绩效与个人绩效挂钩的方式

在实际操作中，团队/部门绩效与个人绩效有多种挂钩方式，各有其特点，按照挂钩强度可以分为不挂钩、直接挂钩和间接挂钩几种方式，下面逐一介绍。为叙述方便，假设个人绩效考核最终系数为 K，团队/部门考核得分系数为 P，个人考核得分系数为 Q。

（一）团队/部门绩效与个人绩效不挂钩

即 $K=Q$，Q 值直接对应个人考核得分。

它适用于仅对个人绩效评估结果负责、工作任务独立性强的职位，如生产操作工人、以个人销售为主的业务人员等，个人考核指标完全可以量化。

优点：操作简单。

缺点：缺乏部门团队协作导向，容易导致团队/部门绩效 P 值与 Q 值相背离的现象。

（二）团队/部门绩效与个人绩效直接挂钩

1. 强挂钩

即 $K=P\times Q$，Q 值直接对应个人考核得分。

这是一种比较激进的挂钩方式，适用于绩效工资所占比例较少，P 值、Q 值各自上下浮动幅度不大的情况，如 P 值、Q 值上下幅度在 0.8～1.2 之间。为强化绩效考核对个人薪酬激励或惩罚的力度，采取 P 值、Q 值相乘的方式，员工 Q 值基本上呈正态分布。

优点：操作简单，体现了个人对团队/部门的责任；强化了正反向激励效果。

缺点：过于激进，容易挫伤部分员工的积极性，且对团队/部门经理的绩效管理水平要求较高。

2. 弱挂钩

即 $K=$（$P\times$团队/部门考核权重$+Q\times$个人考核权重），职位越低，个人考核权重越高。

这是一种折中的挂钩方式，适用于绩效工资所占比例较大、P 值或 Q 值上下限幅度较大的情况。

优点：兼顾团队/部门及个人的绩效，较直观地体现了个人对团队/部门的责任。

缺点：不适合工作任务完全独立的职位。

（三）团队/部门绩效与个人绩效间接挂钩

1. $K=Q$

具体 Q 值对应的考核各等级分布比例根据团队/部门绩效考核等级设定（见表 11－1）。

表 11－1　某公司团队/部门绩效与个人绩效关系示例

团队/部门考核 P 值	团队/部门内个人 Q 值分布比例				
	S	A	B	C	D
S	40%	30%	20%	10%	0
A	25%	40%	20%	10%	5%
B	10%	20%	40%	20%	10%
C	5%	10%	30%	40%	15%
D	0	10%	20%	40%	30%

团队/部门绩效越好，该团队/部门员工高 Q 值的人员比例就越高；反之亦然。

优点：团队/部门绩效和个人绩效得到了较好的结合，又体现了正态分布的思想，对公司、对员工都相对较公平。

缺点：操作比较复杂，正态分布比例不好确定。

2. $K=Q$

以 P 值作为个人考核系数 Q 的基数，根据个人考核等级确定 Q 值（见表 11－2）。

表 11-2　个人 P 值分布比例

个人考核等级	S	A	B	C	D
Q 值	$P+0.2$	$P+0.1$	P	$P-0.1$	$P-0.2$
分布比例	10%	20%	40%	20%	10%

优点：团队/部门绩效和个人绩效得到了较好的结合，正反向激励力度较大。

缺点：绩效工资所占比例较大，当团队/部门绩效不理想时，可能会对绩差员工的薪酬影响过大。

不同的企业有各自的运作特点、特定的绩效文化，以上绩效挂钩方式各有优缺点，各企业应选择符合自身运作特点、薪酬模式和绩效文化的绩效考核模式。

第 2 节　绩效考核结果的调整

不同岗位的工作性质和难易程度不同，会造成考评时得分难易程度的差异，导致考评结果的不尽合理与公平，所以在考核时对某些特殊岗位的实际考评结果应设定不同的系数，对考评结果做适当的修正与调整。调整系数设定等级如表 11-3 所示。

表 11-3　M 公司不同岗位绩效考评结果系数调整表

职位状况	调整系数
1. 同时兼顾多个部门的工作或从事多项不同性质的工作，复杂程度高，需要创新，工作关系范围很广，工作频率高。	1.15
2. 兼顾管理与具体工作，工作琐碎、繁杂，接触面广，工作量较大。	1.10
3. 常常同时从事多项工作，有一定的复杂程度，工作量超过正常的岗位。	1.05
4. 长期从事程式化操作工作，不需要创新，复杂程度不高，工作量一般。	0.95

不同岗位的工作性质、难易程度不同，在取得相同的分数时，不同岗位的员工所付出的努力是不同的，所以对不同岗位员工的绩效考评结果进行系数调整有其合理之处。

第 3 节　绩效考核结果的应用

一　绩效改进计划

（一）绩效改进计划的概念

绩效改进计划就是指采取一系列具体行动来改进下属的绩效，它包括做什么、由谁来做和何时做。

（二）绩效改进计划实施的主体

绩效改进计划需要主管及下属两方面共同参与完成。此外，还需要培训开发方面的专门人才。主管和下属可以把特殊的工作任务安排好，但通常不知道应该读什么书，参加什么会议。这方面就需要由培训开发人员提供意见。

（三）绩效改进计划实施的步骤

1. 找出问题所在

在已确定有改进项目的需要后，第一步就是要找出问题所在：为何绩效未达到可以达到且应该达到的水准？一般而言，通常有三方面的原因：下属、主管、环境。

第一，下属所做的可能是错的；也可能是应该做的他没做。其原因或者是对主管的要求不清楚，或者是技能不足，或者是缺乏动机。

第二，主管可能只要求做事但不求效果，而使下属无从发挥；或者是主管并没有协助下属改进其工作。具体实例如下。

（1）做不该做的。监督太严；每一个错误都要批评；所有问题都找下属来商量；对下属施加不当的压力。

（2）该做的不做。工作要求没说清楚；下属已具备应有的技能而主管不察；工作做得好，未加称许；不给下属接近的机会；下属的建议，不听也不考虑；事情不让下属知道；不授权给下属，不给下属担负特别任务或受教育的机会，使其成长。

第三，环境因素。包括下属工作场所的所有情况，可能的阻碍有：工具及设备不良；原料短缺；工作条件不良，光线不佳，空间不足，干扰等；对同仁不满；方法、步骤或设备改变，使下属遭遇困难。

2. 考虑可能解决的办法

所有可能改进绩效的方法应列于一张表上，并分类为：下属能做的、主管能做的，以及应改善的环境等。其中主管能做的包括：（1）参加主管会议；（2）工作轮换；（3）与公司里的专家研讨；（4）研读手册和程序说明；（5）参加技术部门的研修活动；（6）暂时调派至其他部门。

经国外学者研究，上述主管人员成长与发展活动的效果是逐渐减弱的。当准备绩效改进计划时，这些都是可考虑的方法。工作之外的活动，也是绩效改进计划的重要内容，其中最普遍的是参加活动、读书、积极参与专业组织。

3. 确立绩效改进计划

不管任何形态的计划，当主管与下属一起制定出来时，主管必须义不容辞地担负起最后完成的责任。此责任包括下列五项：

（1）确定下属了解这项计划。既然主管和下属合作制定出此计划，双方均应确认。

（2）如果环境变动，此计划须改变，则应与下属协商，并将改变部分写在原计划上。

（3）到期前应定期提醒下属，以使其能按照计划进行，避免因遗忘而使计划失败。

（4）不断协助下属完成计划。在计划进行过程中，当主管要提醒下属时，可以这样问："在原定期限内，有没有什么问题？有什么我能帮得上忙的？"

（5）如果计划某部分未按进度完成，应予纠正。

至于要如何达成上述五项责任而又不致遭到下属抱怨，就完全看主管和下属之间的互信程度了。

对于下属来说，同意实施绩效改进计划，是在职辅导的前提或第一步。主管既然已经负起完成计划的重担，同样，下属也应视之为己任，或是在有任何事情发生妨碍到计划完成时，下属应立即反映让主管知道。当计划不切实际时，就应加以修正。

二 绩效考核与招聘

企业因扩大业务或因原有职位的员工离职而产生职位空缺时，往往需要从企业中进行选拔或从社会上招聘新员工。在企业的选拔与招聘过程中，绩效考核的结果发挥着重要作用。

（一）企业选拔对考核结果的依赖

科学的选拔在利用考评结果上应遵循以下规则。

1. 业绩与能力的有效统一

业绩是绩效考核中列在第一位的因素，在考核中占有相当高的比重（在很多企业的绩效考核中，业绩这一因素在所有考核因素中占 70%左右）。好的业绩意味着较高的工作质量、较高的工作效率、较低的工作差错率等，因此，可以将业绩考核的结果作为人员选拔的先决条件，以鼓励员工创造出较高的业绩。但仅凭业绩考核结果来进行人员选拔，可能会陷入彼得原理中，即企业的员工有选拔到自己不称职、不胜任的职位上的趋势。业绩是过去行为的结果，业绩优秀表明该员工胜任现在的工作职位，但并不一定能证明他有能力胜任将要选拔到的工作职位。

在把业绩考核结果作为选拔先决条件的同时，也要将能力考核的结果作为人员选拔的制约条件。这也是贯彻岗位设置中能级对应原则的要求，即每一个人所具有的能级水平要与所处的层次和岗位的能级要求相对应，全面反映员工显在和潜在的能力，做到人尽其才，才尽其用。

2. 建立以职位族为基础的晋升阶梯

在传统的选拔制度下，晋升仅意味着管理职位的提升或向管理职位的提升，如科长升为处长、员工升为经理，但管理职位在企业中是相当有限的，把管理职位的提升作为晋升的唯一阶梯，对广大员工和专业人员是不公平的。而且，仅以管理职位的提升作为晋升，企业中往往会减少优秀的专业人员而增加平庸或不合格的管理者。因此，可以将公司的职位划分为若干职位族，如研发、工程、行政、事务、操作等专业类别，并建立不同的等级，从而形成以职位族为基础的晋升阶梯，借助绩效考核的结果来实现工作职位的优化。

（二）考核结果对企业提高招聘有效性的作用

1. 对招聘有效性的检测

对企业来说，招聘是有成本的，而且招聘的成本可能还不低。比如广告费、宣传费、招聘工作人员的人工成本等，还包括招聘到的人员并不适合企业而给企业带来的损失，因此，很多企业都很重视对应征人员的素质测评和招聘的其他筛选手段。这些手段的有效性如何，可以根据他们进入实际工作岗位后的绩效考核结果进行检测。把这些人员的绩效考核结果和他们申请工作时的测验结果相比较，通过分析就可以做出判断。例如，管理者可能会发现在挑选测验中得分大致相等的工作申请人一年后在工作岗位上的成绩却相差很大，如此就可以认为：这些测验没有精确地预测人员的行为。通过检测，可以对招聘筛选的方法与检测手段进行改进，以提高招聘的有效性。

2. 对招聘筛选的参考

通过绩效考核的结果和其他反馈，人力资源管理人员就对企业内各个岗位优秀人员所应具有的优秀品质与绩效特征有了一定的理解，这些理解能给招聘工作的筛选提供有益的参考。例如，通过对企业中优秀销售人员的绩效特征进行分析，发现主要是能吃苦、有耐心等，那么，在招聘销售人员时应挑选什么样的人，就不言而喻了。

三 绩效考核与员工培训

（一）绩效考核使人力资源培训与开发更有针对性

要使人力资源培训与开发发挥其应有的作用，必须有针对性，即应针对员工的薄弱环节，使他们能够获得急需的知识和技能。而要了解员工的优势和劣势，就必须对员工进行绩效考核，绩效考核结果为人力资源培训与开发提供了依据。通过对员工的绩效考核评价，主管可以发现员工在培训和开发方面不同的需要。例如，如果李明的工作要求具有技术方面的写作技能，而他在该条件上得到了一个勉强合格的评价，那么就有可能要求他在书面交流方面进行额外的培训。如果人力资源经理发现，许多基层主管在管理纪律方面存在困难，那么就有可能建议在培训期间主讲这个问题。通过识别那些对业绩有不利影响的缺陷，人力资源经理和直线管理人员就有能力制定出人力资源开发方案，以帮助员工发挥优点、克服缺点。一种绩效考核制度并不能保证员工会得到适当的培训和开发，但当评价结果值得参考时，对于确定培训与开发的任务还是有帮助的。

（二）人力资源培训与开发的效果可以通过绩效考核来判定

人力资源培训与开发主要是通过提高员工的工作技能，来提高他们的工作绩效。因此，检测人力资源培训与开发的效果如何，就可以通过绩效考核来判定。这样加强了对企业培训与开发活动的管理，有助于提高培训与开发活动的质量，使企业的人力资本投资取得最大收益。

四　绩效考核在企业公平激励机制建立中的作用

绩效考核在企业公平激励机制建立中有着不可低估的作用，主要表现在以下方面。

（一）员工绩效差异

公司绩效考核是通过确定一系列量化的指标来进行的，比如员工把公司的目标细化成每一个人必须完成的指标。考核时根据每一个人完成的情况，对其业绩提出量的差距，确定其级别，然后才有可能进行激励。

（二）员工工作态度差异

在考核的过程中，公司不仅关心每一个个体工作业绩和工作贡献的差异，而且十分重视个体工作态度的差异。因为工作态度不仅影响和制约公司的奋斗力，而且影响和制约公司的凝聚力和竞争力，同时也影响和决定着个人潜力的发挥。有些员工尽管相当有工作能力，但工作态度不好，常发牢骚，做一些不利于企业发展的事，公司就要使用负激励，即用惩戒的手段进行督促。

（三）人员待遇差异

科学、规范、合理的考核，能够帮助确定员工工资的级别，对发放奖金也能给予合理的帮助，应当重奖那些有特殊贡献的人。由此可见，绩效考核是激励制度得以建立的基础，离开绩效考核，激励也就无从谈起了。

五　绩效考核与人事调整

（一）绩效考核与人事处理

1. 纪律处分

纪律处分是对员工未能遵守已有的规章制度的一种处罚性措施。在绩效考核中，纪律处分必须记录在案，同时对员工的考核成绩会有消极影响。如果员工的绩效考核结果差到公司无法容忍的程度，公司可以采取不利于该员工的措施，纪律处分就是其中的一种。不像做出降职、解雇等决定需要以较长时期员工不良行为的积累为依据那样，纪律处分多为公司对员工若干次不良行为所做出的反应。

有效的处分一般只针对员工的错误行为，而非针对员工本人，这与绩效考核中指出员工过去的错误或不足时运用的“对事不对人”的方法是一致的。

内部员工关系管理中一个必要但经常很难处理的事情就是纪律处分的应用。处分并不是管理层的意愿，通常有更多积极的方法可以用来说服员工遵守旨在保证实现企业整体目标的规章制度，但对违反公司制度的行为必须加以处分。处分的目的主要是使员工的行为与公司的规章制度保持一致。建立规章制度就是为了约束员工，使员工朝实现公司目标的方向努力；当规章制度被违反时，组织效率在一定程度上就会受到影响。举个例子，如果一个员工只迟到一次，给人的感觉是几乎不会对公司产生影响，但如果三天两头迟到，那就是另一回事了，因为这对他本人的工作效率和其他员工的士气都会产生不良的影响。对一个上级主管而言，如果能公正地加以运用，纪律处分还是一种比较主动的方法。

2. 降职

降职是把一名人员调动到低一级职位水平的过程，由此工资也会相应降低一级。一个人被降职时，通常会情绪激动，被降职的人会在同事中失去自尊，感到被出卖、尴尬、愤怒和失望，其生产效率可能进一步降低，所以使用降职时应谨慎。如对某人做出降职的决定，应努力维护当事人的自尊，事先征求本人意见，而且应强调当事人对公司所做的贡献。另一方面，降职必须有明确的理由和解释，这种理由和解释必须是令人信服的。一般来说，这种人事调动应以绩效考核的结果为依据。如果绩效考核被公认为合理的话，则其结果也是可信的，也就是说，当当事人在绩效考核中的表现超出公司可容忍的限度时，公司就有足够的理由来实施降职。

3. 调动

调动是指公司人员的横向移动，可由公司提出，也可以由员工申请。调动可以满足多种目的：可以满足公司调整组织结构的需要；通过绩效考核，可以反映出公司组织结构设置的效率，当公司组织结构设置不合理、影响整体运营效率时，可以考虑对组织结构进行调整，相应地就需要有人员的调动。

（二）绩效考核与人员晋升

1. 以工作分析确定岗位考核能力

企业可以对岗位进行深入的工作分析，做出相关的岗位考核，制定各岗位的工作等级标准和达到工作标准所需要的知识、技能、经验的规定。在此基础上，有目的、有重点地对员工进行系统客观的绩效考核和素质能力测评，建立与日常工作要求相一致的晋升制度，把员工的工作成绩、工作态度、工作能力的考核结果作为晋升的依据。

2. 建立科学合理的晋升制度

维持一个企业生存的是效益和效率，按工作标准、工作要求和工作所需要的能力建立晋升制度，更有利于企业维持高效率。对那些成绩出色但没有获得晋升的人，公司应该寻找其他途径来激励他们。一个办法是双重工资制度，使技术水平高的人即使不进入管理层，也可以享受到相应的工资报酬；另一个办法是技能工资制，它是根据员工与工作相关技能的具备程度来确定工资的系统。

由于未来的不确定性，企业不可能把握未来工作的全部内涵并储备相应的人才。在员工进行某项工作之前，任何人都不可能预测他是否一定能胜任。因此，晋升往往伴随着一系列推断、评估和权衡，追求晋升上的绝对公平是不可能的。晋升中运用的考核尽管是针对未来的工作要求展开的，也不能保证不出偏差。

3. 领导必须积极参与考核

以晋升为目的的考核，只有在上级主管或更高层管理者的积极参与下才行之有效，也更有权威性。具体地说，作为考核者的上级主管积极观察、记录被考核者的日常工作行为，根据考核标准，与下属进行沟通，在相互了解的基础上进行有针对性的指导、帮助和教育，使下属做好工作并在工作中增长才干，从而使晋升标准成为晋升的辅助手段，使晋升考核工作中的固有缺陷通过上级主管的指导以及上级主管与下属之间的交谈沟通和协作得到弥补。下级人员也有机会向上级主管阐明自己的晋升意图及其在能力开发方面的努力方向和目标，寻求领导的指导和帮助。

复习与思考题

1. 如何制定绩效改进计划？
2. 绩效考核与招聘有什么关系？
3. 绩效考核对培训有什么影响？
4. 绩效考核与薪酬管理之间是什么关系？
5. 根据绩效考核的结果可以做哪些人事决策？
6. 团队/部门绩效和个人绩效直接挂钩中两种挂钩各是什么含义？
7. 团队/部门绩效和个人绩效间接挂钩如何操作？

参考文献

1. 琼斯．绩效管理：英汉对照管理袖珍手册．上海：上海交通大学出版社，2003.

2. 孙科柳．华为绩效管理法．北京：电子工业出版社，2014.

3. 阿黛勒·林恩．提高团队情商的 50 种活动：经理人快速提升团队绩效的工具．北京：电子工业出版社，2012.

4. 马宏勇．向华为学绩效管理．北京：人民邮电出版社，2015.

5. 肯·布兰佳，艾伦·伦道夫，彼得·格雷齐尔．一分钟经理人团队版：提高团队绩效的三步骤．北京：东方出版社，2008.

案例分析

通用电气的绩效管理体系

绩效评估在通用电气被称作阶段 C（Session C），每年 4 月，通用电气都要对所有员工进行绩效考核和评估。阶段C是一个相对的概念，通用电气将公司的发展分为四个阶段。阶段A、阶段B主要指公司的发展目标，阶段A指公司3年的业务前景规划，阶段B指公司第2年要完成的目标规划。完成前两个阶段的评估后，就开始阶段C，也就是针对公司人力资源工作进行评估，称为阶段C人力资源评估，从人力资源的角度去看怎么实现公司的一系列目标与计划。阶段D是对遵纪守法与诚信的评估。

每年都必须采取书面的非常正式的方式进行阶段C人力资源评估，实际上这种工作每天都在进行，不论是通用电气的哪个业务部门，都采取这种管理方式。阶段C人力资源评估从下到上对每一名员工进行评估。每年年末，通用电气的每名员工都要对本年度的工作做详细的总结，对自己的表现与业绩做自我评估，包括参加了什么培训，担任何种职务，工作经历怎样，本年度完成了哪些业绩，分析自己的优势、劣势以及未来职业生涯规划，将设定什么样的目标……并以此为根据写出自己今后的发展目标及要求。同时，部门经理也要对部门每位员工写出发展希望与评估报告。

活力曲线

评估系统将20%的员工定位最好（A player），10%的员工定位最差（C player），另外70%的员工按照表现给予相应的定级。公司将依据对每个人的考核结果进行工资调整、晋升及各种奖惩。以业绩为横轴，以组织内达到这种业绩的员工的数量为纵轴，你将得到一张正态分布图（见图11-1）。

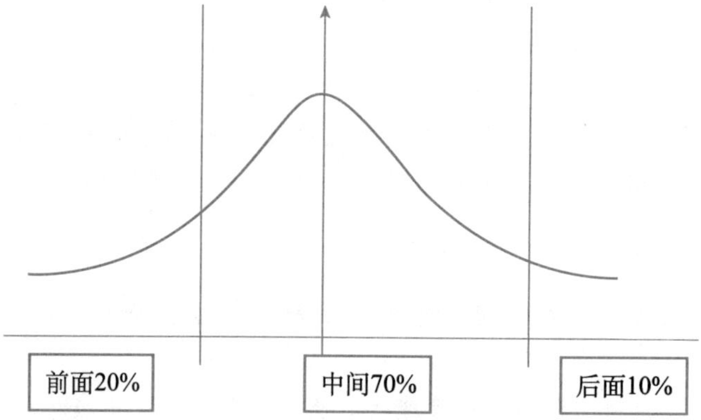

图11-1 活力曲线

利用这张正态分布图，你将很容易地划分业绩排在前面20%的员工、业绩排在后面10%的员工以及业绩排在中间70%的员工。这种评估组织内人力资源的方法韦尔奇称之为活力曲线。活力曲线当然不仅是一个划分的工具，其作用更重要地体现在划分之后的严格区别对待。

首先是工资提升、职务晋升和股票期权等奖励上的区别对待：A类员工得到的奖励往往是B类员工的两三倍；B类员工也会得到奖励，通常他们中间的60%～70%会得到工资提升和股票期权；C类员工不会得到任何激励。

除了奖励以外，三类员工在通用电气的地位也有非常大的差别：A类员工将被视为通用电气最重要的财富，每个 A 类员工的流失都被视为重大损失，都必须事后开会检讨；B 类员工是通用电气的企业主体，也是最主要的培训对象；C 类员工会被“处理掉”和“清除出去”。

又“红”又“专”

通用电气（中国）公司的考核内容包括“红”和“专”。“专”是硬性的东西，即工作业绩；“红”是软性的东西，主要是价值观。这两个方面的综合结果就是考核的最终结果，可以用二维坐标来表示。

年终考核共有四张表格，前三张是自我鉴定。第一张是个人学历记录。第二张是个人工作记录（包括在以前公司的工作情况）。第三张是对照年初设立的目标自评任务的完成情况，根据一年中的表现、取得的成绩，对照通用电气的价值观、技能要求等，确定自己哪些方面是强项，哪些方面不足，哪些方面需要通过哪些方式来提高，需要得到公司的哪些帮助，在未来的一年或更远的将来有哪些展望等。韦尔奇当年刚加入通用电气时就在个人展望中表达了他要成为公司全球总裁的愿望。第四张是经理评价，经理在员工个人自评的基础上，参考前三张表格填写第四张表格，经理填写的鉴定必须与员工沟通，取得一致意见。如果经理和员工有不同的意见，必须有足够的理由说服对方。如果员工对经理的评价有不同的意见，可以与经理沟通但必须用事实来说话。如果员工能够说服经理，经理可以修正其以前的评价意见。如果双方不能达成一致，将由上一级经理来处理。在相互沟通、交流时必须用事实来证明自己的观点，不能用任何想象的理由。

考核的目的是发现员工的优点与不足，激励员工，有效地提高组织的效率。员工的综合考核结果在二维表中的不同区域时处理如下：(1) 综合考核结果在第四区域，即业绩考核和价值观考核都一般时，处理非常简单，这种员工只有走人。(2) 综合考核结果在第三区域，即业绩考核一般但价值观考核良好时，公司会保护员工，给员工第二次机会，包括换岗、培训等，根据考核结果制定提高完善的计划，3 个月后再根据提高计划考核一次，在这 3 个月内员工必须提高完善自己，达到目标计划的要求。如果 3 个月后考核仍不合格，员工必须走人。当然这种情况比较少，因为人力资源部在招聘时已对员工做过测评，对员工有相当的把握与了解，能够加入通用电气者都是比较优秀的。(3) 综合考核结果在第二区域，即业绩考核良好但价值观考核一般时，员工不再受到公司的保护，公司会请他走人。(4) 综合考核结果在第四区域，即业绩考核与价值观考核都良好时，就是公司的优秀员工，将会有晋升、加薪等发展机会。

成功的秘诀在于把简单的事情做好

考核能够取得预定的目的，有多方面的原因。在所有这些因素中，最重要的不是考核方法、考核技术、考核制度有多复杂、有多高深，而是能够把简单的事情做好、做到位。而这正是通用电气（中国）公司的价值观“确立一个明确、简单和从现实出发的目标，传达给所有人员”所要求的。

通用电气（中国）公司的考核工作是一个系统工程，包括制定目标与计划、良好的沟通、开放的氛围、过程考核与年终考核结合、及时反馈信息、考核与员工的利益紧密联系、强调公司的价值观、领导支持、管理层与一般员工积极参与、有一个制度来保证等。

(1) 过程考核与年终考核。考核是为了激励、提高与完善，所以信息要及时反馈。员工表现好时要及时肯定表扬，表现不好时则要及时提醒。到了年终考核时，所有评价都根据平时的表现，不仅有说服力，而且人力资源部的工作并不繁杂，因为全年都在不断积累素材，平时就把工作做到位了。

(2) 良好的沟通。包括各部门的上一级之间、人力资源部与其他部门之间的沟通，保证无阻碍、畅通，这样员工和经理才能得到比较全面的信息。公司的环境是开放的，员工可以轻松地与经理甚至总裁交流。良好的沟通也是公司价值观所要求的：乐于听取各方的意见……致力于群策群力。良好的沟通不仅包括面对面的交流，员工的自我评定也是一种沟通渠道。员工有什么想法，有什么要求，希望得到公司的哪些帮助等都可以在考核时写清楚。

(3) 确立每个员工的行为准则，视六西格玛为生命。管理人员等的考核不易量化，是考核中的难点。通用电气（中国）公司一开始就给管理人员、领导人员确立了行为准则，这些准则既面向管理人员也面向员工。

(4) 用事实来考核软性因素。价值观等软性因素的考核也是不好量化的，通用电气（中国）公司解决这一难题的有效方法是把工作放在事前。凡是加入通用电气（中国）公司的员工，首先被告知的是通用电气（中国）公司的价值观，然后会有与价值观相关的各种培训，员工对价值观的感悟会不断得到强化。培训不是叫员工背诵价值观的内容，而是用发生在公司的事实来说明价值观，在考核时也是每个结论都必须用事实来证明，不能凭空想象。

(5) 考核的结果与员工的个人利益、职业生涯发展关系密切。考核的结果与员工第二年的薪酬、培训、晋升、换岗等利益相联系；同时，考核也是为了提高和完善员工的素质，公司会尽可能满足员工的一些想法和要求，鼓励员工写下真实想法，并且尽最大的可能帮助员工。

360 度考评反馈

360 度考评反馈并不普遍使用，一般用在考核领导和员工为了自我发展、自我提高时。做 360 度考评反馈包括上级、下级、同事、客户，由被考核者在这些人中各选择几个人，考核的结果则由外面的专业机构分析，这样可以保证客观性与科学性。

通过阶段 C 人力资源评估程序，公司发现了许多优秀人才，并将表现突出的人列入重要岗位的“接班人计划”候选人。

问题：

1. 结合案例，谈谈韦尔奇“活力曲线”的本质是什么。
2. 通用电气的绩效管理体系有什么特点？其目标与绩效改进是如何结合的？

第 12 章

绩效沟通

学习目标

学完本章后，你应该能回答如下问题：

◎ 什么是绩效沟通？

◎ 绩效沟通具有什么样的重要性？

◎ 简要叙述绩效沟通应遵循的原则。

◎ 如何理解绩效沟通体系以及绩效沟通机制的运作？

◎ 理解沟通技巧在绩效管理中的应用。

扫一扫

绩效沟通

开篇引例

华为每年都有大批新员工加入，他们每月领取的薪水和老员工有较大的差距。这时新员工难免产生失落感、焦虑感、不公平感，严重影响到愉悦感，进而影响到工作积极性。员工在感到自己的绩效水平明显低于其他同事时，会产生一定的消极心理，如果不及时进行绩效沟通，对员工的消极心理给予疏导，就会影响到员工的工作主动性、积极性甚至是团队合作，进而影响到企业绩效。统计数据显示，一个积极主动工作的团体所带来的企业的利润率，要比士气低落、被动工作的团体高出 2～4 个百分点。那么，如何摒弃消极的攀比风气，形成健康良性的比较机制呢？绩效沟通中的绩效面谈和绩效辅导工作可以有效地解决这一问题。针对员工的绩效评估结果，管理者和员工进行正式交流可以缓解他们之间的对立情绪，帮助员工认识实现绩效过程中的问题。任正非特别重视新员工的思想工作问题，他强调新员工应该对差异的形成有正确的认识。

通过绩效沟通解决了员工的思想问题，还要通过绩效辅导帮助员工，化消极因素为积极因素，提高他们的绩效水平。这种辅导既体现在员工工作过程中，也体现在工作告一段落后。例如，针对新老员工的待遇差异问题，帮助员工从正确的角度看待、比较。那些基于工作岗位和工作贡献的比较才是建设性的、健康的、积极的。华为提倡，在绩效公示后所有员工及时反省，进行自我批评，找出差距，并以开放的心态找寻他人的优点，向他人学习。

绩效公示后，各团队要及时做好沟通工作，完善工作总结，分享给团队的每个成员，使大家看到前进的方向，激发他们持续上进的动力。当然，也要注意理论联系实践，用自己学到的知识经验提炼总结出好的工作方式方法，进而做出好的业绩，并且及时分享给大家、分享给团队。

华为要求员工用谦卑的心态对待过往的业绩，同时对于未来的失败要有心理准备，因为没有人会永远是赢家。员工要融入团队，虚心向他人学习。这就是基于企业共同目标的华为的新同事文化——分享与共同成长。

第 1 节　绩效沟通的概念与原则

一　绩效沟通的概念

所谓沟通，是指人们在互动的过程中通过某种途径或方式将一定的信息从发送者传递给接收者，并获得理解和预期反馈的整个过程。[①] 绩效管理沟通简称绩效沟通，是指在绩效管理的过程中，管理者和员工之间就工作绩效相关问题进行正式的或非正式的反馈、探讨、帮助和沟通，从而促进绩效考核结果的公平合理、个人与组织绩效的改进、员工与组织的共同成长，形成绩效管理的互动、协调、公开、公正的过程。

绩效沟通与一般沟通一样，遵循图 12 - 1 所示的沟通路径。

但是作为管理沟通的一种形式，绩效沟通又有其一定的特殊性。对管理者来说，绩效沟通可以达到以下目的：（1）获取员工的信息，掌握员工的工作情况，并根据具体的情况有针对性地提供各种资源和指导，从而帮助提升员工的工作能力；（2）运用沟通获得的信息帮助管理者向员工传递组织期望，应对企业内外部发生的各种变化；（3）使管理者能够客观、公正地评价员工的工作绩效，提高员工对绩效评价的满意度；（4）通过沟通，管理者和员工探讨和找出绩效存在的问题及原因，使绩效改进计划有基础和依据。

① 王磊．管理沟通．北京：石油工业出版社，2001.

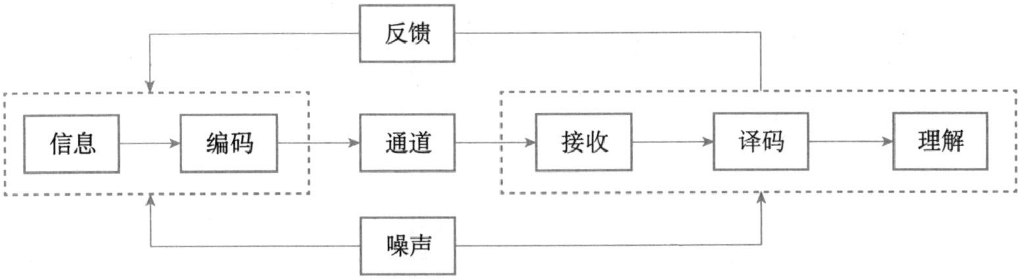

图 12-1 沟通过程模型

资料来源：康青．管理沟通．5 版．北京：中国人民大学出版社，2018.

对于员工来说，绩效沟通也意义重大：(1) 可以帮助员工及时了解自己在绩效周期内的业绩是否达到标准，及时发现在这一阶段的绩效不足并加以改进，使双方对绩效评估结果达成一致的看法；(2) 持续的绩效沟通使员工的工作处于一种开放的状态，激发员工工作的热情和积极性；(3) 帮助员工随时了解企业变化，如组织目标的调整、工作内容的改变等，使其根据这些变化对自己的工作做出调整；(4) 使员工能及时得到管理者提供的资源、指导与帮助，以协助他们更好地完成任务、实现目标。①

二 绩效沟通的基本原则

绩效沟通既是一项重要的管理工作，也是一门重要的管理艺术。绩效沟通应当遵循以下六项基本原则。②

第一，要将沟通内化于组织战略中。组织应该在各个层级上进行充分的沟通，高层领导应经常和下属进行沟通以建立一种管理信任，从而让下属专注于工作。

第二，要向员工传递要求、信息和激励。关于向员工传递什么信息的问题，首先需要了解员工的需求，可以应用情境理论。实践发现，员工参与的两个重要因素是其在组织中的地位和产品的价值。

第三，要将沟通作为加强领导的手段。沟通并不仅仅是向员工传递信息，而是要将这些信息应用于日常工作中，为此可以让直线经理找出各自部门现有的文化，然后与所要求的组织文化进行比较。这个过程可以消除一些不良的东西并推广好的东西，虽然简单，但却让经理们看到其部门所需要做出的变革，并且意识到组织的目标需要普通员工去实现，必须让员工集中到组织的目标上来。

第四，管理者需要战略的沟通技能。主要是找出组织建构开放式沟通所需要的素质。在一些组织中，组织沟通和领导层没什么关系，可以让人力资源管理部门界定出建立信任、信誉和尊重所需要的素质和能力。

---

① 张惠晨．绩效管理：与员工进行持续有效的绩效沟通．中国质量，2004 (7).

② Bayerlein P，Gailey R. The six principles of performance communication. Strategic HR Review，2005，4 (4).

第五，分析信息流动渠道以提供明确的目标。找出沟通不充分的根源，这是很重要的。即使在一些绩效很好的组织中，各部门之间的沟通也会出现问题，不同部门的员工会为不同的文化而苦恼，比如不同的决策方式。组织可以找出信息流动的主要障碍，采取相应的措施。顺畅的信息流动不仅能提高组织的效率，而且能改善组织与客户的关系。

第六，计划要比变化快。这是指要用沟通来管理变化，沟通能使员工积极地应对变化。在一次重大的变革中，员工可能会不知所措，他们想知道工作的变化是什么、终极目标是什么、需要建立什么新的关系去应对变革等，通过有效沟通可以达到这一目的。

第 2 节　绩效沟通的体系

一　绩效计划的沟通

绩效计划是绩效管理的第一环节，是管理者和员工共同讨论以确定员工在考核期内应该完成什么工作和达到什么绩效目标的过程。[①] 在这一过程中，最重要的沟通任务就是通过员工参与沟通实现绩效目标的设定和细化，并达成正式承诺。为了实现这一沟通目标，通常需要做的准备包括沟通前的资料准备、方式选择以及环境地点的选择等。

绩效计划的沟通方式按公司的文化、制度特点，沟通对象的层级特点以及人员数量可以分成以下三类。

(1) 全体员工大会。全体员工大会需要全员参与，企业希望可以借此机会向员工阐述企业的远景目标以及年度计划，调动绩效计划的全员参与，从而达到激发士气以及增强认同的目的。

(2) 部门会议。企业目标的实现需要部门之间以及部门内部的共同合作。部门会议需要在明确部门目标的基础上对部门内部人员的分工以及合作情况做出说明。

(3) 单独沟通。即一对一的沟通，主要针对个人的工作目标。

绩效沟通的方式多种多样，但是主要的流程都包括以下几个方面，如图 12 - 2 所示。

需要强调的是，在绩效计划的沟通过程中，绩效指标下达是自上而下的，而员工意见和建议反馈是自下而上的，在这一过程中形成了上下循环的信息流。这样的沟通方式区别于指标的硬性下达，从而将管理者的意图和员工的问题进行了充分的传递。

经过双方充分的绩效计划沟通，企业的绩效计划也基本完成。有效的绩效计

---

① 徐伟，张建国．绩效体系设计：战略导向设计方法．北京：北京工业大学出版社，2003.

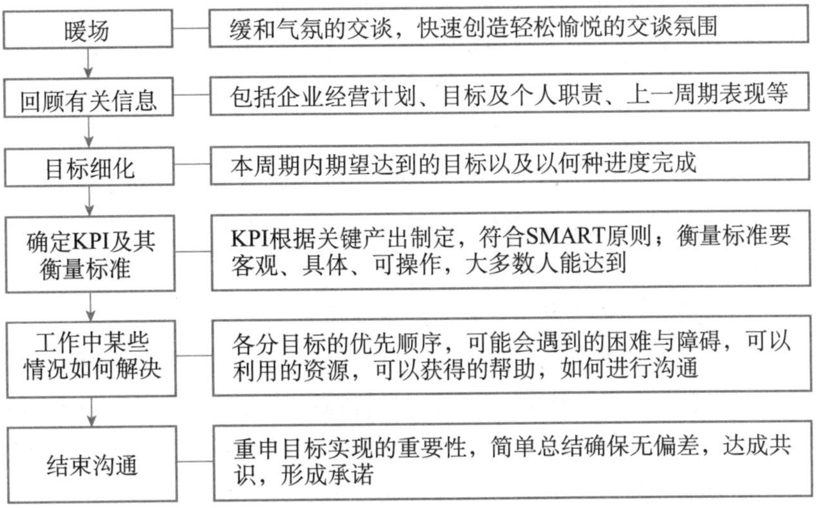

图 12－2　绩效沟通流程图

划沟通应该达到以下目标。

（1）员工清晰地了解企业的目标以及个人的目标，并意识到自身目标达成的重要意义。

（2）企业管理者和员工对员工工作目标衡量标准，完成工作的时间设定、资源获取、帮助获得以及权限享有达成共识。

（3）企业管理者明确了解到员工对自己的期望以及管理者应该提供的帮助和支持。

（4）企业管理者和员工双方达成一致意见，形成书面绩效合约。

二　绩效辅导的沟通

无论绩效管理循环周期是长是短，在考核指标设定之初，都无法完全估计出未来业务发展可能的变化，所以在绩效管理的周期内，对目标完成情况的跟踪十分重要。通过双方持续有效的沟通，既可以解决员工在完成指标过程中遇到的问题，又可以对由于客观环境或条件的变化而导致的异常指标进行合理的调节和完善。

另一方面，上下级在平等的交往中相互获取信息，增进了解，联络感情，可以保证下属的工作正常开展，保证工作过程是动态的、柔性的和敏感的，从而使绩效管理顺利实施。

绩效目标设定以后，管理者的主要工作就是通过辅导帮助员工提高操作能力，实现绩效目标。辅导的含义是管理者辅导员工以达成绩效目标的过程：管理者帮助员工提高技能，纠正偏差，对目标按需要进行修订。有效而持续的沟通是绩效辅导环节的关键。

在绩效辅导沟通之初，员工应当思考工作进展，工作中遇到了哪些障碍，需要哪些帮助和能有什么样的解决办法；主管人员应该了解员工的工作实际情况以及如何辅导员工等。绩效辅导沟通应包括正负两方面的反馈，既要有对员工工作成绩优秀的肯定，也要有对员工表现不佳的提醒和指导。具体来说可以归纳为以下问题：

（1）员工的工作进展怎么样？

（2）员工和团队是否在向着目标并按照绩效标准前行？

（3）如果有偏离方向的趋势或可能，应该采取什么样的行动改变这种局面？

（4）员工在哪些方面做得较好，哪些方面需要纠正或改进？

（5）员工在哪些方面遇到了困难或障碍？

（6）管理者和员工双方在哪些方面已达成一致，哪些方面还存在分歧？

（7）针对目前的情境，要对工作目标和达成目标的行动做出哪些调整？

（8）为使员工出色地达成绩效目标，管理者需要提供哪些帮助和指导？

绩效辅导阶段沟通的主要方式如表 12－1 所示。

表 12－1 绩效辅导沟通方式及优缺点

沟通方式		优点	缺点
正式的沟通方式	书面报告	可以锻炼员工的逻辑思维和书面表达能力；报告方式简单，内容严谨、准确，便于保存；使沟通突破了时间、空间的限制	信息单向传递，缺乏双向交流；大量的文字工作容易使沟通流于形式；不易在团队中实现信息共享
	会议沟通	可满足团队交流的需要；便于管理者向员工传递信息；能帮助员工理解组织目标并找到更好的工作方式	比较耗费时间和精力；有些问题不便在会议上公开讨论；召开会议会影响正常工作
	面谈沟通	可使管理者与员工进行比较深入的沟通；可以谈论不宜公开的观点；管理者在面谈中可以根据员工的处境和特点，因人制宜地给予帮助	容易使员工产生较大的心理压力；容易带有个人感情色彩；比较耗费时间，且要求管理者掌握较高的沟通技巧
非正式的沟通方式	走动式管理	管理者在员工工作期间经常到员工的座位附近走动，与员工进行交流，或者解决员工提出的问题，及时解决员工的工作困难和障碍；管理者的及时问候和关心可以减轻员工的压力，使员工受到鼓舞和激励	管理者如果掌握不好走动的频率及方式，会让员工感觉管理者监视其行为，对其干涉过多、不信任，容易产生心理压力和逆反情绪
	开放式办公	办公室向员工开放，员工随时可以进入办公室和管理者讨论问题，说出自己的想法和意见；将员工置于比较主动的位置，员工可以选择自己与管理者沟通的时间，可以较多地主导沟通的内容	占用管理者大量时间，管理效率降低
	非正式会议	包括联欢会、生日晚会等各种形式的非正式团队活动，可以在比较轻松的气氛中了解员工的工作情况和需要帮助解决的问题	

资料来源：徐伟，张建国．绩效体系设计：战略导向设计方法．北京：北京工业大学出版社，2003.

无论采用何种沟通方式，管理者都要切实改进和提高沟通技巧，学会认真倾听，以积极开放的态度与下属进行沟通，还要积极地克服沟通过程中存在的障碍。通过运用这些技巧，管理者和员工之间必须实现信息的准确传递。通过沟通能解决现实的问题，与此同时，沟通双方的关系会因为交流而得到巩固和加强，这就要求管理者做到以下两点。

1. 掌握倾听的技巧

整个交谈过程中，管理者必须注意倾听员工的需求，以下几点可以提高倾听的效果：第一，必须保持良好的精神状态；第二，必须创造良好的倾听环境；第三，适时适度地提问，防止一味提问和一味倾听而没有反馈；第四，用动作和表情给予回应；第五，努力培养双方的信任关系；第六，深入理解员工想要表达的内容。

2. 消除沟通中存在的障碍

第一，主观障碍。这些障碍主要是由于绩效信息传递受到个人的记忆和思维能力的影响、管理者考虑不周或决策失误而引起管理者和员工发生信任危机、双方经验水平和知识结构上存在巨大差距、双方对信息的不同态度引起信息过滤等原因导致的。因此，在沟通之前管理者应该考虑周到；在沟通的过程中要经常及时地进行反馈，以减少误解；同时要顾及信息传递的对象，尽量采用对方的语言和表达方式。

第二，客观障碍。组织结构过于庞大、中间层级太多、信息传递失真且传递不及时，信息的发送者和接收者空间距离太远、接触机会少，社会文化背景不同等造成了客观障碍。因此反馈必须及时，减少信息的滞后；采用现代化的信息交流手段，克服时间和空间距离造成的沟通障碍；在进行跨文化沟通时，要先了解对方的社会文化背景。

第三，沟通方式的障碍。发送者在提供信息时表达不清楚、对语言符号的记忆模糊或接收者接收失误就会产生误解；沟通的形态和网络多种多样，且都有各自的优缺点和适用性，选择不当也会产生障碍。

三 绩效考核的沟通

整个绩效管理过程就是一个持续双向沟通的过程，虽然在绩效目标确立时已经进行了沟通和确认，但是在拟定绩效考核制度时，还需要进一步沟通。在制定和修改绩效考核制度时，管理者只有与员工进行充分的沟通，才能得到适合企业发展需要的有效的绩效考核制度。企业只有建立有效的绩效考核沟通机制，探索全方位、多角度的绩效考核方法，才能确保考核的客观性和公正性。

拟定绩效考核制度不只是管理者的事，还要有员工的积极参与，在考核方案最终确定之前至少要让员工提出意见和建议。在平时，人力资源管理部门要进一步加大与员工沟通的力度，认真听取员工对绩效考核制度的意见和建议，及时反馈信息，探索不断改进和完善绩效考核工作的新途径和新方法。在制定好绩效考核制度之后，企业可以通过进一步加强宣传和教育，取得广大员工对考核制度的认同与支持。一方面，要进一步加强对员工绩效考核目的及意义的宣传，使之更新观念；另一方面，要通过沟通适时对考核制度做出相应的调整。

绩效考核是一项复杂的工作，需要投入较大的人力和物力，而且还不一定能够达到预期的效果。绩效考核不能取得预期的效果，原因是多方面的，其中一个不容忽视的原因就是没有在考核过程中做好充分的沟通。因此，实施绩效考核时，管理者与员工之间的交流沟通是十分必要的。

（一）绩效考核前的动员

为了让全体员工理解并支持绩效考核，管理者在绩效考核前一定要进行有效和有针对性的宣传动员。考核前的动员工作主要包括以下几个方面：第一，向员工宣传绩效考核的科学性。第二，向员工宣传绩效考核的目的和意义，让员工明白绩效考核的出发点和落脚点都是推动员工的潜能开发与能力提升。第三，向员工宣传绩效考核的公正性与方法的合理性。绩效考核以事实或者材料为依据，以公正为原则，确保员工申诉的权利。第四，帮助员工了解绩效考核的纪律和要求，让员工明确绩效考核的整个流程与运作程序。

（二）绩效考核前的培训沟通

绩效考核前的培训一般包括对管理者的培训和对员工的培训两方面，培训的过程也是一个沟通的过程。在对管理人员的培训方面，主要是通过人力资源管理部门的专业人员或外部专家对部门管理人员进行相关的培训与沟通，提高他们的业务能力，减少考核评定中人为的非正常误差。

对管理者的培训包括两方面的内容：一是培养正确的态度，提高对绩效考核及其意义、人力资源开发与管理和考核的关系的认识；二是提高专业知识和技术水平，包括考核中容易产生错误的原因及其防范对策，考核方法，文件资料、数据处理的方法，专用工具与设备的使用技术等。

对员工进行培训主要是让员工正确认识绩效考核的意义。要将考核的主体、程序、方法与员工利益之间的关系等内容通过部门会议、小组讨论等方式与员工进行充分交流，使他们对整个考核心中有数。

（三）绩效考核的申诉沟通

考核申诉是为了使考核制度完善化和在考核过程中真正做到公开、公正、合理而设定的特殊程序。考核申诉产生的原因：一是绩效考核中存在一些误区，例如趋中效应、极端倾向、晕轮效应、近因效应及暗示效应等；二是被考核员工对考核结果不满，或者认为考核者在评价标准的掌握上不公正；三是员工认为考核者对考核标准的运用不当，有失公平。因此，要设立一定的程序，从制度上促进绩效考核工作的合理化，达到提高组织绩效的应有作用。

处理考核申诉，一般由人力资源管理部门负责。首先，处理考核申诉时要注意尊重员工个人，申诉处理机构应该认真分析员工所提出的问题，找出问题的原因。其次，要把处理考核申诉作为互动互进的过程，当员工提出申诉时，组织应当把它当作一个完善绩效管理体系、促进员工提高绩效的机会，而不要简单地认为员工申诉就是员工有问题。最后，处理考核申诉，应当把能让申诉者信服的处理结果告诉员工。如果所申诉的问题属于考核体系的问题，应当完善考核体系；如果是考核者的问题，应当将有关问题反馈给考核者，以使其改进；如果确实是员工个人的问题，就应该拿出能使员工信服的证据，并做出恰当的处理。

绩效考核申诉沟通一般通过组织申诉员工进行谈话的方式来进行，可以是单独谈话，也可以是集体会谈。在绩效考核申诉的过程中，要以具体的事实为依据，并且要注重申诉双方的沟通与协调。在了解情况、掌握事实的基础上，公司或部门主管应努力促进申诉双方当事人的沟通与理解，并与申诉双方当事人通过基于绩效管理流程的绩效沟通来研究、探讨协商解决的途径。

考核申诉制度通过发动广大基层员工，来约束管理者谨慎使用公司给予的考评权力，能够营造绩效管理的文化氛围。通过考核申诉程序，启用相应的调查评议方法，来评价管理者的管理能力，这本身也是对管理人员的一种考核。一般而言，通过绩效考核申诉沟通，能够消除或减少员工的疑问和不满情绪。

四　绩效反馈的沟通

（一）绩效反馈沟通

绩效反馈是使员工了解自身绩效水平的绩效管理手段，它通过考核者与被考核者之间的沟通，就被考核者在考核周期内的绩效情况进行面谈，在肯定成绩的同时，找出工作中存在的不足，探讨如何改进。

绩效反馈沟通除了告知员工考核结果，还包含四个方面的内容：第一，具体说明员工在考核周期内的绩效状况，最好能够对照相应的标准举出实例；第二，与员工探讨取得如此绩效的原因，对绩效优良者予以鼓励，对绩效不良者帮助分析原因，并一起制定改进措施和相应的培训计划；第三，针对员工的绩效水平告知将获得怎样的奖惩，以及其他人力资源管理决策；第四，表明组织的要求和期望，了解员工在下个绩效周期内的打算和计划，并提供可能的帮助和建议。

（二）绩效反馈面谈

绩效反馈面谈是管理者与员工之间共同针对绩效考核结果所做的检视与讨论。绩效反馈面谈时间、地点的选择以及沟通方式的选择与绩效计划时的沟通一样，但是有几点必须强调。

1. 绩效反馈面谈准备

（1）管理者应该做的准备。在进行绩效反馈面谈之前，管理者必须准备好面谈过程所需的各种资料并充分熟悉这些材料，包括对员工的绩效进行评估的表格、员工日常工作表现的记录及管理者平时收集的绩效相关信息等。

再者，管理者必须做好面谈程序上的准备。首先，要计划好如何开始。采取什么样的方式开始面谈取决于具体的谈话对象和情境。其次，要计划好绩效反馈面谈的具体过程，以便更好地控制面谈进程。最后，要计划好在什么时候结束面谈以及如何结束面谈。

（2）员工应该做的准备。

第一，准备表明自己绩效的资料或证据。员工需要充分准备好表明自己绩效状况的事实依据。完成得好的工作任务需要以事实为依据说明具体在哪些方面做得好，完成不好的工作任务也需要以事实为依据说明理由。

第二，准备好个人的发展计划。绩效反馈面谈注重现在的表现，更注重将来的发展。

第三，准备好想向管理者提出的问题。绩效反馈面谈是一个双向交流的过程，不但管理者可以问员工一些问题，员工也可以主动向管理者提出自己所关心的问题。

2. 绩效反馈面谈的原则

第一，建立和维护彼此之间的信任关系。面谈双方都必须摆正自己的心态，开诚布公，坦诚沟通，营造互相信任的沟通氛围。

第二，鼓励下属说话。要让下属得到充分表达的机会，把真实的想法说出来，并且鼓励他们说出在工作中存在的困难，以及需要主管提供的帮助。

第三，避免对立和冲突。在面谈过程中双方可能会有不同的见解，但主管应争取员工的理解，同时也应多站在员工的角度考虑问题，尽量避免激烈的对立和冲突。

第四，优点和缺点并重。员工的优点和缺点都应在绩效反馈面谈中找出来，不能由于一个员工绩效很好、优点很多就掩盖他的缺点，也不能由于一个员工有比较明显的缺点就抹杀他的优点。

第五，以积极的方式结束面谈。要设法使员工带着积极的情绪结束面谈，最好是使员工受到鼓舞，振奋精神，增强干劲，而不要让员工将消极、不满的情绪带到面谈后的工作中去。

3. 绩效反馈要达到的效果

改进项目是根据考核结果对员工的绩效进行分析，挑选并最终决定加以提高的绩效项目。这些有待发展的项目可能是现在水平不足的项目，也可能是现在水平尚可但需要更高水平的项目。改进项目都来源于未达到标准的或应该进一步提高的绩效项目，但并非所有不良绩效或有待改进的绩效都是改进项目。

首先，这些改进项目要有可改进性，即这些绩效的产生是由于员工自身能力、行为和工作流程安排的不当造成的。如果是因为员工自身以外的因素，特别是企业内环境和战略目标变更或资源分配不当等因素造成的，就不应该列入改进项目。其次，改进项目有选择性。由于企业资源有限，并非所有的不良绩效或有待改进的绩效都要加以改进，至少在优先顺序上是有区别的。最后，改进项目具有意愿一致性，即它不仅仅是企业认为应该改进的，还应该是员工也认为必须加以改进的项目。

应就几个方面进行沟通，在沟通的基础上形成绩效改进计划：第一，改进项目目前的水平和期望达到的水平。第二，发展这些项目的方式。将某个有待改进的项目从目前水平提高到期望水平可能有多种方式，例如培训、自我学习、他人帮助改进等。第三，确定达到目标的期限。管理者和员工通过沟通，应就预期在多长时间内能够将有待改进的项目提高到期望水平达成共识。

即时案例

一天，主管 A 给员工小李打了个电话："小李，来我办公室一趟，沟通一下绩效。"小李说："老大，等我 5 分钟好吗？我在定位一个问题。"主管 A 说："快过来吧，我这边还有一大堆兄弟等着要沟通。""哦，好的。"小李放下电话，拿起本子和笔，走进了主管的办公室。

"小李啊，客套话就不说了，直接说重点吧。你这半年整体表现还是不错的，但是……这些事情做得不太到位。鉴于以上情况，你本次绩效考核的结果是 X。你对这个考核结果有疑问吗？"主管 A 是个急性子，语速很快。

"你看着评吧，我没什么意见。"小李在本子上画着圈，低着头，看不清楚表情。"行，没意见的话你签个字吧，例行程序，就不浪费时间了。"主管 A 说完，拿起手机看了下时间。"和你的沟通就到这了，你帮我叫××进来。"

小李签完字，心里默默念了句"该死！"一连几天心情都不好。

第 3 节　绩效沟通的机制

一　绩效沟通机制的构成

影响企业绩效沟通效果的因素有很多，主要包括沟通主体、沟通环境、沟通系统、沟通渠道和沟通制度等。企业绩效沟通机制主要由绩效沟通体系和绩效沟通环境两大部分构成（见图 12－3）。其中绩效沟通体系是由绩效沟通的四个环节组成的一系列循环，绩效沟通环境主要包括绩效沟通渠道、绩效沟通制度和绩效沟通文化等要素。

- 绩效沟通机制
  - 绩效沟通体系
    - 绩效计划沟通
    - 绩效辅导沟通
    - 绩效考核沟通
    - 绩效反馈及面谈沟通
  - 绩效沟通环境
    - 绩效沟通渠道
    - 绩效沟通制度
    - 绩效沟通文化

图 12－3　绩效沟通机制的构成要件

二 建立完善的绩效沟通制度以及沟通文化

（一）如何建立企业绩效沟通制度

企业的绩效沟通需要制度化和规范化，在企业内部形成一个沟通的规范，才能使绩效沟通体系更好地发挥作用。把绩效沟通的方方面面以制度的形式记录下来，当作企业的一种沟通规范或工作的一项任务，就会使其具有一定的强制性和稳定性，从而产生比较好的效果。

1. 建立沟通的标准

企业绩效沟通需要建立沟通的标准。首先，企业要构建好自身的绩效管理体系，通过设置明确、科学的绩效目标，指导企业行为，包括绩效沟通行为。其次，企业在构建绩效沟通体系的过程中，通过对绩效沟通各个环节的深入理解，进一步明确各个环节沟通的目标和主要内容，进而建立相应的沟通标准。

2. 制定完善的沟通政策

企业必须实实在在地制定明确、成文的沟通政策，逐步完善各项沟通制度。企业能否有一个有效的沟通政策，关键在于管理者的沟通意识、态度和立场。管理者应该有良好的沟通意识，并且鼓励员工积极参与沟通。

（二）营造良好的绩效沟通文化

沟通文化能够在沟通方面培育员工共同的价值观念和行为规范，这是员工之间相互沟通的基础，同时，沟通文化的内涵也决定了一个企业的沟通环境和沟通氛围。因此，营造良好的沟通文化是建立企业绩效沟通机制的根本。

1. 管理者的沟通理念

管理者应鼓励员工积极参与沟通，同时他们也要有积极主动的沟通理念，才能在企业内部营造良好的沟通文化氛围，做好绩效管理工作。

2. 基本的沟通文化

企业在建设绩效沟通机制时，应当努力营造基本的沟通文化。第一，尊重的文化。管理者应像尊重自己一样尊重员工，始终保持平等的心态。第二，合作的文化。管理者与员工之间的利益矛盾是不可避免的，但是通过绩效合作关系可以改变企业的工作氛围，为了完成共同的绩效目标彼此应努力进行沟通及协作。第三，服务的文化。管理者应把员工当成自己的内部客户，只有让内部客户满意，才能更好地服务外部客户。第四，分享的文化。分享是最好的学习态度，管理者与员工在工作当中应不断地分享知识、经验、目标及一切值得分享的东西，以便共同进步。

第 4 节 绩效沟通偏差的克服

一 常见的绩效沟通偏差

绩效沟通中存在的偏差主要包括①：

误区 1：单向沟通。管理者和员工在沟通时，整个过程是命令和接受命令，而没有就绩效问题进行交流，因而是不平等的对话，沟通变成了发布命令。

误区 2：沟而不通。管理者和员工都将绩效沟通作为讨价还价的手段，没有达到改进绩效的目的。

二 产生绩效沟通偏差的原因

（一）认识偏差

企业的管理者对绩效管理的认识存在三方面的偏差。首先，对绩效管理的本质特点认识不全面。他们简单地将绩效管理等同于绩效评价，即对员工的工作成绩进行评定，事实上，绩效评价只是绩效管理的一个重要环节。其次，对绩效管理的角色存在认知偏差。管理者认为自己是绩效管理的核心，员工在这个过程中只是被考核者，将绩效管理当作管理层的一种单方面措施来推行，很少与员工进行互动和沟通。最后，对绩效管理的目标存在认知偏差。绩效管理的目标应该是双重的，既要实现企业绩效的提高，又要实现员工的发展。而很多管理者忽视了绩效管理的人力资源开发功能。

（二）态度偏差

企业进行绩效管理时，管理者行使考核权力，戴着有色眼镜，挑剔地审视员工；而公司员工也大多认为绩效管理只是公司为了监管他们而采取的措施，感到自己处于不公平的被动地位。于是在考核者与被考核者之间存在严重的对立情绪，导致员工不配合企业的绩效管理工作，甚至消极地抵制，比如考核量表的回收率低，填表时敷衍了事、不负责任，提供浮夸虚假的信息等。

（三）操作偏差

在绩效管理的操作过程中，存在四个方面的偏差。由人力资源管理部门单方面制定的考核指标缺乏合理性和针对性；绩效管理信息采集渠道长而不畅，致使信息不全面、不真实；考评结果缺乏反馈，员工不知道自己业绩的好坏，也无法知道今后应如何着手改进工作，从而使绩效考评结果没有起到应有的激励和改进

---

① 吕小柏，金萍萍．基于绩效沟通的企业绩效管理模式探讨．科技情报开发与经济，2006（2）.

作用；缺乏对工作过程的监督与指导，造成员工对考核结果的认同度低，甚至将不满情绪带到工作中而影响企业目标的实现。

以上四个方面的偏差，往往导致企业绩效管理的效果与预期目标相去甚远，究其深层原因，关键在于缺少员工的参与，缺少考核双方持续动态的沟通，企业没有形成一个全面、畅通的沟通网络，没有采取行之有效的沟通方法，具体叙述如下。

（1）人力资源管理行政性。不少企业的人力资源管理还处于传统行政性管理阶段，具体表现在以人事为中心，只见事不见人，只见局部不见整体和系统，强调对事的单一静态控制和管理，管理的形式和目的都是控制人，缺少沟通和交流。在我国企业中，由于受传统文化的影响，偏重于行政性管理而忽视激励，进而影响了沟通绩效。

（2）沟通渠道非科学化。中国人有时喜欢变通办事程序，碍于面子不愿意对别人发号施令，这给管理带来了很大的麻烦，造成沟通渠道不畅。同时，企业的普通员工也因为部门之间协调不畅，任务分配不明晰，时间限制不固定，产生种种抱怨，以至于难以建立科学的沟通体系。

（3）沟通层级关系过分复杂。国内企业的沟通强调严格的层级关系：不能上越位，也不能下越位，即不能超越上级反映情况，同时也不能超越下级去管理下属。因此在由最高管理者传递到普通员工，再由普通员工反馈到最高管理者的过程中，信息的损耗和失真很大，以至于信息到达终点时，其内容常常与开始时大相径庭。

（4）沟通绩效无效化。沟通的目的不仅在于使命的说明，还在于培养使命感。在我国企业中，更多采用沟通绩效不高的单向沟通。要想满足沟通目的，沟通必须是双向的，员工不仅要了解有可能对自身产生影响的事件，还希望有发表自己见解的机会。

三 克服绩效沟通偏差的方法

（一）提高沟通的心理水平

首先，在沟通过程中要认真感知，集中注意力，以使信息准确、及时地传递和接收，避免信息错传，在接收时减少信息的损失。其次，增强记忆的准确性是消除沟通障碍的有效措施，记忆准确性高的人，传递信息可靠，接收信息也准确。再次，提高思维能力和水平是提高沟通效果的重要因素，较高的思维能力和水平对于正确地传递、接收和理解信息，起着非常重要的作用。最后，稳定情绪和培养良好的气氛，创造一个相互信任、有利于沟通的环境，有助于人们真实地传递信息和正确地判断信息，避免因偏激而歪曲信息。

（二）正确地使用语言文字

语言文字运用是否恰当直接影响沟通效果。使用语言文字时要简洁、明确，叙事说理要言之有据，条理清楚，富有逻辑性；措辞得当，通俗易懂，不要滥用辞藻，不要讲空话、套话。非专业性沟通时，少用专业术语。可以借助手势语言和表情动作，增强沟通的生动性和形象性，使对方容易接受。

（三）缩短信息传递链，拓宽沟通渠道，保证信息的双向沟通

信息传递链过长，会减慢流通速度并造成信息失真。因此，要减少组织结构重叠，拓宽信息渠道。另一方面，管理者应鼓励员工自下而上地进行沟通。例如，运用交互式广播电视系统，允许员工提出问题，并得到高层领导的解答；公司内部刊物设立有问必答栏目，鼓励员工提出疑问。此外，在利用正式沟通渠道的同时，可以开辟非正式的沟通渠道，让领导走出办公室，亲自和员工交流信息。坦诚、开放、面对面的沟通会使员工觉得领导理解自己的需要，进而取得事半功倍的效果。

复习与思考题

1. 什么是绩效沟通？绩效沟通有何重要性？
2. 简要叙述绩效沟通所应遵循的原则。
3. 如何理解绩效沟通体系以及绩效沟通机制的运作？
4. 谈谈沟通技巧在绩效管理中的应用。

参考文献

1. 格里克曼．这样沟通最有效：10 种沟通技巧帮助你提高工作绩效．北京：电子工业出版社，2012.

2. 詹姆斯·奥罗克．管理沟通：英文版·第 4 版．北京：中国人民大学出版社，2010.

3. 哈特斯利，麦克詹妮特．管理沟通原理与实践：英文版：原书第 3 版．北京：机械工业出版社，2008.

案例分析

通用电气的沟通机制——共同价值观下的自由沟通

杰夫·伊梅尔特认为，当企业面临变革或危机时，最重要的事情就是与员工进行沟通。伊梅尔特花 70%的时间进行沟通，把自己的想法及时告诉员工，并聆听员工的想法，最终都是为了使通用电气能够凝聚成一股力量，朝前推进。

无边界行为缔造自由沟通环境

通用电气拥有十几个业务集团，几十万名员工。杰克·韦尔奇提出了无边界行为，在无边界行为理念的推动下，通用电气打破业务集团的界限，广泛地进行横向交流。按照人力资源、公共关系、销售、市场、财务等不同职能模块，通用电气有许多松散的组织、协会，如人力资源协会等。这种职能上的协会经常横跨业务集团开展相关的沟通活动，比如就激励方法的经验或问题进行畅谈，就价值

观的感受进行交流等。无边界行为使庞大的公司像小公司一样灵活，无边界已经成为通用电气非常重要的管理价值观。通用电气所有部门的所有员工都已接受了这种工作方式，相互之间有非常好的沟通环境和团队合作的氛围。无边界行为不但不会和有序的组织管理发生冲突，反而为通用电气创造了一种自由、轻松、平等的沟通环境。

员工大会

通用电气定期举行员工大会，通过卫星直播、网上直播等方式进行。网上直播每隔一两个月就进行一次，针对不同的问题，在不同的地区或在全球范围进行。在通用电气，沟通是互动的，出版有各种内部媒体，与网络一起，构成了沟通的平台，及时发布公司最新信息与管理层动态。最终目的是让全球几十万名员工能够在第一时间及时了解通用电气领导高层的想法，了解公司的发展目标与政策调整的信息。公司的 CEO 和各级经理也定期与员工进行面对面的沟通。

通用电气的群策群力

群策群力的运作方式是举行座谈会，邀请几十名到上百名员工参加，通用电气聘请公司外部的专业人员如大学教授来启发和引导员工进行讨论，而员工的上级并不在场。在群策群力会议开始时，经理可能到场提出一个议题或安排一下议程，然后就离开。由外部人员启发与引导员工自由地讨论，员工可以把自己的问题列成清单，认真地对这些问题进行争论，然后在经理回来时进行反映。群策群力会议上，通用电气要求经理必须对每一项意见都当场做出决定。大部分问题必须当场给予明确的答复，若有的问题不能当场回答，对该问题的处理也要在约定时间内回复。有了群策群力会议，许多技术与管理上的问题就会在平等而热烈的争论中得以迅速解决。

CEO 民意调查

CEO 民意调查是通用电气的 CEO 了解全球员工想法的一种非常重要的沟通方式。该民意调查每年进行一次，通过第三方的专业咨询公司，设计专门的问卷，面向全球员工展开。CEO 民意调查采用不记名方式，所有员工可以毫无顾忌地谈出自己的意见与建议。由专业的调查咨询公司对问卷进行统计，得出最后的数据结论。通用电气会根据这个客观的调查结果做出专门的报告，对员工提出的问题提出改进的方法。通过这种调查，公司也会发现对某一焦点问题的改进情况。公司 CEO 会对全球员工的想法有一个非常客观的了解，了解员工对公司的满意程度，以及对公司的中肯意见。

通用电气自上而下的沟通——来自 CEO 的电子邮件

得益于电子商务的便捷，通用电气的 CEO 会经常给全球员工发电子邮件，告诉大家公司业务的变化等情况，与员工分享他们的体验，CEO 会经常把他对公司的看法直接告诉通用电气的员工。在通用电气扁平化的公司架构中，有了这种开放式的管理与沟通方式，距离已经缩小到让 CEO 可以直接和普通员工交流沟通的地步。

克劳顿村的培训课程——便笺沟通

从决定再造克劳顿村时，杰克·韦尔奇就把 CEO 为员工上课看作一种绝佳的沟通方式。与参加培训的员工交流之前，韦尔奇习惯提前将一份手写的便笺交给学员，上面写着准备讨论的一些问题。杰克·韦尔奇便笺上可能写的问题有："你遇到的最大挫折是什么……我能否给你提供帮助？""你希望看到通用电气哪些方面发生变化？""如果被任命为通用电气的 CEO，你将做些什么？"……

资料来源：根据相关资料整理。

问题：

结合上述案例，总结绩效沟通的具体方法，谈谈你的感受和评论。

附　录

中国式绩效管理及其前途

林新奇

探讨中国式绩效管理及其前途，需要回答四个问题：一是为什么要研究中国式绩效管理，其意义何在？二是如何定义中国式绩效管理，其特点是什么？三是绩效管理在中国经历了什么样的发展过程，有哪些发展阶段？四是如何展望中国式绩效管理，其前途如何？本文囿于篇幅无法展开探讨这么多问题，我想择其要点简单地谈谈一些不成熟的看法，希望引起大家的关注和讨论。

我认为，探讨中国式绩效管理的视角，包括探讨中国式管理或中国式人力资源管理的视角，应该有两个：一个是对现实的总结和归纳，它属于“过去时”和“承认式”；另一个是对应有状态的设计和探索，它属于“未来时”和“实践式”。我一直不认为中国式管理就等于古典管理或是对传统管理的提炼与总结，而且我也一直认为中国式管理正处在一个探索的进化过程之中。所以我不主张第一个视角，即仅仅对现实进行总结和归纳，而主张应该结合其过去和现实，采取一种“未来时”和“实践式”的视角。

这些年来，中国式绩效管理一直在质疑声中前行。有人认为，20世纪90年代从美国引进的所谓绩效管理并不适合中国的国情，有人认为搞绩效管理是出力不讨好、劳民伤财，有人甚至列出了在中国进行绩效管理的五宗罪。数年前日本有人提出“绩效主义毁了索尼”，传到中国，反响很大。虽然还没有什么人发出“绩效主义毁了联想”或“绩效管理毁了海尔”的感叹，但质疑总是存在的，绩效管理似乎成了一根鸡肋，或是一个例行的仪式。每到岁末年初，这种质疑声就更加强烈。

根据相关的调查和研究，之所以出现上述状况，主要是由于中国企业在引进和使用欧美式绩效管理的过程中，一直存在以下几个迷局。而这也可以看成是基于“过去时”和“承认式”的中国式绩效管理现实的一些特点或缺陷：

第一，绩效管理与战略管理脱节。绩效管理本质上是实现企业战略的工具，而我们所谓的绩效管理其实还停留在传统绩效考核阶段，不能主动与战略管理相挂钩，提供战略层面的服务；企业也往往缺失战略管理，没有明确可行的战略规划，或者战略规划朝令夕改，使得绩效管理成为无源之水、无本之木。

第二，绩效管理缺乏其他管理系统的支持和配合，没有坚实的管理基础做支撑，绩效管理孤军深入，成为可怜的“孤儿”，虽然风风火火一时，却不能持久。

第三，绩效考核一般只盯住结果，很少关注行为；只盯住过去，很少关注未来。所谓的绩效管理只是传统绩效考核的翻版，走过场，摆业绩，行为严重短期化，绩效考核结果仅仅与薪酬激励挂钩。这种做法把绩效管理试图改善管理者与被管理者双方关系的初衷演变成管理双方更为敌对的情绪。

第四，传统的劳动人事管理尚未真正升华为人力资源管理，无论是企业经营者还是人力资源管理部门，都严重存在管理能力短板，不善沟通，管理方法简单粗放，上下级之间原先那种监督与被监督的关系尚未改变为帮助、辅导和督促的关系。

总之，放眼中国企业，无论是大型企业还是中小型企业，真正把绩效管理做得很好的并不多。那么我们不禁要问：中国式绩效管理还有前途吗?

众所周知，绩效管理是在拓展了绩效概念的内涵并总结绩效评估不足的基础上提出来的，随着人力资源管理理论和实践的发展，绩效管理逐渐被理解成为一个人力资源管理过程。它是对组织和员工的行为与结果进行管理的一个系统，是充分发挥每个员工的潜力、提高其绩效，并通过将员工的个人目标与企业战略相结合以提高组织绩效的一个过程。这里的绩效概念，指的是产出和行为的综合，即组织、部门或员工控制下的，与工作目标密切相关的行为及其产出。行为旨在促进产出的合理实现，产出旨在形成目标导向，二者不可偏废。

我们认为，所谓中国式绩效管理，就是有中国特色的、与中国实际相适合的绩效管理。

那么，由于文化生态和管理基础不同，中国企业再也不能简单地照搬照抄欧美式绩效管理，必须探索出适合中国实际的中国式绩效管理，这是毋庸置疑的。我们认为，基于“过去时”和“承认式”的中国式绩效管理要想摆脱困境，走出迷局，必须实现五大转变，成为“未来时”和“实践式”的中国式绩效管理，以获得比较光明的前途。这五大转变是：

第一，必须从过分关注绩效管理技术转变为更加关注绩效管理的系统性问题。所谓系统性问题，包括绩效管理与战略管理的关系，绩效管理与其他管理机制的关系，绩效管理与企业文化的关系，以及绩效管理体系内部各环节之间的协同等。企业对于如何提高劳动生产率是非常关注的，尤其是在外部竞争日趋激烈和内部劳动生产率提升速度日趋减缓的情况下。现代企业的生产效率不仅要靠资金和技术，更要靠人力资源。如何开发和管理人力资源，使其发挥最大效益？绩效管理是一种主要的有效管理方法。绩效管理的实施，对于企业的发展、战略的实现，以及人力资源开发等都是非常重要的，所以现代企业无不把绩效管理作为企业管理的核心。绩效管理是将企业的战略目标分解到各个业务单元，并分解到每个员工，通过对每个员工的绩效进行管理、改进和提高，从而提高企业整体绩效，实现企业生产力的提高和竞争优势的获得，所以各绩效单元之间的配合、各绩效管理链条之间的协同就非常重要，必须引起高度的重视。

第二，必须从过分关注结果转变为更加关注过程，关注企业与员工的共同发展。从企业整体经营的角度看，绩效管理是企业生存发展的需要。企业的兴衰，关键在于员工的努力程度，但两者之间并非只是简单的比例关系。在努力程度和公司绩效之间，有一个关键的中间变量，那就是努力方向与企业目标的一致性。当员工的努力程度比较高，而且努力方向与企业目标相一致时，有助于提高公司绩效。而如果努力方向与企业目标背道而驰，即使员工工作再努力，也不会提高公司绩效，相反还会造成绩效的降低。因此，在激励员工努力工作的同时，一定要使他们的努力方向与企业目标保持一致。这就需要借助完善的绩效管理系统，需要重视、改善和增强绩效管理沟通，改变和改善管理者与被管理者之间的关系。

第三，必须从过分关注短期转变为更加关注长期。人力资源管理强调以人为本，同样，绩效管理也需要强调以人为本。以人为本，即人力资源管理与绩效管理体系的实施既要考虑企业的利益，也要考虑员工的利益，将两者的利益紧紧地联系在一起。既克服传统的科学管理的局限性，也注意严守企业的底线；既积极履行社会责任，也充分讲求企业效益，企业、员工、股东、管理者、社会、政府等各利益相关者的权益都得到保障，短期利益与长期利益，企业与人、自然环境、资源等的循环关系都得到平衡，从而实现企业发展、员工发展、社会发展基础上的经营和谐，克服绩效考核的短期化行为，更加关注绩效管理的长期化目标。

第四，必须从过分关注单体转变为更加关注整体。现代绩效管理为什么强调运用平衡计分卡、KPI、360 度考评反馈技术？其原因就在于现代企业特别重视绩效管理的整体性，包括重视绩效管理目标的战略性、绩效考评指标的全面性、绩效考评主体的客观多样性，以及绩效管理沟通的协同性和持续性。

第五，必须从回避沟通或不善于沟通转变为更加关注积极的沟通。企业经营中的人力资源管理包括绩效管理，并不是某个人的行为，而是按照事先制定好的目标、规则、标准、程序等实行，一切依据制度而开展和推进。文化的影响是不可忽视的，绩效沟通正在变得越来越重要，在某种情形下甚至可能成为绩效管理成败的决定性环节。人力资源管理已经从传统的单纯进行事务管理的状态进化为更多地进行战略规划、流程再造、组织设计和调整、企业文化建设、人力资源培训开发、员工关系管理、内部人力资源咨询等工作，员工成为企业的主体和第一资源，所以民主管理、平等沟通是必不可少的。同时，由于当今世界瞬息万变，网络技术普遍应用，全球化、信息化、扁平化已经成为时代的特征和管理发展的方向。绩效管理要重视信息化、自动化、现代化成果技术的应用，要强调构建学习型组织，培养沟通、学习氛围，提高沟通能力与沟通速度。所以，无论是企业经营者、人力资源管理者，还是员工，都需要具备积极的、快速的绩效沟通能力和态度。

总之，随着经济全球化发展与经济发展方式转变，如果中国企业能够实现上述五大转变，也许可以促进和加速中国式绩效管理的“未来时”和“实践式”。这是中国式绩效管理走向未来的一个可能机会。

（原载《企业管理》，2014（10））

聚焦硬件制造及科技服务差异的目标管理

——联想公司与惠普公司的案例比较

林新奇 张可人

目标管理（management by objective，MBO）是20世纪50年代由美国管理大师彼得·德鲁克（Peter F. Drucker）首创的一种企业管理方法。它通过预先确定一个时期的最优经营管理目标，并依此确定企业内部各部门的分目标，使企业全部活动都按规定的目标进行，从而保证企业总目标的实现。作为一种科学的管理方法，它聚焦于成果的体现，能够提高和发挥人的积极性、主动性、创造性，帮助众多的企事业单位、行政机关提高管理水平和工作效率。

一、目标管理的理论基础

目标管理的理论基础是科学管理理论和行为科学理论。科学管理理论重视工作的效率，而忽视人的主观能动性；行为科学理论则偏重于对员工思想和行为的研究。目标管理将以工作为中心和以人为中心这两种管理思想统一起来，把两者有机结合起来。

彼得·德鲁克是经验主义学派的代表人物，主要著作有《公司的理念》《管理的实践》《有效的管理者》等。他的观点对目标管理的研究影响最大，他在许多专著中都强调了目标管理的作用。在《管理的实践》中，针对目标管理，他认为：对每个企业员工分派目标并实行责任制可以大大提高管理效率，企业的运作要求企业各项工作都必须以整个企业的目标为导向，尤其是每个管理人员的工作必须注重整体的成功。管理者的权威源自基于客观可测量的绩效标准的工作目标责任。在绩效和结果直接全面影响组织生存的所有领域，包括市场定位、创新、生产力、物质和金融资源、盈利能力、管理者绩效和发展、工人绩效和态度，以及公共责任，都应进行目标管理。目标管理的目的是组织和解释所有的商业现象，考察声明（是否兑现），预测行为，评价决策的科学性，促使工商业从业者分析他们的经验并改进他们的绩效（彼得·德鲁克，2006）。

奥迪奥恩（Odiorne，1965）认为，目标管理是“一个过程，在这个过程中，上下级管理者作为一个整体共同确定目标，并清楚说明每个个体的主要责任，以此作为管理部门和评价成员贡献的依据”。奥迪奥恩强调，目标管理并不只是制定规则，或者只是过程，或者只是一种管理方法；目标管理是一种思考管理的很特别的方式。奥迪奥恩认为，目标管理的优点在于实行“参与式管理”，通过上下结合的方式进行反复协商和综合平衡，以使所确定的目标更加具有动员性和激励性，更加便于实现。

麦康基（McConkey，1967）认为，目标管理是管理（任何一种）组织的方法，它不是技术，不是一种简单的程序，不是管理全程中很狭窄的一部分。更重要的是，它虽然以各种形式包括预算，却远远超出预算的内容。首先，那些指挥者确定组织的发展方向，或者在一个特定阶段里要求组织达到什么（总目标和重点）。其次，要求允许和鼓励所有关键的管理人员、专业人员和行政人员尽最大努力达到这些总目标。再次，把所有关键人员的预定目标（结果）结合在一起进行平衡，以促进和实现整个组织更大的总体目标。最后，建立控制机构，对照确定的目标，监督进程，并把所得的结果反馈给各级负责人员。他再三强调目标管理的关键词不是“目标”而是“管理”。

美国心理学家哈里·莱文森（Levinson，1970）在《哈佛商业评论》上发表了题为《目标管理：从谁的目标着手?》的文章。他认为，目标管理的最大问题在于没有考虑员工的动机。莱文森认为，目标管理过分强调客观性和量化指标，而忽视了人性因素的作用。公司在设定目标时从不考虑个人的需求和愿望，它没有意识到如果组织的目标只是一些强制性的选择，而与人们心中的梦想、愿望及个人抱负无关，那么这些目标就不会对个人产生强大的激励作用。公司想当然地认为，员工加盟公司就是以公司的任务和利益为先，个人需求和抱负可以抛在一边，而忽视了这样一个事实：员工工作也是为了满足自己的心理需要。

二、研究方法

案例研究（case study）是一种常用的定性研究方法，近年来，基于案例的研究在国内外都受到了广泛的关注（毛基业，张霞，2008；叶康涛，2006；张丽华，刘松博，2006；Siggelkow，2007；Eisenhardt & Graebner，2007），它是社会科学研究的主要方法之一，尤其是在回答“怎么样”和“为什么”这类探索性问题时具有突出优势（Eisenhardt，1989）。从本质而言，案例研究通常遵循的是归纳逻辑（毛基业，李高勇，2014），它适合对现实中复杂而具体的问题进行深入考察，以发掘其中潜在的理论贡献（毛基业，李晓燕，2010）。案例研究的独特魅力在于能产生有趣且有影响力的研究（Bartunek et al.，2006）。案例研究的研究问题可以是理论驱动型，也可以是现象驱动型（Eisenhardt & Graebner，2007）。对于那些由现象驱动的研究问题来说，研究者必须强调此现象的重要性和现有理论的贫乏（Eisenhardt & Graebner，2007）。由于管理问题非常复杂，案例研究能够掌握丰富的材料，对研究问题进行详细的阐述，因此是研究复杂管理问题的最恰当方法之一。

本文选取了联想公司与惠普公司两个案例，比较其异同，采用的是多案例研究方法。对于多案例研究，案例的选择要符合理论抽样（Glaser & Strauss，1968），而非统计抽样。它所遵循的是复制法则，每个案例相当于一个独立实验（Yin，2014），所以对于挑选的案例有如下要求：所挑选的案例能够产生相同的结果（逐个复制），或者所挑选的案例由于可以预知的原因而产生与前一案例不同的结果（差别复制）。通过遵循复制法则，多案例能够相互比较，澄清新的发现是仅为单案例所特有还是能够不断被多个案例重复印证。因此，多案例研究的案例选择不再基于特定案例的独特性，而是基于案例群对理论发展的贡献。更具体而言，多案例的选择是基于理论原因，如可重复性、理论拓展性、对立重复和排除其他可能的解释（Yin，2009；Eisenhardt，1991）。因此，选择合适的案例非常重要，会影响研究发现和理论贡献。在综合考虑上述原则的情况下，本文经筛选分析后发现联想和惠普满足以上条件，可以作为研究对象。

本研究采用文献研究法，所阅读的文献均来自中国期刊全文数据库（CJFD），包含官方网站、权威网站、核心期刊、书籍或杂志等，大部分出自核心期刊，具备一定的权威性，并通过相关资料阅读分析，采用归纳法，使研究内容逐步由具体向抽象转化，并形成自身的独特观点。

三、案例介绍

（一）联想的目标管理

联想成立于1984年，由中科院计算所投资20万元人民币、11名科技人员创办，到今天已经发展成为一家在信息产业内多元化发展的大型企业集团，拥有近6万名员工。2015年，在全国工商联主办的中国民营企业500强评选中，联想控股股份有限公司、华为投资控股有限公司和苏宁控股集团位列500强前3名，其营业收入及利润如表A-1所示，在2015年《财富》世界500强中联想位列第231位。

表A-1 联想历年营业收入与利润表 单位：百万美元

年份	营业收入	利润
2010	21 594.4	273.2
2011	29 574.4	473
2012	33 873.4	635
2013	38 707.1	817.2
2014	46 295.6	828.7

资料来源：联想集团官方网站。

联想的使命可以概括为“四为”：为客户、为股东、为社会、为员工。(1)为客户。提供信息技术、工具和服务，使人们的生活和工作更加简便、高效、丰富多彩。(2)为社会。服务社会文明进步。(3)为股东。回报股东长远利益。(4)为员工。创造发展空间，提升员工价值，提高工作生活质量。

联想的考核体系主要围绕“静态的职责+动态的目标”两条主线展开，出发点是建立目标与职责协调一致的岗位责任考核体系。考核实施体系的框架包括四个部分：职责分解、目标分解、目标与职责结合、考核实施。

静态职责分解是以职责和目标为两条主线，建立以“工作流程”和“目标管理”为核心，适应新的组织结构和管理模式的大岗位责任体系。

一个岗位仅仅知道“做什么”“怎么做”并不够，还要知道什么时候要做到什么程度、达到什么目标。动态目标分解就是按照职责这条横线与时间、目标这条纵线的有机整合，使各部门、岗位之间的职责和工作关系有机地协调起来。首要过程是战略规划。战略规划的过程将企业目标具体化。公司战略更多关注的是在哪里竞争的问题，而不是如何竞争的问题。公司范围的战略分析可以导致增加业务、保持业务、强化业务、弱化业务和调整业务的决定。业务部门将战略落实到组织每一单元的活动中去。

一个部门或岗位一个季度的重点工作通常为 3～4 项，日常职责则不在目标任务书上体现。把企业宗旨和目标分解到个人的岗位责任书和目标任务书，为监控和考核打下了扎实的基础。

设定职责和目标后，联想利用制度化的手段对各层员工进行考核评价：（1）定期检查评议；（2）量化考核，细化到人。

考核形式是多视角、全方位的，包括上级对下级的考核、平级之间的打分、下级对上级的评议，以及部门之间的互评等。

员工绩效考核的内容分两部分：一是工作业绩，这部分为结果导向，针对员工根据直接上级与员工预先商定的目标业绩工作计划进行；针对各级管理者则主要是围绕“管理三要素”并分解成“目标计划、激励指导、公正考评”等管理业绩进行。二是行为表现及能力，这部分为过程导向，按普通员工、各级管理人员分别制定不同的考核标准和权重。部门经理对员工及所属部门的考核等级进行审核调整后，汇总到人力资源部。通过绩效面谈告知考核结果，肯定成绩，提出改进意见和措施，同时确定下季度工作计划，面谈结果双方签字认可。员工如果对考核评定有重大异议，有权向部门经理或人力资源部提出申诉，所在部门及人力资源部为每位员工建立考核档案，考核结果作为工薪、年度奖金、干部任免、评选先进、岗位调换以及辞退的重要依据（林新奇，2013；张建林，2002）。

（二）惠普“知易行难”的目标管理

惠普是一家全球领先的计算、成像解决方案与服务供应商。经过多年的发展，这个从车库里走出来的公司，已经在全球 100 多个国家和地区建有分支机构，拥有超过 30 000 名员工。在 2015 年《财富》美国 500 强中惠普名列第 19 位，《财富》世界 500 强中惠普名列第 53 位（见表 A-2），全球有六分之一的人口在使用惠普的产品。

表 A-2　2015 年《财富》世界 500 强分行业排行榜：计算机、办公设备

排名	上年排名	公司名称	营业收入（百万美元）
15	15	苹果	182 795
53	50	惠普	111 454
231	286	联想集团	46 295.6
334	292	佳能	35 215
355	375	和硕	33 652.5
389	409	广达电脑	30 569.6
423	—	仁宝电脑	27 909.1

资料来源：财富中文网。

惠普创始人戴维·帕卡德（David Packard）在《惠普之道》中说过：没有任

何管理原则比目标管理对惠普的成功有如此大的贡献（戴维·帕卡德，1995）。

虽然目标管理的实施原理是相通的，但是具体到每个公司却有着质的区别。惠普目标管理的特点是“知易行难”，主要目的是在工作过程中培养员工的领导力，具体内容如下：

（1）了解并信任每一位员工。这是实行目标管理的必要前提，基于这一企业文化，惠普要求每个经理都要信任、尊重每个员工并根据员工的胜任力与他们共同设定适当的目标以最终帮助实现企业目标。通过信任每一位员工，给予他们实现个人目标的适当权力，最终真正激发员工的主动性、积极性和创造性。

（2）用 SMART 原则设定目标。设定目标本身就是一件充满挑战的工作，正确、有效的目标在惠普内部是采用 SMART 原则设定的。不过，SMART 原则仅仅是设定目标的出发点，在目标设定的后续过程中，公司还会考虑到：

首先，一个好的目标要具有关联性。在一个企业内部，每个目标都要具备上下关联性，从而为企业的整体目标服务。

其次，一个终极目标需要由几个阶段性目标组成。通过这种方式，可以及时发现问题，进而解决问题。

最后，不能只有结果目标，还要有过程目标。对企业来说，同样重要的是还得考虑包括销售平均定额、效率、员工满意度、客户满意度、企业公民行为等在内的过程目标。

（3）实践目标管理的三要素：数据、GAP 分析和激励。任何目标的实现，都需要配套的、有效的数据采集系统，用于说明过程目标的完成情况，用来评价阶段性目标和过程目标。

定期的 GAP 分析与检查是实现目标管理的利剑。所谓 GAP 分析，就是站在未来某一时间点上，通过分析现状和预期之间的差距，及时发现目标可能无法按时达成的风险，进而做出切中要害的分析，重新找到达成目标的方法。

要根据 GAP 分析与检查的结果，在每一个过程目标实现后，激发员工的脑力及主动思考能力，表现出色的要给予奖励；对于没有完成好任务的员工，应帮助分析原因，激励员工克服困难，迈开脚步更好地完成工作。

在惠普，即使是一个合同制员工，也有很大的发挥空间。经理给员工设定了工作目标，但并不是手把手地教员工如何去做，也不干涉员工的工作方法，而是鼓励员工动脑筋，想出达成目标的方法。

惠普所倡导的目标管理，主要包括四个步骤：

首先，设定目标（set objective）。目标兼顾结果与过程，是根据岗位职责和公司整体目标，由主管经理和当事者一起讨论确定的。

其次，当事者要自己动手，制定工作计划（business plan），其中最重要的内容，就是设计阶段性目标（mile stone），提出达成阶段性目标的策略和方法。在此过程中，主管者只是指导者和讨论对象，而不会越俎代庖。一个不能对终极目标进行阶段性分解、不能自己选择工作方法的员工，也就难以成长为合格的领导者。

再次，定期进行进展总结（review progress），由主管经理、当事者和业务团队一起，分析现状与预期目标的差距，找到弥补差距、完成目标的具体措施。

最后，在目标任务终止期，进行总体性的绩效评估（performance evaluation）。如果没有达成目标，要检讨原因；如果超出预期，或者达成了当初看上去难以完成的目标，则要分析成功的原因，并与团队分享经验。分享成功经验（best practice sharing）是惠普多年来非常有效的一种管理实践。

在实行这一系列活动的过程中，惠普的主管领导始终在努力创造一种氛围和机会，调动员工的主动性和潜力，激发员工追求卓越和创新的精神。主管人员不仅要具有足够的勇气，给员工尝试的机会、创新的机会，同时要有敢于承担失误、承受风险的勇气，更重要的，还必须了解每个员工的特点，具备对时机、风险、分寸的把握和判断能力（林新奇，2013；孙振耀，2006）。

四、联想和惠普案例分析比较

本文选取的联想、惠普同属科技企业，有各自的管理和文化特点，能够在可比性的基础上体现出差异性，具有探讨的价值和得出结论的可能性。

通过 2014 年惠普和联想的营业收入利润表（见表 A－3 和表 A－4），我们发现惠普的净利润率为 4.5%，资产收益率为 4.9%，高于同期联想的净利润率 1.8%，资产收益率 3.1%。

表 A－3　惠普 2014 年营业收入利润表

	百万美元	年增减%
营业收入	11 454.0	－0.8
利润	5 013.0	－2.0
资产	103 203.0	—
股东权益	26 731.0	—
利润占比		
净利润率	4.5	
资产收益率	4.9	

资料来源：惠普官方网站。

表 A－4　联想 2014 年营业收入利润表

	百万美元	年增减%
营业收入	46 295.6	19.6
利润	828.7	1.4
资产	27 081.3	—
股东权益	4 083.6	—
利润占比		
净利润率	1.8	
资产收益率	3.1	

资料来源：联想集团官方网站。

同期联想的营业收入年增长率为19.6%，远远高于惠普的−0.8%；联想的净利润率1.8%却大幅低于惠普的4.5%。如上差异的产生有很多原因，除了目标战略、资本运营等因素外，不可否认的是，惠普以科技服务为主的导向和联想以硬件制造为主的导向，是造成如上差异的重要原因。

对比两家公司的案例，我们可初步得出如下结论。

（一）联想在目标管理中更偏重于“物”、硬件制造

联想在目标管理中，更偏重于硬件制造，这与公司目前所处的发展阶段、发展目标是相适应的。

哈佛大学的格雷纳（Greiner，1972）在《在演进与剧变中成长》中提出了企业成长的五阶段模型。他指出，组织的发展取决于五个关键因素：组织存续时间、组织规模、演进期、剧变期和行业增长率。这些因素相互作用，共同影响组织的发展。

在上述框架的指导下，格雷纳深入探讨了五个具体阶段（见图A-1）——创造、指令、授权、协调、协作的演进期和剧变期。每个演进期的特征是为了取得成长而使用的主要管理方式，每个剧变期的特征在于为了保持成长所必须解决的主要管理问题。

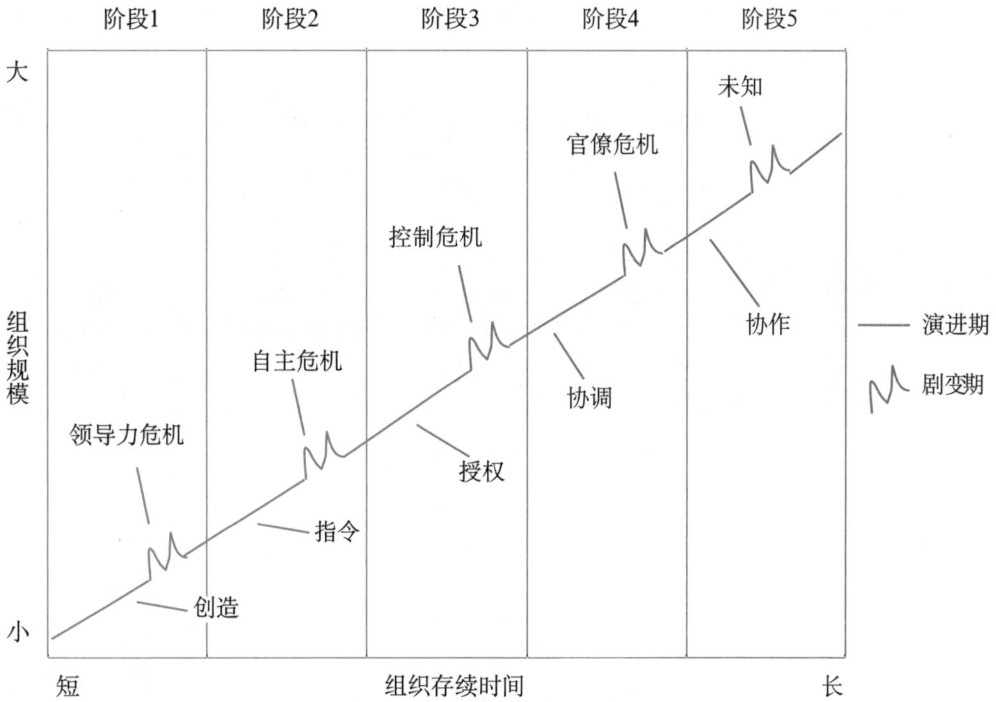

图A-1 企业成长五阶段图

格雷纳认为，在一个成长阶段行之有效的管理方法，也许会导致下一个成长阶段的危机，并总结出在企业五个成长阶段中所对应的管理方法（见表A-5）。

表 A-5 企业成长五阶段的管理方法

类别	阶段 1	阶段 2	阶段 3	阶段 4	阶段 5
管理重点	创造与销售	运营效率	市场扩张	组织整合	解决问题和实施创新
组织结构	非正式	集权型、职能型	分权型、地域型	直线-参谋制、按产品划分部门	团队矩阵
管理层的风格	个人主义、创业精神	指令型	授权型	监督型	参与型
控制体系	市场表现	标准与成本中心	控制与利润中心	计划与投资中心	设置共同目标
管理层报酬的重点	所有权	增加薪资与福利	个人奖金	利润分享和股票期权	团队奖金

从表 A-5 中我们可以看出，相比 1939 年成立的惠普，创建于 1984 年的联想成立时间较短，在企业自身成长的五阶段中，仍处于阶段 2 或者阶段 3。与惠普转型到科技服务业不同，联想更偏重于提供硬件设备。通过惠普和联想的营业收入及利润对比表（表 A-6），我们发现，2014 年，联想的利润总额为 82.87 亿美元，同期惠普的利润总额为 501.3 亿美元，利润较低、以硬件制造业为主的联想净利润率为 1.8%，资产收益率为 3.1%，以科技服务业为主的惠普同期净利润率为 4.5%，资产收益率为 4.9%。惠普与联想历年营业收入与利润对比折线图如图 A-2 所示。

表 A-6 惠普和联想历年营业收入及利润对比表 单位：百万美元

年份	惠普		联想	
	营业收入	利润	营业收入	利润
2010	126 033	8 761	21 594.4	273.2
2011	127 245	7 074	29 574.4	473
2012	12 0357	−12 650	33 873.4	635
2013	112 298	5 113	38 707.1	817.2
2014	111 454	5 013	46 295.6	828.7

资料来源：根据惠普、联想相关资料整理而成。

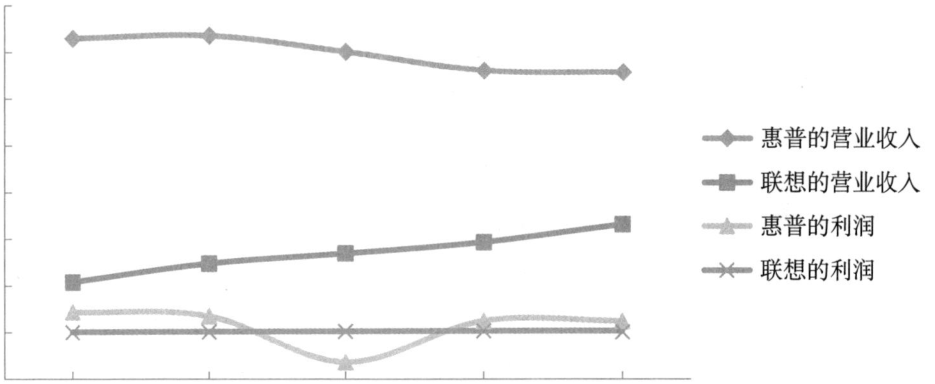

图 A-2 惠普与联想历年营业收入与利润对比折线图

（二）惠普在目标管理中更偏重于“人”、科技服务

惠普的目标管理中，更偏重于科技服务。公司在发展过程中一直努力扭转人们脑海中的硬件公司形象，通过战略转型，打造以服务为主的商业模式，把自己塑造成一家领先的软件和 IT 服务商。

惠普之所以选择以科技服务为主的目标管理，是为了向更高利润的软件和服务行业迁移。在竞争同质化的个人电脑行业，利润越来越薄。2010 年，惠普个人系统部门，包括个人电脑业务在内，只给公司贡献了 13%的利润；打印和成像部门为 30%；而其科技服务、咨询服务部门则贡献了 57%的利润。

与传统的硬件制造业不同，科技服务业是为科技创新全链条提供服务的新兴产业，主要服务于科研活动、技术创新和成果转化，是现代服务业的重要组成部分，具有人才和智力密集、技术含量和附加值高、产业渗透性和创新性强、发展潜力和辐射带动作用突出等特点。

惠普之所以选择以科技服务业为主的目标管理，是因为科技服务业具备以下特征：

（1）知识智力密集性。科技服务业属于典型的知识型服务业，主要依靠从业人员的智力获取收益。其发展的第一资本是人力资本，第一资源是人力资源，第一要素是知识要素。

（2）效益的高外部性。科技服务业是现代服务业的新业态，具有独立的产业特性，为社会创造经济财富。一般而言，发达国家科技服务业占其国内生产总值的比重均很高，而且科技服务业是典型的外部性较高的产业。通常认为，科技服务业每创造一个单位的收益，就能为服务对象带来五个单位以上的收益增加，以及经营成本与交易成本的降低。

五、结论与启示

我国计算机行业早已进入“红海”时代，企业之间的市场竞争也早已不只是有形产品的竞争。在当今技术、产品同质化越来越明显的大背景下，仅靠硬件已经无法吸引用户，更多是“硬件＋软件＋服务”多位一体的综合较量。经过以上分析，我们可以得到以下几点结论与启示。

（一）拓展服务领域，改变战略调整

我国国内生产总值相当于美国的六成以上，但是科技服务业的产值仅相当于美国的 10%左右。今后在发展过程中，企业应调整战略，重点加强科技服务业中研发外包、研发设计、技术转移等措施，使其对经济的贡献越来越突出，成为我国经济保持平稳增长的重要新支点。

美国麻省理工学院“企业再造”论者迈克尔·哈默教授与詹姆斯·钱皮教授（Michael Hammer & James Champy，1994）认为，在当今的市场运行中，有三股不容忽视的力量，他们称之为“3C”：顾客（customers）、竞争（competition）

以及改变（change）。这三股力量结合在一起，改变了市场运行的基本特征，驱使企业进入了一个崭新的活动领域。

2015年，惠普、戴尔、联想、华硕等顶级个人电脑设备厂商的产品数据显示，个人电脑平均售价已经从2010年的615美元/台下降到544美元/台，个人电脑行业发展持续低迷。企业反映，每台个人电脑的利润不足90元人民币。各大公司积极采取应对措施，纷纷做出战略调整。惠普加快向综合IT服务提供商的角色转变；戴尔表示将压缩个人电脑业务，重点转向高利润的软件和服务行业，并向端到端的解决方案商转型；联想则提出了“PC＋”战略，即产品覆盖智能手机、平板电脑、个人电脑和智能电视四类终端，以顺应移动互联网时代的发展规律。

（二）不断加强服务，实现产品增值

2015年，中国科学院、北京大学、清华大学等国内主要科研机构共同组建的国家金融信息中心指数研究院，发布了《新华（大连）软件和信息技术服务业发展指数报告（2015）》，对2014年全球软件和信息技术服务业的发展特点及国内软件业的发展趋势和特点进行了归纳。我国计算机板块净资产收益率达到10.92%，软件开发毛利润率为62.88%，IT服务类毛利润率为27.19%，计算机设备毛利润率为18.50%。由此可看出，计算机设备的盈利能力相对较低，IT服务类则保持较高的盈利水平。

根据五阶段模型，企业发展到一定时候，应该积极转变定位，加强科技服务。软件企业应该从提供复杂产品转变为提供以“云服务”开发为前提、更便于使用的应用程序。硬件企业也不能只单纯充当硬件提供商的角色，应该进入提供增值软件或服务的新阶段，向服务提供商和整体方案解决商转型，软硬件融合发展，进入利润更高的环节。

通过本案例分析我们看出，目标管理是一种比较有效的管理模式，在经济发展的新时期，企业能否发展取决于目标是否明确。只有对目标做出精心选择，企业才能生存、发展和繁荣。一个发展中的企业要尽可能满足不同方面的需求，这些需求要和员工、管理层、股东和顾客相联系，从而满足市场对企业的发展要求，提高企业的经营管理水平，最终提升企业核心竞争力。

参考文献

1. 戴维·帕卡德．惠普之道：比尔·休利特和我是如何创建公司的．北京：新华出版社，1995.

2. 林新奇．绩效管理．2版．大连：东北财经大学出版社，2013.

3. 毛基业，李高勇．案例研究的“术”与“道”的反思：中国企业管理案例与质性研究论坛（2013）综述．管理世界，2014（2）.

4. 毛基业，李晓燕．理论在案例研究中的作用：中国企业管理案例论坛（2009）综述与范文分析．管理世界，2010（2）.

5. 毛基业，张霞．案例研究方法的规范性及现状评估：中国企业管理案例论坛（2007）综述．管理世界，2008（4）.

6. 彼得·德鲁克．管理的实践．北京：机械工业出版社，2006.

7. 孙振耀．知易行难的“目标管理法”：如何培养员工领导力（上）. IT 经理世界，2006（22）.

8. 迈克尔·哈默，詹姆斯·钱皮．改造企业：再生策略的蓝本．台北：牛顿出版股份有限公司，1994.

9. 叶康涛．案例研究：从个案分析到理论创建：中国第一届管理案例学术研讨会综述．管理世界，2006（2）.

10. 张建林．联想集团的考核体系．通信企业管理，2002（12）.

11. 张丽华，刘松博．案例研究：从跨案例的分析到拓展现有理论的解释力：中国第二届管理案例学术研讨会综述．管理世界，2006（12）.

12. Bartunek J M，Rynes S L，Ireland R D. What makes management research interesting，and why does it matter？. Academy of Management Journal，2006，49（1）.

13. Eisenhardt K M. Building theories from case study research. Academy of Management Review，1989，14（4）.

14. Eisenhardt K M. Better stories and better constructs：the case for rigor and comparative logic. Academy of Management Review，1991，16（3）.

15. Eisenhardt K M，Graebner M E. Theory building from cases：opportunities and challenges. Academy of Management Review，2007，50（1）.

16. Glaser B G，Strauss A L. The discovery of grounded theory：strategies for qualitative research. Nursing Research，1968，17（4）.

17. Greiner L E. Evolution and revolution as organizations grow. Harvard Business Review，1989，76（3）.

18. Levinson H. Management by whose objectives？. Harvard Business Review，1970，48（7/8）.

19. McConkey D D. How to manage by results. America Management Association，1976.

20. Odiorne G S. Management by objectives：a system of managerial leadership. Marshfield，Massachusetts：Pitman Press，1965.

21. Siggelkow N. Persuasion with case studies. Academy of Management Journal，2007，50（1）.

22. Yin R K. Case study research：design and methods. 4th ed. Sage，2009.

23. Yin R K. Case study research：design and methods. 5th ed. Sage，2014.

（原载《中国人力资源开发》，2015（24））

热点聚焦：绩效管理难也不难

——专访中国人民大学劳动人事学院人力资源管理资深教授、企业战略与人力资源管理高级顾问林新奇博士

彭一文

企业管理者为什么对绩效考核感到头疼，为什么如此回避绩效沟通与反馈？原因可能大家都明白：企业的绩效管理不好做，费力不讨好，没有计划，没有沟通，不能保证公平与公正。仅仅把一些莫名其妙的考核表扔给员工，让绩效考核成为管理者的负担，把管理者置于尴尬的境地。造成这种局面一个很重要的原因就是企业没有理解绩效管理的精髓，没有理清绩效管理的流程，没有从流程上下功夫，只抓住了绩效管理的一个环节——绩效考核，而没有将绩效管理看成一个完整的系统。为此，我们专门采访了中国人民大学劳动人事学院人力资源管理资深教授、企业战略与人力资源管理高级顾问林新奇博士，请他谈谈绩效管理的流程以及应该注意的问题。

林教授在许多企业进行过成功的绩效管理咨询，同时在中国人力资源管理专业的最高学府——中国人民大学劳动人事学院专门讲授“绩效管理”和“人力资源管理理论与技术”课程，既有理论研究又有实务经验。在提到绩效管理流程时，林教授首先指出了一个问题：现在很多企业在进行绩效考核时弄不清楚绩效考核与绩效管理的区别，把两者混淆了。在此，他提出了绩效管理与绩效考核的四点区别。第一，绩效管理与绩效考核的关注点不同。他用一个形象的比喻区分了两者。以马拉松赛跑为例，绩效考核关注的是最终结果——终点的到达；而绩效管理关注的是整个过程——能坚持跑完全程，体现“更高、更快、更强”。第二，绩效管理与绩效考核的主体不同。绩效管理强调全员参与，上级与员工以及其他不同岗位的人员共同参与；而绩效考核是考核者与被考核者、上级与下属之间单向进行的。第三，两者与员工的关系不同。绩效管理强调沟通与改进；而绩效考核很少沟通，用划分等级代替了绩效改进。第四，目标导向不同。绩效管理关注的是未来、战略以及企业与员工共同成长，在这点上绩效管理等同于人力资源管理和企业管理；而绩效考核关注的只是某一个时间段的某一个点，即过去。

同时，林教授也指出，现在绩效管理与绩效考核正在互相渗透，绩效考核逐渐变成绩效管理的一部分。这就要求我们思考如何把传统绩效考核中的积极因素吸收到绩效管理中，把其中一些不适合绩效管理的东西排除出去，让两者有机结合在一起，而不能简单地把绩效考核并入绩效管理了事。

绩效管理四环节

绩效管理是一个整体，是一个循环的过程，应该如何循环？各个环节的关系

怎样处理？绩效考核如何符合绩效管理的指导思想？这些问题往往给企业带来极大的挑战。在此，林教授把绩效管理分成四个环节：第一个是绩效计划，第二个是绩效促进，第三个是绩效考核，第四个是绩效沟通、反馈及结果运用。

林教授指出，绩效计划很重要，很大程度上决定了绩效管理能否成功，也决定了之后的走向和结果。其中关键问题有三：第一，战略的制定。它关系到整个绩效管理的理念和主题。第二，规划，即战略如何与企业的实际相结合，变成可以操作的计划。企业做绩效管理的前提是已经提出了明确的战略目标和战略规划。第三，绩效计划的实施主体以及责权利安排。需要具体落实到执行者、执行部门，给他们执行的动力和压力以及使用监控手段。很多企业在绩效管理出现问题时把关注点放在平衡计分卡或者具体环节上，事实上很多时候不是具体过程出了问题，而是在计划阶段就已注定，企业先天不足，目标、理念不明确造成绩效管理实施不成功。

绩效促进可以理解为跑马拉松比赛时所需的加油鼓励、指明路线、开道护航等，这是绩效管理的核心所在。林教授指出，绩效管理的目的不是要将员工、部门分出高低，而是要实现企业的战略目标，实现企业、个人的共同成长。这个环节需要做的工作有三：第一，分解具体指标。要把每个指标分解到各个利益主体。第二，沟通，包括全过程的激励、促进、施加压力等，以促进战略目标实现。在越来越重视团队合作的今天，组织成员更多都是互相鼓励、互相支持，沟通成为重点。第三，动态监控。现在，很多企业都缺乏一种动态的概念，包括目标的动态、指标的动态、实施主体的动态、环境的动态等。

绩效考核是企业绩效管理的一个难点，许多企业在这个环节上做得不好，简单应付。林教授指出，这个环节主要涉及考什么，怎么考，谁来考。考什么跟考核的目标、导向、目的相关。考核一个是面向组织、企业的，另一个是面向个体、员工的，两者理论上讲并不冲突，前者以绩效促进为主，后者以激励、奖惩为主。在具体实施上两者却存在一定的区别。以绩效促进为主目标容易达成一致，心态也比较平和，不涉及个人的切身利益；而以激励、奖惩为主则要实行强制分布法，比较容易只关注当前利益，偏向本位主义，这就需要抓住重点目标来解决主要问题。怎么考涉及考核工具选择、考核流程实施、考核结果应用、考核周期安排等。谁来考涉及考核的评价主体，这里有许多选择，直线上级考核下级是主要的方式，组建绩效考核委员会时也有许多选择，是否采用 360 度考评反馈要具体问题具体分析。

在绩效沟通、反馈及结果运用方面，林教授重点提到了绩效考核结果运用。他指出，传统意义上绩效考核结果的运用仅仅涉及奖金、薪酬、晋升等，其实还有许多方面：第一，检验员工的岗位表现。现在企业员工上岗、上任主要有两种途径：外部招聘和内部竞聘。无论是外部招聘还是内部竞聘，员工都有一个由起步到胜任的过程，在这个过程中员工的表现如何、如何进行检验，需要一个能够量化的依据。第二，检验战略的落地情况。通过检验战略计划、战略规划的实施、落地情况，绩效考核结果可以为战略规划的修正提供依据，也可以为下一个目标的实现做好准备。第三，薪酬激励。绩效考核结果为薪酬奖金的发放提供具体的依据，奖励先进，激励后进。第四，员工发展和提高。通过绩效管理以及绩效考核结果运用，可以促进员工改进绩效，进行人力资源培训与开发。第五，企业文化建设。绩效管理是企业文化建设的引导动力，通过绩效管理可以促使企业所有人员朝共同的目标努力，促进企业文化建设。

急需解决的五大难点

第一，企业实施绩效管理的环境和基础条件比较薄弱。现在大多数企业对绩效管理成功与否、满意度等就事论事，而忽略了基础平台这个密切相关的东西，包括理念提升、目标整合（尤其现在处于观念转变的阶段）、制度建设（整体的制度建设以及人力资源制度建设）、对中国企业所处阶段客观实际的判断和理解。

第二，企业绩效管理目标导向认识不足。首要的是，区别绩效管理和绩效考核，弄清楚绩效管理的目标、导向具体是什么。实际上，仅仅通过一次考核、一个周期的管理是不可能一步到位、解决所有问题的，所以应该强调重点，瞄准主要目标。

第三，理性管理、强势管理、科学管理缺失。从国际的潮流来看，企业发展强调人本管理，关注各方利益相关者。但就中国目前的发展情况来看，企业缺的是科学管理，是战略目标导向的强势管理，往往容易偏向于平均主义管理，所以我们更应该强调关乎企业战略目标、企业员工发展的科学管理，理性管理，强势管理。

第四，指标设计过程中沟通不到位。单方面安排指标容易导致对考核结果的认知存有争议，而参与度高、沟通好的企业最后员工对结果的认同度就高。沟通时强调双向沟通，让绩效管理能够顺畅地进行。

第五，考评主体的选择与安排。很多企业对此无所适从，在操作上较多运用360度考评反馈。我们更应根据不同的企业、不同的行业、不同的业务领域、不同的员工、不同的职务层级，选择不同的方法，确定不同的考评主体，组建不同的考评委员会，进行灵活的安排。

年终将至，企业又要开始进行绩效考核了。我们希望林教授的观点和建议能对大家有所启发和帮助，希望中国企业的绩效管理一年比一年好！

（原载《易才新人力》，2017（12））

参考文献

1. 林新奇．绩效管理：技术与应用．北京：中国人民大学出版社，2012.

2. 林新奇．绩效管理．2版．北京：中国人民大学出版社，2016.

3. 林新奇．管理学：原理与实践．大连：东北财经大学出版社，2017.

4. 林新奇．新中国人力资源管理变革的路径和走向：制度变迁与政策选择．大连：东北财经大学出版社，2012.

5. 林新奇．绩效管理．3版．大连：东北财经大学出版社，2016.

6. 林新奇．绩效考核与绩效管理．北京：清华大学出版社，2015.

7. 林新奇．跨国公司人力资源管理．北京：清华大学出版社，2015.

8. 林新奇．绩效管理手册．北京：中国劳动社会保障出版社，2006.

9. 林新奇．绩效考核与绩效管理．北京：对外经济贸易大学出版社，2011.

10. 林新奇．机关绩效管理．北京：中国人事出版社，2010.

11. 林新奇．国际人力资源管理．3版．上海：复旦大学出版社，2016.

12. 林新奇．跨国公司人力资源管理．北京：首都经济贸易大学出版社，2008.

13. 林新奇．中国人事管理史．修订版．北京：中国社会科学出版社，2004.

14. 林新奇．国际人力资源管理：理论与实践．北京：高等教育出版社，2016.

15. 林新奇，张可人．聚焦硬件制造及科技服务差异的目标管理：联想公司与惠普公司的案例比较．中国人力资源开发，2015（24）.

16. 林新奇．中国式绩效管理及其前途．企业管理，2014（10）.

17. 林新奇，蒋瑞．高层管理团队特征与企业财务绩效关系的实证研究：以我国房地产上市公司为例．浙江大学学报（人文社会科学版），2011（3）.

18. 林新奇．绩效革命三十年．企业管理，2008（8）.

19. 林新奇，刘彦君．绩效考核公平对员工创新绩效的影响：心理安全感的中介作用．现代管理科学，2018（5）.

20. 林新奇，丁贺．优势理论在人力资源管理中的应用研究．中国人力资源开发，2018（1）.

21. 丁贺，林新奇，徐洋洋．基于优势的心理氛围对创新行为的影响机制研究．南开管理评论，2018（1）.

22. 苏伟琳，林新奇，丁贺．核心自我评价对员工创新行为的影响机制：工作投入的中介作用．软科学，2018（7）.

23. 彼得·F. 德鲁克．公司绩效测评．北京：中国人民大学出版社，1999.

24. 徐芳．团队绩效测评技术与实践．北京：中国人民大学出版社，2013.

25. 孙科柳，蒋业财，解文涛．华为绩效管理方法论．北京：中国人民大学出版社，2016.

26. 罗哲．基本公共教育服务均等化绩效测度：基于平衡计分卡．北京：中国人民大学出版社，2017.

27. 西奥多·H. 波伊斯特．公共部门绩效评估．北京：中国人民大学出版社，2016.

28. 赫尔曼·阿吉斯．绩效管理：第 3 版．北京：中国人民大学出版社，2013.

29. 唐纳德·E. 塞克斯顿．CVA 顾客增加值：用营销驱动卓越财务绩效．北京：中国人民大学出版社，2010.

30. 理查德·A. 斯旺森．绩效分析与改进：第 2 版．北京：中国人民大学出版社，2010.

31. 约翰·惠特莫尔．绩效辅导：成就人员、绩效和目标的方法．第 3 版．北京：中国人民大学出版社，2006.

32. 卡普兰，诺顿．平衡计分卡战略实践．北京：中国人民大学出版社，2009.

33. 张体勤．知识团队的绩效管理．北京：科学出版社，2012.

34. 理查德·威廉姆斯．组织绩效管理．北京：清华大学出版社，2002.

35. 麦克诺顿．绩效管理概念与知识手册．北京：清华大学出版社，2003.

36. 尼利，等．战略绩效管理：超越平衡计分卡．北京：电子工业出版社，2004.

37. 托尼·阿德金斯．绩效管理案例与评析．北京：电子工业出版社，2007.

38. 阿什沃思．整合绩效管理：实现股东价值的有效方式．北京：电子工业出版社，2002.

39. 郭楚凡，黄艳平．华为目标管理法．北京：电子工业出版社，2018.

40. 远藤泰弘．企业绩效管理秘诀．长春：长春出版社，1980.

41. 罗伯特·巴考尔．绩效管理 24 准则．北京：中信出版社，2005.

42. 克里斯蒂娜·沃特克．OKR 工作法：谷歌、领英等公司的高绩效秘籍．北京：中信出版社，2017.

43. 彼得·德鲁克．卓有成效的管理者．北京：机械工业出版社，2005.

44. 戴维·帕门特．关键绩效指标：KPI 的开发、实施和应用．北京：机械工业出版社，2017.

45. 保罗·R. 尼文 . OKR：源于英特尔和谷歌的目标管理利器 . 北京：机械工业出版社，2017.

46. 安德烈·A. 德瓦尔 . 绩效管理魔力：世界知名企业如何创造可持续价值. 上海：上海交通大学出版社，2002.

47. 卡普兰，诺顿 . 平衡计分卡：化战略为行动 . 广州：广东经济出版社，2013.

48. 秦杨勇 . 平衡计分卡：管控流程与组织架构案例、方法与工具 . 北京：经济管理出版社，2011.

49. 何健，侯炜 . 绩效面谈中的沟通技巧 . 中国人力资源开发，2004（8）.

50. 江世英 . LEFE 模式的非正式沟通 . 人力资源，2005（11）.

51. 贺炳红 . 绩效沟通的“三重境界” . 人力资源，2006（9）.

52. 廿新 . “3+1”模式沟通绩效 . 人力资源，2006（1）.

53. 王海云，王海翔 . 平衡计分卡与 EVA 之比较 . 商业研究，2005（10）.

54. 印猛，李燕萍 . 基于层次分析法的价值管理：“平衡计分卡”和“经济附加值”整合战略管理应用 . 财经理论与实践，2006（1）.

55. 张兴峰 . 基于业绩评价的 BSC 与 EVA 优劣势及其结合的意义 . 全国流通经济（经济理论研究），2008（18）.

56. 邹涛 . 关于互联网公司绩效管理（OKR）创新的讨论 . 人才资源开发，2014（18）.

57. 陈德金 . OKR，追求卓越的管理工具 . 清华管理评论，2015（12）.

58. 李海燕 . 不可迷信谷歌 OKR 考核 . 中外管理，2014（5）.

59. 庄文静 . KPI 和 OKR，绩效管理闹革命？. 中外管理，2015（6）.

60. Murray A I. Top management group heterogeneity and firm performance. Strategic Management Journal，1989（10）.

61. De Waal A A. Stimulating performance-driven behavior to obtain better results. International Journal of Productivity and Performance Management，2014，53（3/4）.

62. Meglino B M，Ravlin E C，Adkins C L. A work values approach to corporate culture：a field test of the value congruence process and its relationship to individual outcomes. Journal of Applied Psychology，1989（74）.

63. Tuckman B W. Development sequences in small groups. Psychological Bulletin，1965（63）.

64. Kuvaas B. Performance appraisal satisfaction and employee outcomes：mediating and moderating roles of work motivation. International Journal of Human Resource Management，2016，17（3）.

65. Wellman B. Network analysis：some basic principles. Sociological Theory，1983（1）.

66. Gowen C R. Managing work group performance by individual goals and

group goals for an interdependent group task. Journal of Organizational Behavior Management, 1985 Fall/1986 Winter, 7 (34).

67. Mitchell J C. The concept and use of social networks//Mitchell J C. Social network in urban situations. Manchester, England: Manchester University Press, 1969.

68. Contractor's Business Management Report. 2014 (12).

69. Lee C. Increasing performance appraisal effectiveness: matching task types, appraisal process, and rater training. Academy of Management Review, 1985, 10 (2).

70. Hambrick D C. Top management groups: a conceptual integration and reconsideration of the 'team' label//Staw B M, Cummings L L. Research in organizational behavior. Greenwich, CT: JAI Press, 1994.

71. Antonioni D. Designing an effective 360 degree appraisal feedback process. Organizational Dynamics, 1996 (9).

72. Brown D. HR must ensure individual goals agreement. Canadian HR Reproter, 2002, 15 (4).

73. Ancona D G, Caldwell D F. Demography and design: predictors of new product team performance. Organization Science, 1992, 3 (3).

74. Mesch D J, Farh L Jiing-Lih, Podsakoff P M. Effects of feedback sign on group goal setting, strategies, and performance. Group & Organization Management, 1994, 19 (3).

75. Milliken F J, Martins L L. Searching for common threads: understanding the multiple effects of diversity in organizational groups. Academy of Management Review, 1996 (21).

76. Hartle F. How to re-engineer your performance management process. London: Clays Ltd. St Ives PLC, 1995.

77. Patton F. Does six sigma work in service industries. Quality Progress, 2015, 38 (9).

78. Latham G P, Wexley K N. Behavioral observation scales for performance appraisal purposes. Personnel Psychology, 1977, 30 (2).

79. Latham G P, Saari L M. Do people do what they say? Further studies on the situational interview. Journal of Applied Psychology, 1984 (69).

80. Latham G P, Fay C H, Saari U M. The development of behavioral observation scales for appraising the performance of foremen. Personnel Psychology, 1979 (7).

81. Spagnolo G. Social relations and cooperation in organizations. JEBO, 1999, 38 (1).

82. Shea G P, Guzzo R A. Group effectiveness: what really matters? . Sloan Management Review, 1987, 28 (3).

83. Thiruvengada H, Rothrock L. Time windows-based team performance measures: a framework to measure team performance in dynamic environments. Cogn Tech Work, 2006 (9).

84. Allende H, Galbiati J. Discussion. International Statistical Review/Revne Internationale de Statistique, 1999, 67 (2).

85. Goodstein J, Gautam K, Boeker W. The effects of board size and diversity on strategic change. Strategic Management Journal, 1994 (15).

86. Hezlett J. Managing five paradoxes of 360 - degree feedback. Academy of Management Executive, 2005 (14).

87. Conway J M. Distinguishing contextual performance from task performance for managerial jobs. Journal of Applied Psychology, 1999 (84).

88. Conway J M. Managerial performance development constructs and personality correlates. Human Performance, 2006 (13).

89. Campbell J P, McCloy R A, Oppler S H, Sager C E. A theory of performance//Schmitt N, Borman W C. Personnel selection in organizations. San Francisco, CA: Jossey-Bass, 1993.

90. Van Scotter J R, Motowidlo S J. Interpersonal facilitation and job dedication as separate facets of contextual performance. Journal of Psychology, 1996 (81).

91. Shaw J B, Barrett-Power E. The effects of diversity on small work group processes and performance. Human Relation, 1998 (51).

92. Klein J D, Fox E J. Performance improvement competen-cies for instructional technologists. Tech Trends, 2004, 48 (2).

93. Swiss J E. A framework for assessing incentives in results-based management. Public Administration Review, 2005, 65 (5).

94. Kane J S. Behavioral observation scales and the evaluation of performance appraisal effectiveness. Personnel Psychology, 1982, 35 (3).

95. Bott J P, Svyantek D J, Goodman S A, Bernal D S. Expanding the performance domain: who says nice guys finish last? . International Journal of Organizational Analysis, 2013 (11).

96. Harbour J L, Marble J L. How performance improves. Performance Improvement, 2005, 44 (8).

97. Avis J M, Kudisch K D, Fortunato V J. Examining the incremental validity and adverse impact of cognitive ability and conscientiousness on job performance. Journal of Business and Psychology, 2012 (17).

98. Ortiz J P, Arnborg L. Making high performance last: reflections on involvement, culture, and power in organizations, performance improvement. Performance Improvement, 2005, 44 (6).

99. Smith K G, Smith K A, Olian J D, Sims H P, O'Bannon D P, Scully J A. Top management team demography and process: the role of social integration and communication. Administrative Science Quarterly, 1994 (39).

100. Jehn K A, Northcraft G B, Neale M A. Why differences make a difference: a field study of diversity, conflict, and performance in workgroups. Administrative Science Quarterly, 1999 (12).

101. Bauer K. KPIs: the metrics that drive performance management. DM Review, 2004 (9).

102. Bauer K. KPIs: not all metrics are created equal. DM Review, 2004 (12).

103. McManus K. Sleep well. Industrial Engineer, 2005, 37 (10).

104. Cardy L R, Dobbins H G. Performance appraisal: alternative perspectives. Cinicinnati: South-Western, 1994.

105. Witt L A, Kacmar K M, Carlson D S, Zivmska S. Interactive effects of personality and organizational politics on contextual performance. Journal of Organizational Behavior, 2012, 23 (8).

106. Hoffman L R, Maier N R F. Quality and acceptance of problem solutions by members of homogeneous and heterogeneous group. Journal of Abnormal and Social Psychology, 1961 (62).

107. Pelled L H, Eisenhardt K M, Xin K R. Exploring the black box: an analysis of work group diversity, conflict, and performance. Administrative Science Quarterly, 1999 (3).

108. Ahuja M K, Galletta D F, Carley K M. Individual centrality and performance in virtual R & D groups: an empirical study. Management Science, 2003 (1).

109. McManus M A, Kelly M L. Personality measures and biodata: evidence regarding their incremental predictive value in the life insurance industry. Personnel Psychology, 1999 (52).

110. Granovetter M. Economic action and social structure: the problem of embeddedness. American Journal of Sociology, 1985, 91 (3).

111. Armstrong M, Baron A. Performance management. London: The Cromwell Press, 1998.

112. Brown M F, Stiwell J, Mckinney-Gonzales M. The ethical foundation of performance measurement and management. Public Management, 2015, 87 (5).

113. Mount M K. Satisfaction with a performance appraisal system and appraisal discussion. Journal of Occupational Behaviour, 1984, 5 (4).

114. Blau P. Exchange and power in social life. New York: Wiley, 1964.

115. Bayerlein P, Gailey R. The six principles of performance communica-

tion. Strategic HR Review，2005，4（4）.

116. Hazard P. Tackling performance management barriers. Strategic HR Review，2004，3（4）.

117. Kosnik R D. Effects of board demography and directors' incentives on corporate greenmail decisions. Academy of Management Journal，1990（33）.

118. Johnston R，Brignall S，Fitzgerald L. Good enough performance measurement：a trade-off between activity and action. Journal of the Operational Research Society，2002，53（3）.

119. Heneman R L. Merit pay：linking pay increases to performance ratings. MA：Addison-Wesley，1992.

120. Johnson R A，Hoskisson R E，Hitt M A. Board of director involvement in restructuring：the effects of board versus managerial controls and characteristics. Strategic Management Journal，1993（14）.

121. Doina，Ljungholm. The practice of performance management in public sector organizations. Geopolitics，History，and International Relations，2015，7（2）.

122. Sparrowe R T，Liden R C，Kraimer M L. Social networks and the performance of individuals and groups. Academy of Management Journal，2011，44（2）.

123. Williams R S. Performance management. London：International Thomson Business Press，1998.

124. Procter S，Burridge M. Team working and performance：the extent and intensity of team working in the 1998 UK Workplace Employee Relations Survey（WERS 98）. International Journal of Human Resource Management，2008，19（1）.

125. Jackson S E，May K E，Whitney K. Understanding the dynamics of diversity in decision-making teams//Guzzo R，Salas E. Team effectiveness and decision making in organizations. San Francisco：Jossey-Bass，1995.

126. Motowidlo S J，Borman W C，Schmit M J. A theory of individual difference in task performance and contextual performance. Human Performance，1997（10）.

127. Motomidlo S J，Van Scotter J R. Evidence that task performance should be distinguished from contextual performance. Journal of Applied Psychology，1994，79（4）.

128. Williams S L，Hummert M L. Evaluating performance appraisal instrument dimensions using construct analysis. Journal of Business Communication，1990，27（2）.

129. Schoonover S，Palmer C. A systematic approach to employee perform-

ance gets measurable results. Mass High Tech, 2014, 22 (18).

130. Feltovich S. The power of KPIs. www. abrn. com, 2005.

131. Heathfield S. Performance appraisals don't work—what does? . Journal for Quality and Participation, 2007, 30 (1).

132. Mohammed S, Mathieu J E, Bartlett A L. Technical-administrative task performance, leadership task performance, and contextual performance: considering the influence of team and task-related composition variables. Journal of Organizational Behavior, 2012, 23 (7).

133. Tang L P, Sarsfield-Baldwin L J. Distributive and procedural justice as related to satisfaction and commitment. Sam Advanced Management Journal, 1996, 61 (3).

134. Gregg T. Bank accounting & finance. Aspen Publishers Inc. , 2004.

135. Judge T A, Ferris G R. Social context of performance evaluation decisions. Academy of Management Journal, 1993, 36 (1).

136. Baldwin T T, Bedell M D, Johnson J L. The social fabric of a team-based M. B. A. program: network effects on student satisfaction and performance. Academy of Management Journal, 1997 (40).

137. Zenger T R, Marshall C R. Determinants of incentive intensity in group-based rewards. Academy of Management Journal, 2010, 43 (2).

138. Brown T C, Hanlon D. Validation of effective entrepreneurship behaviors. Academy of Management Annual Meeting Proceedings, 2005 (1).

139. Wiersma U, Latham G P. The practicality of behavioral observation scales, behavioral expectation scales, and trait scales. Personnel Psychology, 2006, 39 (3).

140. Borman W C, Motowidlo S J. Expanding the criterion domain to include elements of contextual performance//Schmitt N, Borman W C. Personnel selection in organizations. San Francisco, CA: Jossey-Bass, 1993.

141. Tornow W W. Editor's note: introduction to special issue on 360-degree feedback. Human Resource Management, 1993, 32 (2 - 3).

142. Gary W W, Pfeffer J, O'Reilly C A. Organizational demography and turnover in top management group. Administrative Science Quarterly, 1984 (29).

143. Watson W E, Kumar K, Michaelsen L K. Cultural diversity's impact on interaction process and performance: comparing homogeneous and diverse task groups. Academy of Management Journal, 1993 (36).

144. Eckerson W. Ten characteristics of a good KPI. [2017 - 07 - 30]. http: //www. gerke. com/documents/ten _ characteristics _ of _ a _ good _ kpi _ pd _ dw. pdf.

145. Cascio W F. Applied psychology in personnel management. New Jersey: Prentice-Hall Inc. , 1987.

146. Cascio W F. Managing human resources. New York：Mcgraw-Hill，1986.

147. Lin X Q. Human resource management and development in China from 1979—2009：a path and trend analysis. Management Re-Imagined（IFSAM），2012（7）.

148. Moullin M. Improving and evaluating performance with the public sector scorecard. International Journal of Productivity and Performance Management，2017，66（4）.

149. Presbitero A，Teng-Calleja M. Subordinate's proactivity in performance planning：implications for performance management systems. Asia Pacific Journal of Human Resources，2017.

150. Rui V，Odwyer B，Schneider R. Aligning strategy and performance management systems：the case of the wind-farm industry. Organization & Environment，2017，30（1）.

151. Aryee S，Walumbwa F O，Seidu E Y M，Otaye L E. Impact of high-performance work systems on individual-and branch-level performance：test of a multilevel model of intermediate linkages. Journal of Applied Psychology，2012（97）.

152. Hoffmann-Burdzinska K，Flak O. Management by objectives as a method of measuring teams' effectiveness. Journal of Positive Management，2015（6）.

153. Sumlin R. Performance management：impacts and trends. [2011－08－25]. http：//www. exinfm. com/pdffiles/pm. pdf.

154. Pettijohn L S，Parker R S，Pettijohn C E，Kent J L. Performance appraisals：usage，criteria and observations. Joural of management development，2011（20）.

155. Bolino M C，Varela J A，Bande B，Turnley W H. The impact of impression-management tactics on supervisor ratings of organizational citizenship behavior. Journal of Organizational Behavior，2016（27）.

156. Viswesvaran C，Ones D S. Perspectives on models of job performance. International Journal of Selection and assessment，2012（8）8.

157. O'Boyle E，Jr，Aguinis H. The best and the rest：revisiting the norm of normality of individual performance. Personnel Psychology，2012，65（1）.

158. Scullen S E，Bergey P K，Aiman-Smith L. Forced distribution rating systems and the improvement of workforce potential：a baseline simulation. Personnel Psychology，2015（58）.

159. Brutus S. Words versus numbers：a theoretical exploration of giving and receiving narrative comments in performance appraisal. Human Resource Management Review，2014（20）.

160. Short J C，Broberg J C，Coglister C C，Brigham K. Construct valida-

tion using computer-aided text analysis (CATA): an illustration using entrepreneurial orientation. Organizational Research Methods, 2015 (13).

161. Abu-Doleh J, Weir D. Dimensions of performance appraisal systems in Jordanian private and public organizations. International Journal of Human Resource Management, 2016 (18).

162. Franke G R, Murphy J H, Nadler S S. Appraising account executive performance appraisal: current practices and managerial implications. Journal of Current Issues & Research in Advertising, 2003 (25).

163. Spence J R, Keeping L M. The impact of non-performance information on ratings of job performance: a policy-capturing approach. Journal of Organizational Behavior, 2015 (31).

164. Wang X M, Wong K F E, Kwong J Y Y. The roles of rater goals and rates performance levels in the distortion of performance rating. Journal of Applied Psychology, 2016 (95).

165. Kleingfeld A, van Tuijl H, Algera J A. Participation in the design of performance management systems: a quasi-experimental field study. Journal of Organizatioal Behavior, 2014 (25).

166. Holland K. Performance reviews: many need improvement. New York Times, 2006-09-10.

167. Jawahar I M. Do raters consider the influence of situational factors on observed performance when evaluating performance? Evidence from three experiments. Group & Organization Management, 2015 (30).

168. London M, Mone E M, Scott J C. Performance management and assessment: methods for improved rater accuracy and employee goal setting. Human Resource Management, 2014 (43).

169. Smither J W, London M, Reilly R R. Does performance improve following multisource feedback? A theoretical model, meta-analysis, and review of empirical findings. Personnel Psychology, 2015 (58).

170. Morgan A, Cannan K, Cullinane J. 360° feedback: a critical enquiry. Personnel Review, 2015 (34).

171. Maurer T J, Barbeite F G, Mitchell D R. Predictors of attitudes toward a 360-degree feedback system and involvement in post-feedback management development activity. Journal of Occupational & Organizational Psychology, 2012 (75).

172. Kamer B, Aannen H. The role of core self-evaluations in predicting performance appraisal reactions. Swiss Journal of Psychology, 2016 (69).

173. Risher H. Pay-for performance: the keys to making it work. Public Personnel Management, 2012 (31).

后　记

现在呈现在读者面前的《绩效管理》教材，是作为中国人民大学劳动人事学院第四代系列教材并列入中国人民大学本科“十三五”规划教材而编写的。编写的流程是：先由林新奇教授提出基本思路和写作大纲，并提供林新奇教授所写绩效管理相关教材和论著成果，再由蒋瑞博士着手补充相关材料并编写出教材初稿，最后由林新奇教授审核修改并润色定稿。

为此，首先应该感谢中国人民大学把本书列入本科“十三五”规划教材并提供启动经费的支持；其次应该感谢中国人民大学劳动人事学院能够选择本书作为第四代系列教材，这是对本书作者莫大的鼓励和信任；再次要感谢中国人民大学出版社的领导和编辑们，他们为本书的顺利出版所付出的辛劳值得我们深深敬佩。当然，作者自己，特别是蒋瑞博士的努力和劳动也应该感谢和鼓掌。此外，张可人博士、蔡天明先生、龙海燕女士、龙红女士等也为本书的完成和出版做出了可贵的贡献，在此一并表示诚挚的感谢和敬意！

应该说明的是，本书与林新奇教授之前所撰写出版的若干教材或论著之间既有联系也有区别，特别是与林新奇教授所著、中国人民大学出版社出版的《绩效管理：技术与应用》（2012 年）、《绩效管理（第 2 版）》（2016 年）之间可能容易引起混淆，务请读者朋友加以注意。

本书的特点主要有三个：

一是根据高等学校应用创新型人才培养的要求，进行了一些研究角度的调整，增加了情景实例、延伸阅读、拓展资料，以及相关的音视频资料、二维码等内容，既有利于读者的实际使用，也增添了情趣生动性，希望能够与时俱进，适应信息时代的发展变化。

二是体例上进行了梳理，增强理论知识点和方法的介绍，关注一些新内容，比如 OKR 的发展动向等。

三是继续注重理论联系实际，特别是关注中国企业和中国管理发展的实际情况，关注国内外市场环境和全球化发展的最新态势，总结绩效管理的经验教训，配合阐析相关的技术、流程、工具与创新。

希望亲爱的师生和读者朋友在使用本教材的过程中，根据自己的实际情况和需要，创造性地进行教学和培训，尤其根据现代信息技术，特别是移动互联网、大数据、人工智能、区块链甚至物联网技术发展的最新动态，及时引入科学先进的理念、手段和方法，也可以配以诸如实地考察、模拟演练等方式方法展开教学与培训，力求生动活泼、活学活用、效果显著。

编写原创性、适用性教材实在是一个艰苦的、不断探索和积累的过程。尽管本书作者付出了很大的努力，但是由于时间、精力和水平有限，本书一定还存在许多不足或缺憾，希望广大读者朋友在使用本书过程中不吝赐教，多提宝贵意见和建议，我们将一如既往地努力，促进本教材及其配套课件不断完善和进步，共同为中国管理特别是绩效管理的发展做出应有的贡献！

联系邮箱：linxq@ruc. edu. cn，微信公众号：xinxinHRM（新新 HR 管理）。

林新奇

2019 年冬于北京

图书在版编目（CIP）数据

绩效管理/林新奇，蒋瑞著. --北京：中国人民大学出版社，2020.1
中国人民大学劳动人事学院第四代系列教材
ISBN 978-7-300-27591-8

Ⅰ.①绩… Ⅱ.①林… ②蒋… Ⅲ.①企业绩效-企业管理-高等学校-教材 Ⅳ.①F272.5

中国版本图书馆 CIP 数据核字（2019）第 233548 号

中国人民大学劳动人事学院第四代系列教材
绩效管理
林新奇　蒋　瑞　著
Jixiao Guanli

出版发行	中国人民大学出版社		
社　址	北京中关村大街 31 号	**邮政编码**	100080
电　话	010－62511242（总编室）		010－62511770（质管部）
	010－82501766（邮购部）		010－62514148（门市部）
	010－62515195（发行公司）		010－62515275（盗版举报）
网　址	http://www.crup.com.cn		
经　销	新华书店		
印　刷	北京密兴印刷有限公司		
开　本	787 mm×1092 mm　1/16	**版　次**	2020 年 1 月第 1 版
印　张	14.25 插页 1	**印　次**	2024 年 6 月第 7 次印刷
字　数	304 000	**定　价**	45.00 元

中国人民大学出版社　管理分社

教师教学服务说明

中国人民大学出版社管理分社以出版工商管理和公共管理类精品图书为宗旨。为更好地服务一线教师，我们着力建设了一批数字化、立体化的网络教学资源。教师可以通过以下方式获得免费下载教学资源的权限：

- 在中国人民大学出版社网站 www.crup.com.cn 进行注册，注册后进入“会员中心”，在左侧点击“我的教师认证”，填写相关信息，提交后等待审核。我们将在一个工作日内为您开通相关资源的下载权限。
- 如您急需教学资源或需要其他帮助，请加入教师 QQ 群或在工作时间与我们联络。

中国人民大学出版社　管理分社

教师 QQ 群： 648333426（工商管理）　114970332（财会）　648117133（公共管理）
教师群仅限教师加入，入群请备注（学校＋姓名）

联系电话： 010-62515735，62515987，62515782，82501048，62514760

电子邮箱： glcbfs@crup.com.cn

通讯地址： 北京市海淀区中关村大街甲 59 号文化大厦 1501 室（100872）

管理书社　　人大社财会　　公共管理与政治学悦读坊